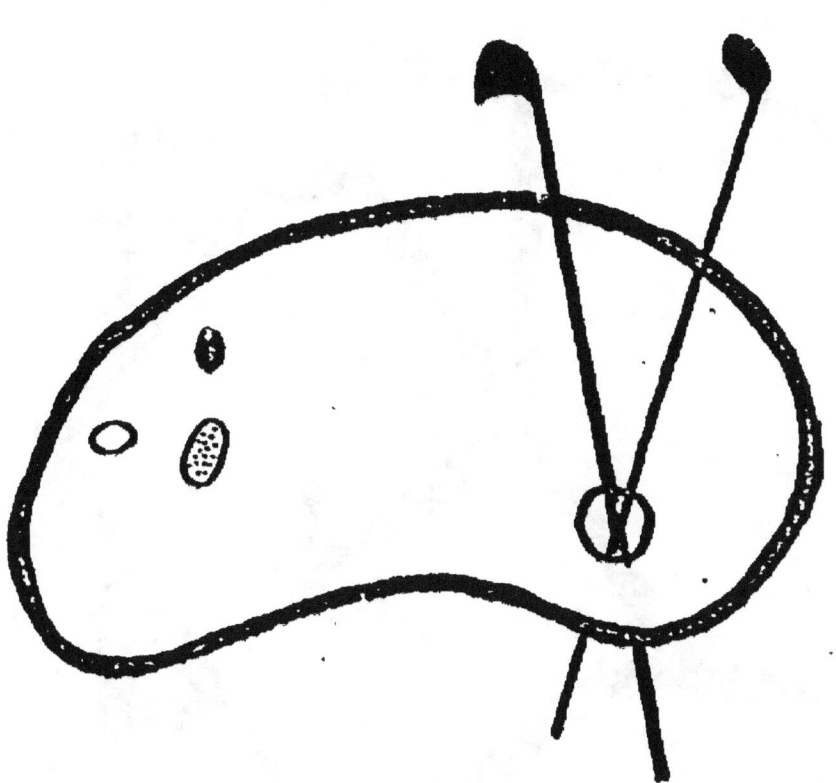

DEBUT D'UNE SERIE DE DOCUMENTS
EN COULEUR

Couverture inférieure manquante

Mgt pl.

Bréal

Rép. = Ne sont pas
et ne seront pas déposées.

5/6/91.

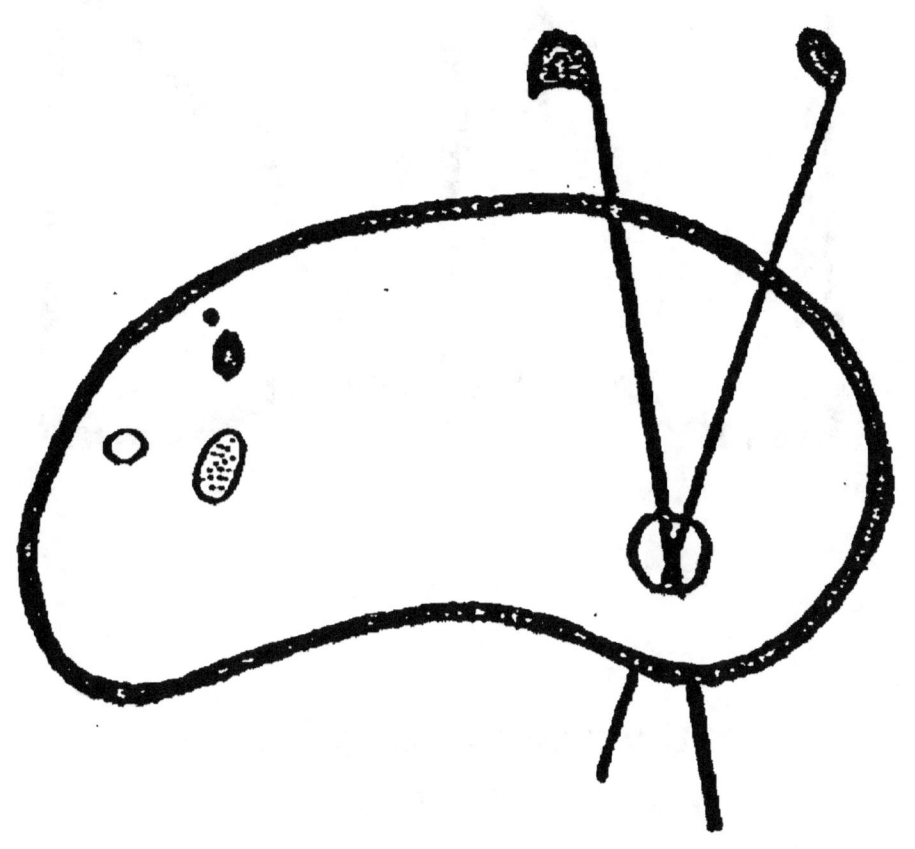

FIN D'UNE SERIE DE DOCUMENTS
EN COULEUR

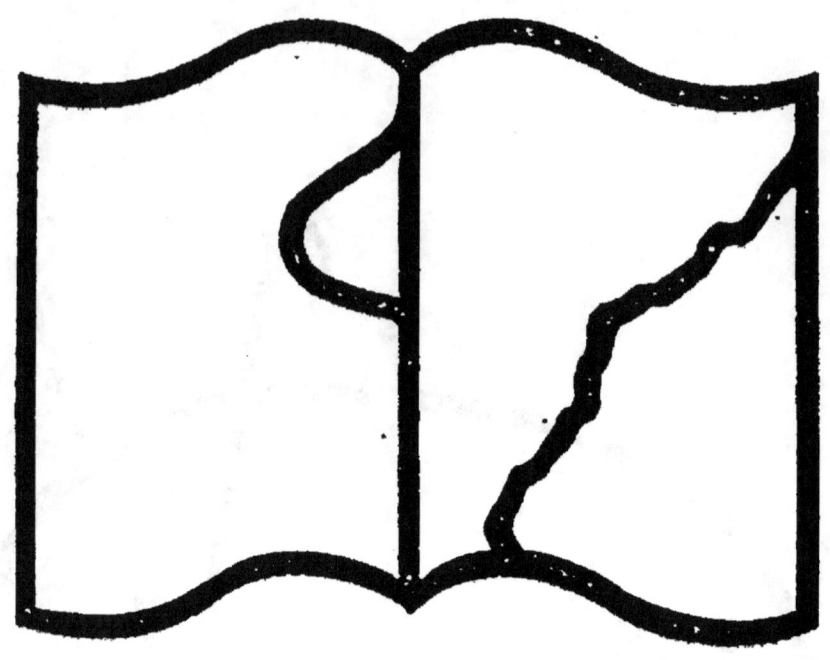

Texte détérioré — reliure défectueuse
NF Z 43-120-11

VALABLE POUR TOUT OU PARTIE DU DOCUMENT REPRODUIT

Eugène TURPIN
INVENTEUR DE TRINITRE DIT
"**MÉLINITE**"
Chevalier de la Légion d'honneur
COURONNÉ PAR L'INSTITUT DE FRANCE
ACADÉMIE DES SCIENCES, ETC.

CRIME DE HAUTE TRAHISON

 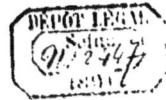

DÉNONCIATION

Colombes, Mai 1891.

A Messieurs les Sénateurs, Députés et Conseillers municipaux de France;
A l'Armée et à la Presse Françaises.

MESSIEURS,

Je soussigné, EUGÈNE TURPIN, déclare dénoncer par les présentes, pour CRIME DE HAUTE TRAHISON :

Le sieur EMILE TRIPONÉ, représentant de commerce, chevalier de la Légion d'honneur, capitaine d'artillerie de la territoriale, fournisseur du ministère de la Guerre, demeurant à Paris, 35, rue de Rome, et à Neuilly-sur-Seine, 36bis, boulevard d'Argenson; et tels complices que l'instruction et l'enquête découvriront.

Conformément à la loi sur l'espionnage, et notamment à l'article 1 de cette loi — je demande que le général Mathieu, directeur de l'artillerie à Paris ; le colonel Deloye, chef du bureau du matériel de l'artillerie, 3ᵉ direction, d'où sont sortis les plans calqués et copiés par Triponé et un de ses parents et employés, le sieur Feuvrier père, d'après les propres déclarations de Triponé, — le général Mathieu et le colonel Deloye, étant dépositaires, en raison de leurs fonctions, des documents secrets dont les copies ont été livrées à l'étranger par Triponé, — soient mis en cause et déclarés responsables.

Et, conformément à l'article 9 de la loi sur l'espionnage, que les Directeurs de la Société Armstrong : le capitaine Noble, le colonel Dyer et le sieur Vavasseur, soient poursuivis ainsi que leur ingénieur, le sieur Marjoribanks, pour avoir reçu et employé en pleine connaissance de cause lesdits plans et documents secrets français, livrés à eux par le sieur Triponé, qui est devenu leur représentant depuis cette livraison.

EXPOSÉ

Au cours de l'année 1888, alors que j'étais allé en Angleterre sur les propositions et instances du sieur Triponé pour négocier mes brevets avec la Société Armstrong, conformément à mes droits, QUINZE MOIS après avoir recouvré ma liberté d'action vis-à-vis du Gouvernement Français, et après avoir prévenu et mis en demeure celui-ci d'avoir à me déclarer si oui ou non il entendait conserver à la France mon invention la MÉLINITE, et n'avoir pas même reçu de réponse, j'ai été témoin de la remise, par Triponé, aux Directeurs et Employés de la Société Armstrong, sus indiqués, des documents suivants :

PIÈCES LIVRÉES

PLANS DU DÉTONATEUR OFFICIEL FRANÇAIS DE BOURGES, PORTANT LE CALQUE DE LA SIGNATURE DU GÉNÉRAL BOULANGER, SOUS LE MINIST⟨...⟩ CES PLANS AVAIENT ÉTÉ ADOPTÉS.

PLANS DE LA NOUVELLE FUSÉE, DITE FUSÉE R. F.

PLANS DES OBUS DE GRANDE CAPACITÉ ET DE GROS CALIBRE EN ACIER EMBOUTI ET DE L'OUTILLAGE POUR LES CONSTRUIRE.

PLANS DES OBUS DE CAMPAGNE DE 90 MILLIMÈTRES AVEC LA MÉTHODE DE CHARGEMENT, CARTOUCHE PARAFFINÉE, ETC.

RAPPORTS DE LA COMMISSION DE CALAIS (TIRS, TRANSPORTS, ETC).

RAPPORTS DE LA COMMISSION DE BOURGES.

RAPPORTS DES COMMISSIONS DE GAVRE ET DE TOULON.

PLANS DES APPAREILS DE FUSION ET DE CHARGEMENT DES OBUS A LA MÉLINITE, ETC.

DÉCLARATIONS

Je soussigné déclare qu'ayant eu connaissance de ces faits j'ai refusé d'accepter, par lettres motivées, les sommes importantes (750,000 francs et des intérêts), qui m'étaient offertes par la Société Armstrong, pour prix de mes brevets, ne voulant à aucun prix m'associer, directement ou indirectement, à cet acte de haute trahison, couvrir de mon nom ce crime odieux, ni concourir à l'exploitation industrielle des engins officiels français, dont la livraison était, en fait, contraire à mes intérêts et blessante pour mon amour-propre d'inventeur, puisque c'était amoindrir la valeur de mes brevets et de mes travaux.

A la suite de la livraison des plans officiels, par Triponé, la Société Armstrong, pour exploiter et construire les engins français et les fournir à l'Italie, à l'Autriche, à la Chine, etc., etc., a fait construire un immense bâtiment empiétant sur la Tyne, à Elswick-Works, près Newcastle, dans lequel a été installé un puissant outillage construit sur les plans français.

Ce n'est donc pas seulement mon invention qui a été livrée et qui est exploitée en fraude de mes droits, mais bien tout un système de défense de la France, et le plus important de tous en cas d'invasion.

Je déclare, en outre, n'avoir jamais consenti à négocier mes brevets, malgré les propositions qui m'ont été faites de l'étranger, par suite de ces faits de haute trahison, qui ont déjà été révélés par la presse (Voir le Paris du 22 mai 1888 et le Matin des 9 et 23 juin et 15 juillet 1888).

COMMISSION D'ENQUÊTE

A la suite de mes dénonciations, notamment à l'autorité militaire, une Commission spéciale a été nommée d'urgence par M. de Freycinet, ministre de la Guerre, et a fonctionné, depuis le 14 juillet 1890 jusqu'à février 1891, sous la présidence du général Ladcocal, constamment mis en cause en 1999, par le ……… … ……. Cette Commission avait ….. mission d'examiner, … une part, mes légitimes revendications pour le tort qui m'a été causé par la livraison des pièces officielles à l'étranger, et, d'autre part, mes dénonciations contre le sieur Triponé au sujet de sa trahison.

J'ai fourni, tant au Ministre qu'à la Commission, soit directement, soit indirectement, les preuves matérielles de mes dénonciations.

N'ayant pas eu connaissance des rapports de la Commission, et le sieur Triponé étant encore en liberté, je viens, en présence de ce déni de justice et de l'immensité du crime commis : LIVRAISON A L'ÉTRANGER DES SECRETS DE LA DÉFENSE NATIONALE, faire appel au patriotisme, à l'honneur et à l'équité des Représentants du Pays et de tous les Citoyens, auxquels je dénonce le traître et la trahison.

Eugène TURPIN.

N. B. — J'ai l'honneur de vous adresser par le même courrier un extrait de mon livre : *Comment on a vendu la Mélinite* (SAVINE, éditeur), dans lequel vous trouverez des preuves irréfutables et l'historique complet de cette gigantesque trahison.

Je me tiendrai chez moi, 18, avenue Ménelotte, à Colombes (Seine), les lundi, mardi, jeudi et vendredi, de deux à cinq heures, sur demande, afin de pouvoir fournir tous renseignements et soumettre l'une des séries de photographies (lettres, pièces, plans, etc.), constituant le dossier complet, aux personnes dont la position justifierait cette production de preuves.

Comment
on a vendu
la Mélinite

Envoi franco au reçu du prix (timbres ou mandats)
Collection à 3 fr. 50 le volume

Pour paraître prochainement

EUGÈNE TURPIN

DEVANT LES JUGES

EN VENTE A LA MÊME LIBRAIRIE

L.-M. FLORIDIAN
Les Coulisses du Panama.

FRANÇOIS LOYAL
L'Espionnage allemand en France.

EDOUARD DRUMONT
La Fin d'un Monde.

AUGUSTE CHIRAC
L'Agiotage sous la 3ᵉ République, 2 vol.

Imprimerie du Progrès. — CH. LÉPICE, 7, rue du Bois. Asnières.

EUGÈNE TURPIN
Inventeur de la Mélinite
CHEVALIER DE LA LÉGION D'HONNEUR

Comment on a vendu la Mélinite

Avec 18 Lettres autophototypographiées et 5 Planches

PARIS
NOUVELLE LIBRAIRIE PARISIENNE
ALBERT SAVINE, ÉDITEUR
12, RUE DES PYRAMIDES, 12

1891

Tous droits réservés

DU MÊME AUTEUR

MÊME OUVRAGE

Édition grand in-8°, avec 7 planches
contenant 39 dessins photolithographiés, 2 grands tableaux
et 21 lettres autophototypographiées

Prix : 12 francs

Envoi franco au reçu du prix (mandat ou timbres-poste).

COMMENT ON A VENDU
LA MÉLINITE

INTRODUCTION

J'ai longtemps hésité avant de porter à la connaissance du public les faits que l'on va lire. Ce n'est qu'après avoir tout tenté pour que l'affaire fut vidée à huis-clos, que je me suis décidé à écrire ce livre.

Tout d'abord, je dois déclarer de la façon la plus absolue, que la politique est entièrement étrangère à ce que l'on va lire, car je ne m'en suis jamais occupé.

Après ce qui s'est passé, la Mélinite, la poudre sans fumée même, ne sont plus un secret que pour les Français. Seuls, les agioteurs qui, déjà, ont vendu ce secret et qui comptaient l'exploiter encore au mépris des intérêts de la défense du pays et de mes droits, pourront se plaindre de mes révélations. Mais c'est précisément pour les empêcher de tirer parti plus longtemps de leur trahison que je divulgue ces faits.

En ce qui concerne les dessins annexés à cet ouvrage, on remarquera les croquis de certains appareils livrés par Triponé à la Société Armstrong, ceux qui se rattachent directement à mes brevets. Je n'aurais pas publié ces croquis, si des poursuites avaient été ordonnées à la suite de mes dénonciations. Je ne les aurais pas publiés, si l'usage que l'on en a fait n'était une concurrence déloyale, quasi-officielle et criminelle, en même temps qu'une contrefaçon directe à mes brevets étrangers, brevets que j'ai pris, d'ailleurs, avec l'assentiment du Général

Ladvocat, alors directeur de l'artillerie, et du Colonel Deloye. Je ne les publie, d'ailleurs, que pour mettre un terme à de mensongères assertions que font répandre ceux qui, avec l'appui des documents officiels français, exploitent mes inventions en fraude de mes droits. JE SUIS DONC DANS UN CAS DE LÉGITIME DÉFENSE.

Je publie encore ces croquis, pour que les preuves soient indéniables, que le lecteur soit à même de juger l'état des choses, pour forcer à poursuivre les coupables, et conformément à la loi sur l'espionnage. Je les publie enfin parce que, suivant les termes du traité que j'ai passé avec l'Etat, les départements de la Guerre et de la Marine ne sont concessionnaires que d'une licence de mon brevet français du 7 février 1885; et qu'aux termes de la loi sur les brevets, les perfectionnements apportés à l'invention par l'un des ayants-droit, profitent à tous les autres (1).

En fait, et en admettant que le détonateur officiel, les divers appareils : dégorgeoir, entonnoir, gaines et bassines de Bourges servant au chargement des obus, constituent sur les appareils décrits dans mes brevets, par leur forme plus ou moins particulière, un perfectionnement, ce que je suis loin d'admettre, ils sont ma propriété comme co-propriétaire du brevet auquel ils se rapportent, par le seul fait que les Départements de la Guerre et de la Marine les ont laissés aller à l'étranger où ils sont fabriqués et exploités industriellement.

Voici justement que je trouve dans la *Revue de l'Artillerie française*, le récit des expériences faites à Lydd, en Angleterre, en septembre et octobre 1888, avec des obus chargés de Lyddite (2). Ce nom de Lyddite a été donnée, en Angleterre, à la Mélinite (acide picrique), sur la demande du ministre, M. de Freycinet, et à mon instigation. On verra plus loin dans quelles circonstances. Mais ce qui est important à noter, c'est que dans ces ex-

---

1. Article 16 de la loi des brevets, du 5 juillet 1844.
2. *Revue de l'Artillerie,* n° du 15 avril 1890, p. 72.

périences auxquelles je n'assistai pas, on a fait usage du fameux détonateur à la Mélinite (Lyddite) (1), qui n'est autre que le détonateur officiel de Bourges, livré par Triponé, comme je l'ai appris de M. Marjoribanks, ingénieur de la Société Armstrong, qui chargea les obus, pour ces expériences, d'après les documents et avec les appareils dont Triponé avait donné les plans officiels.

Je trouve donc, dans la *Revue de l'Artillerie* même, la preuve de l'emploi de ce détonateur, dont j'ai rapporté d'Angleterre un modèle parfaitement construit.

En ce qui concerne les plans et rapports livrés par Triponé à la maison d'Elswick ne se rattachant pas directement à mes brevets, tels que les plans de la fusée R. F., il ne m'appartient pas d'en faire connaître la construction ; c'est pourquoi j'ai mentionné cette fusée par une forme quelconque sans détails intérieurs.

Quant aux rapports sur les expériences et sur les résultats obtenus par les Commissions officielles de Calais,

---

1. *Revue de l'Artillerie*, n° du 15 avril 1890, p. 79.

Il résulte des constatations d'un article de la *Revue d'Artillerie française* du 15 août 1890, que l'Allemagne qui, depuis l'adoption du coton-poudre mouillé et paraffiné, n'avait songé qu'à faire des obus de gros calibre, vient d'adopter réglementairement un obus-torpille de campagne, tel que ceux dont Triponé a livré les plans et le mode de chargement à la Société Armstrong (obus de 90 m/m).

Si ces obus étaient chargés avec le fulmicoton, il n'y aurait rien de surprenant à cette innovation et on pourrait admettre, qu'ayant appris l'adoption en France d'obus de campagne chargés à la Mélinite, l'artillerie allemande ait cru devoir en faire autant avec le coton-poudre. Mais, la *Revue d'Artillerie*, après avoir constaté que « c'est la première fois qu'un obus de cette nature est signalé dans les règlements de l'artillerie allemande, » (p. 429), ajoute ces renseignements :

« Dans les GÉNÉRALITÉS SUR LE TIR, par lesquelles débute le règlement, on indique qu'il existe deux degrés dans l'éclatement de l'obus-torpille suivant la manière dont fonctionne l'amorçage : la DÉTONATION et L'EXPLOSION. S'il y a détonation, le nuage de fumée est noir; s'il y a explosion, il est jaunâtre. La détonation est l'éclatement normal. » (p. 432).

Or, la Mélinite (l'acide picrique), se comporte exactement comme cela, et pour moi, il ne peut y avoir le moindre doute à ce sujet. Aucune autre substance explosive ne produit ces colorations de fumées caractéristiques. Quant au fulmicoton, il ne produit pas de fumées colorées, ni dans un cas, ni dans l'autre, mais quelquefois une buée transparente.

Bourges et Gâvre, ainsi que les renseignements divers fournis par Triponé, je n'ai rien à y voir et me contente de les mentionner comme preuves de sa haute trahison.

Comme on le voit, il ne s'agit donc pas d'une question politique, dans cette affaire, mais bien d'une question de vol, d'escroquerie et de trahison. Trahison gigantesque, sans précédent, préparée de longue main, avec une perfidie qui dépasse tout ce que l'on pourrait imaginer.

Voici l'aperçu rapide des pièces livrées et dont certaines, au grand ravissement des chefs de la maison Armstrong, *Triponé s'en souvient* (1), étaient revêtues encore de la copie, calquée, de la signature du Ministre de la Guerre, le général Boulanger:

1° Plans du détonateur officiel de Bourges, composé des organes appelés: Grand tube, tube porte-amorce, tube d'appui, tube compresseur, représentés à une échelle double. Ce détonateur était monté avec bouchon porte-retard, à échelle simple, sur les plans officiels. Plus, le dessin d'un autre bouchon plus long et certains renseignements. (Le tube compresseur aurait même été supprimé ultérieurement);

2° Plans de construction des nouveaux obus en acier pour la Mélinite, avec tables de construction, etc., etc.

3° Plans de l'outillage, renseignements divers sur l'acier, etc;

4° Plans des gaines à fond plat et à fond rond ;

5° Plans des appareils de chargement: dégorgeoir, bassine, etc., etc;

6° Plans des obus en acier de 90 m/m de campagne;

7° Instruction sur le mode de chargement desdits obus avec cartouche paraffinée, etc;

8° Rapports sur les expériences de Bourges, Calais, Gâvre, Toulon, etc., etc;

9° Circulaire secrète sur le service facultatif à bord, de la Mélinite, etc;

10° Renseignements sur les moyens de défense de nos côtes, etc., etc;

11° Plans d'une nouvelle fusée R. F.;

12° Plans des brèches faites dans les expériences de Bourges, etc., etc.

1. Nous rafraîchirons plus loin les souvenirs du sieur Triponé.

Tous ces documents ont été livrés à la Société Armstrong, quand on savait que c'était pour les vendre à l'Allemagne, à l'Italie, à l'Autriche, à la Chine et à tous les autres clients de cette Société, afin d'obtenir des commandes plus importantes.

Ce n'est donc pas seulement la Mélinite, que l'on a livrée en fraude de mes droits, mais bien tout un système d'armement et de défense, pour la création duquel la France a fait, depuis vingt ans, des sacrifices considérables.

Pour exploiter et mettre en œuvre cette gigantesque fabrication, sans s'occuper de l'explosif que ladite Société ne fabrique pas, celle-ci a installé dans un vaste bâtiment neuf empiétant sur la Tyne, à Elswick Works, près Newcastle, un matériel considérable sur les plans donnés par Triponé.

En ce qui me concerne, je déclare, contrairement à ce que l'on a dit et comme j'en ferai la preuve dans le cours de cet ouvrage, que je suis le seul inventeur du procédé dit « Mélinite »;

Qu'en France, alors que je sollicitais une solution, des propositions scandaleuses m'ont été faites pour arriver à un traité définitif et me payer une somme équitable pour mes inventions;

Qu'ayant refusé ces honteux marchés, y compris l'aliénation de mon indépendance *privée*, je n'ai pu, malgré mes efforts, mes sacrifices d'argent et d'amour-propre, obtenir satisfaction en conservant le secret de la Mélinite à la France et que j'ai rencontré au Ministère de la Guerre, après mon traité de dix mois, une influence occulte et un parti-pris de ne pas accepter mes propositions, malgré les promesses qui m'avaient été faites par certains Ministres;

3° Que je n'ai jamais rien vendu à l'étranger;

4° Qu'à la suite de propositions qui m'avaient été faites par un sieur Emile Triponé, représentant de commerce, 35, rue de Rome, à Paris, et 36bis, boulevard d'Argenson, à Neuilly, je me suis effectivement rendu en Angleterre pour faire quelques expériences en secret, après avoir été repoussé par le Ministère de la Guerre à Paris, et bien après (18 mois) l'expiration de mon traité avec l'État Français ;

5° Qu'en allant en Angleterre, j'ai été attiré dans un piège infâme et victime de manœuvres frauduleuses et criminelles préparées de longue main, ayant pour but de vendre, sous le couvert de mon nom, au détriment de mes droits et de mes intérêts, tout en m'en attribuant la responsabilité, une foule de documents officiels volés ou copiés sur les plans, rapports, etc., des départements de la Guerre et de la Marine à Paris, intéressant la défense nationale au premier chef, et qui ont été livrés à la Société Armstrong de Newcastle, et peut-être au gouvernement anglais, par cet Emile Triponé, chevalier de la Légion d'honneur, capitaine d'artillerie de la territoriale, fournisseur du Ministère de la Guerre depuis de longues années et Alsacien de Belfort ;

6° Qu'ayant refusé de m'associer à cet odieux trafic, j'ai perdu de ce fait une véritable fortune, et me trouve dépossédé de mon invention et du fruit de mes travaux, par suite de la trahison du sieur Triponé et de la livraison des pièces officielles qui me mettent, désormais, dans l'impossibilité de tirer parti de mes découvertes, à cause de la concurrence quasi-officielle et criminelle qui m'est faite.

Quant aux pièces livrées par Triponé, je déclare que ce dernier m'a affirmé lui-même les tenir de hauts fonctionnaires de la direction de l'artillerie. On lui remettait les dossiers, toujours sous clef, le samedi soir, et avec le concours de son parent et employé, M. Feuvrier père, ils copiaient et calquaient les rapports et les plans que l'on rendait le dimanche soir, afin qu'ils fussent réintégrés dans les cartons du ministère, dès le lundi matin. Il ne me plaît pas d'accuser. Mais je demande jusqu'à preuve du contraire que le général Mathieu, directeur de l'artillerie, et le colonel Deloye, chef du bureau du matériel, soient déclarés responsables de ces faits, en vertu de l'article 4 de la loi sur l'espionnage (1).

Je rappellerai ici que M. de Freycinet, sous le ministère duquel ont eu lieu ces agissements, et que je dois supposer parfaitement au courant des faits, en raison de mes révélations au général Ladvocat, ne peut ignorer ces détournements de la plus haute gravité, à moins qu'il n'ait été dupe de manœuvres ayant eu pour but de le tenir dans l'ignorance de la trahison et de mes dénonciations.

En conséquence, et attendu que malgré mes révélations les poursuites ont été étouffées;

Que, d'autre part, mes intérêts sont lésés dans des proportions considérables, mes droits méconnus, que mon honneur a été attaqué violemment, dans de telles proportions et sous tant de formes diverses, qu'il m'a été impossible de demander individuellement justice aux calomniateurs;

Qu'en fait, c'est l'administration de la guerre (direction de l'artillerie et service des poudres), qui sont fautifs du préjudice qui m'a été et m'est causé, par les trahisons ci-dessus indiquées et la violation de mes droits;

Que le service que j'ai rendu s'étend à tout le pays, qu'il est d'intérêt général, et que tous les citoyens français sont appelés à en profiter, puisqu'il s'agit de la défense de la Patrie;

Qu'aucune solution équitable et honnête n'a pu être obtenue par moi, des départements de la Guerre et de la Marine;

J'ai l'honneur de demander au Parlement qu'une enquête soit ordonnée à ce sujet, et que justice me soit rendue.

1. Voici le texte de l'article 4 de la loi sur l'espionnage :
« 4. Celui qui, par négligence ou par inobservation des règlements, aura laissé soustraire, enlever ou détruire les plans, écrits ou documents secrets qui lui étaient confiés, à raison de ses fonctions, de son état ou de sa profession, ou d'une mission dont il était chargé, sera puni d'un emprisonnement de trois mois à deux ans et d'une amende de cent à deux mille francs. »

Je ne doute pas un seul instant, que tous les honnêtes gens, soit dans l'armée, soit dans le civil, ne m'approuvent d'avoir fait œuvre patriotique et de dévouement, au détriment de mes propres intérêts, pour appeler l'attention sur des faits tellement graves et alarmants pour l'avenir du pays, qu'il est à peu près impossible d'en mesurer l'étendue, soit moralement, soit matériellement.

La seule chose que l'on pourrait peut-être me reprocher, ce serait d'avoir trop attendu pour le faire. Mais là encore, je suis exempt de reproches, car j'espérais éviter tout bruit, tout scandale, et j'ai fait tout ce qui m'était possible de faire, en appelant l'attention des autorités civiles et militaires sur les faits en question.

J'ai tardé, parce que moi-même j'étais alarmé de ce que j'avais à dire.

J'ai attendu que le pays *ait terminé* ses approvisionnements de Mélinite (ce qui est fait), afin de n'entraver en rien les services, voulant continuer ainsi jusqu'au bout mon œuvre de dévouement et de NAIVETÉ.

J'ai révélé d'abord ces faits et remis un dossier complet avec preuves à l'appui à l'autorité militaire. Le général Ladvocat a dû en référer au ministre, mais l'affaire n'a pas été suivie.

J'ai ensuite porté les faits, par lettre recommandée, à la date du 28 septembre 1889, à la connaissance de Monsieur le Procureur de la République, et, par une déposition signée sur convocation du commissaire de police de Courbevoie, le 4 octobre suivant, je les ai confirmés.

Depuis ces révélations, aucunes poursuites n'ont été dirigées contre les coupables.

Une enquête a été ouverte par une commission présidée par le général Ladvocat. Elle a abouti il y a peu à un rapport dont je ne connais pas les conclusions si je les devine.

Il m'a donc été impossible d'aller plus vite : Je devais laisser le temps moral aux autorités civiles et militaires de faire leur devoir.

Quant à moi, ma personne disparaît, en quelque sorte, devant la gravité de la cause, bien que tous mes intérêts et mon honneur soient engagés et compromis dans cette affaire et ma vie absolument emplie d'amertume.

Cependant, ayant été attaqué aussi violemment qu'injustement par la presse, TROMPÉE OU ACHETÉE, (c'est à elle de le dire), et ayant été calomnié de la façon la plus odieuse (1), il est de mon droit et de mon devoir de rétablir les faits et la vérité.

Tant que j'ai pu croire que tous les mensonges et les calomnies lancés par la presse, à l'égard de mes travaux et même de ma personne, pouvaient servir les intérêts du pays, en dissimulant le secret de la Mélinite, j'ai supporté stoïquement ces injustes attaques. Mais du jour où j'ai acquis la preuve que toutes ces manœuvres frauduleuses et infâmes n'étaient dirigées qu'en vue d'une

---

1. Voici un des articles auxquels je fais allusion. Je l'extrais du *Mot d'Ordre*, du 22 juillet 1888 :

« Le *Times*, journal anglais, annonce positivement que M. Turpin, Français, a vendu à l'Angleterre le secret de la Mélinite. D'après ce que nous connaissons, il est évident qu'il y a là une erreur, puisque ledit Turpin n'est pas l'inventeur de la poudre en question, et n'en connaît pas la composition. Mais ce qui est certain, c'est que cet homme a vendu à l'étranger le secret d'un explosif et que les Anglais en chargent leurs obus.

« Si par malheur un conflit éclatait entre la France et l'Angleterre, M. Turpin serait l'auteur direct, moralement responsable, de la mort de nos soldats frappés par les projectiles anglais, de la destruction de nos villes, de l'écrasement de nos remparts. Et cet homme, entendant la canonnade, se dirait :

« — En ce moment il y a des Français qui râlent et qui meurent.. Comptons notre argent!

« En vérité, on se demande quel plus grand attentat un homme peut commettre contre sa patrie.

« Et il n'y aurait pas de loi pour l'atteindre? Cet homme continuerait à porter le titre de Français! Il n'y aurait pas un moyen pour lui ôter ce nom de citoyen qu'il a déshonoré!...

« Quoi qu'il en soit, c'est à nous qu'il appartient de clouer au pilori ce nom que nul Français ne doit désormais oublier .. celui de Turpin-Judas. »

Si, tout en alléguant que ce n'était pas la VRAIE MÉLINITE que je voulais vendre, on a pu écrire les monstruosités que contient cet article, je voudrais bien savoir ce que l'on écrira à l'égard des officiers et fonctionnaires qui ont vendu les secrets de l'Etat et la « VRAIE MÉLINITE. »

1.

odieuse spéculation, d'un monstrueux trafic contre moi et contre la France, j'ai pris le parti de dire la vérité.

Je dois cette vérité au pays, je la dois à ceux qui me connaissent, je la dois à mes amis, je la dois à moi-même, sans avoir à me préoccuper des conséquences qui pourront en résulter.

Si, après avoir sacrifié les plus belles années de ma vie dans les recherches les plus dangereuses pour doter la France de l'un de ses plus puissants moyens de défense, je dois être dépouillé du fruit de mes travaux par suite de manœuvres criminelles et par les agissements du sieur Triponé, j'aurai du moins fait mon devoir, et je suis fermement décidé, d'ailleurs, à le continuer et à défendre mes droits, mon honneur et mes intérêts, par tous les moyens possibles.

C'est à ceux qui détiennent le pouvoir à remplir honnêtement leur mission.

En tous cas, la nation et la postérité nous jugeront.

J'eusse, certes, bien volontiers laissé toute cette histoire dans l'ombre, et, mes forces, ma bonne volonté ainsi que les faibles moyens que je possède, eussent été infiniment mieux employés et utilisés à travailler en collaboration avec ceux qui ont appliqué mes procédés, dans l'intérêt du pays, qu'à les user à revendiquer mes droits et faire sortir la vérité de son puits.

Mais, comme me l'a dit le colonel Deloye : « On n'entre pas chez nous!!! » Dès que l'on a été en possession de mon invention on s'est empressé de me traiter en intrus, et, je dois le dire, on s'est comporté envers moi à peu près comme un « Pickpocket » qui se sauve après un mauvais coup en criant à ses complices, en leur montrant 'objet de son larcin : « Ça y est, le coup est fait, nous avons son affaire, l'inventeur est roulé!! »

Personne, en effet, ne croirait que du jour où l'administration a été suffisamment en possession de mes inventions, soit par mes écrits, soit par mes nombreuses communications verbales, j'ai été systématiquement tenu à l'écart, mis à l'index et en dehors de toute expérimentation (1).

Il ne m'a même pas été donné d'assister aux retentissantes expériences de Chavignon (2) ou de Toulon (3), alors que des députés, des journalistes, etc., y avaient été conviés.

Moi, l'auteur de cette invention et de ces progrès réputés merveilleux, qui m'ont coûté tant de peine et tant de risques, je n'ai même pas eu l'honneur ni la satisfaction d'assister à l'exécution de mon œuvre !!

C'est à peine croyable, et cependant cela est. Les gens de cœur, ceux qui savent tout sacrifier pour un noble but, comprendront ce que j'ai dû souffrir.

Par ce qui précède on a déjà pu comprendre de quoi il s'agit dans cette affaire de la Mélinite.

Si, maintenant, nous nous reportons aux articles de journaux qui ont été publiés, on me permettra de rappeler que jamais, en aucune circonstance ni dans aucune

---

1. On a su, d'ailleurs, tirer un excellent parti, à l'étranger, de cette particularité blessante, humiliante et que rien ne justifie, pour faire ressortir, mensongèrement, que je n'étais pas à même de fournir des renseignements de valeur sur mes propres travaux !

2. Ces expériences eurent lieu au fort de la Malmaison, situé près de Chavignon, entre Laon et Soissons. Le *Petit Journal* du 28 octobre 1886, constatait que les effets de destruction dans les maçonneries, de bouleversements dans les terre-pleins ont dépassé tout ce que l'imagination peut rêver.

3. Ces expériences eurent lieu en mai 1887, aux Mèdes, près Toulon. Le but du tir était le cuirassé la *Belliqueuse*. « Au retour de la *Belliqueuse* sur notre rade, écrivait un correspondant du *Petit Journal*, du 17 mai, nous avons eu le plaisir de constater les dégâts résultant du nouveau tir, avec des canons de 27 centimètres.

« Ces dégâts sont considérables; le blindage du cuirassé a été fortement endommagé; les obus ont traversé à babord et sont sortis par tribord, faisant des brèches d'un mètre de diamètre.

« Tout ce qu'ils ont rencontré dans la batterie du navire a été mis en pièces; le pont est en partie effondré.

« On a eu soin de tirer au-dessus de la flottaison, sinon la *Belliqueuse* aurait coulé au premier coup de canon.

« Nous pouvons dire hautement que nous sommes en possession d'un agent destructeur sans rival; la Mélinite nous promet des choses étonnantes. »

affaire, fut-ce dans les crimes de Pranzini, de Prado ou d'Eyraud; fut-ce dans l'affaire de la poudre sans fumée livrée par Barbe, Naquet, Nobel, Vian, etc., ou dans l'affaire des obus en acier chromé de Ménars-Dorian; une passion aussi violente, des termes aussi bas, aussi vils et aussi cruels n'ont été employés, que ceux dont on s'est servi contre moi dans l'extraordinaire campagne qui a été menée sans rime ni raison, au sujet de mon voyage en Angleterre et de mes expériences de Mélinite dans ce pays.

Jamais un pauvre diable d'inventeur, qui n'a eu d'autre tort que d'avoir rendu un service exceptionnel à son pays, d'avoir eu confiance dans la probité et la parole des généraux placés à la tête de l'armée, et d'avoir essayé ensuite de tirer honnêtement, loyalement et légalement parti de ses travaux, n'a été aussi violemment et injustement attaqué.

La simultanéité et la généralité du soulèvement de la presse, l'ensemble du mouvement et de l'attaque, la similitude des expressions employées, leur violence, l'unanimité à poser les mêmes questions ou à les résoudre; enfin, les communications semi-officielles publiées, sembleraient démontrer que la presse n'a agi que sur un mot d'ordre de m'écraser par le mensonge et la calomnie, afin de sauvegarder les coupables à l'instigation desquels, peut-être, ce mouvement a eu lieu. En tout cas, l'attitude de la presse, en cette occasion, ne semble pas du tout avoir été spontanée.

En effet, de deux choses l'une : ou je suis un traître, ou je n'en suis pas un.

Si je suis un traître, cette campagne ne devait cesser jusqu'à ce que la vérité fut connue, car, autrement, la presse aurait fait preuve d'une légèreté accablante et trahi la cause qu'elle prétendait défendre.

Si je ne suis pas un traître, la presse a manqué à tous ses devoirs en m'attaquant, comme elle l'a fait, surtout si elle a agi en pleine connaissance de cause.

Or, il n'y a pas de milieu, ou vous avez été trompés,

Messieurs les publicistes, et c'est ce que j'aime à croire, ou vous avez été payés. Dans ce dernier cas, vous auriez trahi le pays, l'honneur, la vérité et la cause des travailleurs; vous auriez trahi votre propre cause pour une poignée de gros sous que l'on vous aurait jetés à la face.

Je ne puis le croire, tant ce serait infâme.

Vous avez été dupes, voilà tout.

Si des centaines d'articles, non signés, n'avaient paru à la fois, à la même heure, j'en aurais demandé compte à quelques-uns d'entre vous, mais que pouvais-je faire sous un déluge de mensonges? J'ai écrit une dizaine de lettres, qui, de suite, ont modifié l'opinion de ceux qui les ont reçues, mais, accablé par le nombre, je n'ai pas essayé d'aller plus loin, c'était trop, surtout quand la politique s'en mêlait.

Quoiqu'il en soit, lorsque vous aurez lu ce livre, c'est à vous qu'il incombera de faire la lumière dans l'intérêt de la Patrie, et de payer la dette que vous avez contractée envers moi et envers le pays en rétablissant la vérité.

C'est sur cela que je compte, pour votre honneur et pour le mien, devant la Nation et devant l'Histoire.

Eugène TURPIN.

PREMIÈRE PARTIE

L'INVENTION

I

EXPOSÉ THÉORIQUE

Les désastres de 1870, encore présents à toutes les mémoires, sont dus, comme on le sait, à des causes multiples : Diplomatie imprévoyante, embarras politiques à l'intérieur, enfin et surtout, négligence coupable dans l'état de notre armement et de notre organisation militaire par suite des abus de toutes sortes.

L'activité nationale, le dévouement des classes laborieuses et le patriotisme de tout l'élément honnête de la nation, n'ont pas tardé, malgré tant de revers, à rendre à la patrie une partie de sa grandeur, sinon toute la suprématie à laquelle elle a droit.

Depuis vingt ans bientôt, la France a dépensé, sans marchander, des milliards pour la réfection de son armement ainsi que pour la réorganisation et l'amélioration matérielle et morale de son armée. Il serait donc vraiment fâcheux que tant de sacrifices eussent été faits en pure perte, ce qui est à craindre, d'après ce que l'on vient de lire.

Parmi les problèmes qui étaient à résoudre dans les questions d'artillerie et de réarmement, il en était un, le plus important de tous, qui, posé depuis longtemps, n'avait jamais pu être résolu d'une manière satisfaisante avant mes travaux. Il s'agissait du chargement des obus par des substances explosives brisantes, plus puissantes que la vieille poudre noire.

Toutes les tentatives faites avec la nitroglycérine, les dynamites, les picrates, la Hellhoffite, etc., ont échoué piteusement, dès que l'on a voulu lancer les projectiles par des bouches à feu sous des vitesses initiales de 400 à 500 mètres et au delà, et même quelquefois moins.

Ces recherches poursuivies à grands frais par tous les Etats, depuis vingt-cinq à trente ans, n'avaient rien donné.

Toutes les expériences et essais faits par M. Berthelot, président de la Commission des substances explosives, pendant le siége de Paris, avec des éthers et le protoxyde d'azote (gaz liquéfié par une pression constante de 35 à 40 atmosphères), n'ont donné aucun résultat.

Le fulmicoton sec, essayé en Autriche, en Angleterre et ailleurs dès 1860, n'a produit, ainsi que l'a fait connaître sir Abel, le chimiste anglais, en 1871, dans une conférence faite à Edimbourg, que des résultats absolument désastreux, par suite de l'explosion prématurée des obus dans l'âme même de la pièce. Plusieurs canons ont été ainsi brisés et les morceaux projetés au loin. Ces expériences ont été reprises et abandonnées un grand nombre de fois.

Le fulmicoton mouillé, seul, a donné quelques résultats sous de faibles vitesses, mais il présente de nombreux inconvénients pour sa conservation et son amorçage, et, à cause de la congélation qui lui rend toute sa sensibilité, son emploi est dangereux. Il a été adopté par l'Allemagne, mais plutôt à titre provisoire que définitif, puisque, comme je l'ai dit plus haut et comme l'a constaté la *Revue de l'Artillerie française*, l'Allemagne a abandonné le coton-poudre pour adopter la Mélinite. (1).

1. Voici la cause déterminante de cette résolution.
Lors des expériences de Bourges, en 1887, il fut constaté dans nos journaux que les obus à la Mélinite, traversés de part en part par une

En France, l'artillerie de la terre et la marine n'avaient rien absolument que la poudre noire ordinaire à mettre dans les projectiles jusqu'à ces derniers temps et jusqu'à mes découvertes.

On peut lire, d'ailleurs, dans le *Traité sur les explosifs* de Berthelot (1), que la Commission des substances explosives était à la recherche d'un « nouvel explosif pour les usages militaires ». Si l'on considère, d'une part, le coût d'un gros canon et de son affût, il y en a qui coûtent un million, et que l'on fasse le compte du prix de chaque coup de canon y compris l'amortissement de la pièce qui ne peut tirer qu'un certain nombre de coups, d'autant moindre que le canon est plus gros, on arrive à des sommes fantastiques. Il y a des coups de canons qui coûtent jusqu'à six et sept mille francs !!

A l'aide de l'ancien système, on n'envoyait ainsi que quelques kilogrammes de poudre, qui, tout au plus, remuaient un peu de terre qui, d'ailleurs, retombait en place, ou on défonçait quelques pans de muraille sans importance. Comme effet explosif, ces projectiles étaient donc à peu près nuls. Si, d'autre part, on se souvient que pour amener et mettre en batterie une pièce de siège, il faut des semaines et un matériel considérable, d'excellentes routes, des chemins de fer, etc.; on peut dire, sans exagération, qu'avec un tel système c'était la montagne qui accouchait d'une souris.

---

balle, la Mélinite ne s'enflammait pas. Le *Petit Journal* du 31 juillet 1887 rendait compte de l'expérience en ces termes :

« Les coffres à munitions de l'artillerie allemande sont en forte tôle d'acier. Un de ces coffres, rempli d'obus allemands, dont le chargement est à base de fulmicoton, avait été déposé sur le polygone. Au troisième coup tiré avec le fusil Pralon, le caisson a sauté.

« Pareille chose n'arrivera jamais avec nos obus chargés de Mélinite, parce que cet explosif ne prend pas feu au choc.

« Ainsi le capitaine Pralon a tiré un certain nombre de cartouches sur un caisson français plein d'obus chargés de Mélinite.

« Après le tir, on a constaté que vingt-cinq balles avaient pénétré dans les projectiles. Certains obus même étaient traversés de part en part, et la Mélinite ne s'était pas enflammée. »

1. Tome I, préface, page IX (1883).

Pénétré de ces vérités pour en avoir été témoin, comme tant d'autres, dans la triste campagne de 1870, j'ai entrepris, de ma propre initiative, toute une série de recherches dont l'origine remonte à 1873, en vue d'améliorer cet état de choses et dans l'espoir de donner aux pièces de campagne la puissance des pièces de siège, et aux pièces de siège une puissance inconnue.

On sait les résultats que j'ai obtenus avec la « Mélinite » dont je suis le seul inventeur, sauf, si on joue sur les mots, comme on l'a fait ces temps derniers avec la plus odieuse mauvaise foi, car je considère, et tous ceux qui connaissent la question considèrent comme le plus déloyal des procédés et un véritable crime, les attaques dirigées contre moi dans une question de cette nature, après un résultat aussi considérable et aussi nouveau que celui que j'ai obtenu. Il y a des choses, en effet, qui ne peuvent être attaquées ou même contestées, sans que ce soit une forfaiture et une monstruosité.

Le problème à résoudre était donc, comme on le verra, des plus ardus, car il comportait des conditions absolument contradictoires. Il faut, par exemple, que l'explosif soit d'une insensibilité extraordinaire au choc, pour résister au coup de la décharge du canon sans faire explosion au départ, et que, cependant, il soit assez sensible pour pouvoir être amorcé pratiquement et faire explosion au moment voulu. C'est là le critérium de la question, sans parler des autres conditions à remplir telles que stabilité, conservation, etc., etc..

Or, la Mélinite remplit toutes les conditions que l'on peut exiger d'un explosif de ce genre et ne laisse rien à désirer. Elle est presque inflammable, et résiste infiniment mieux au choc que la poudre noire ordinaire.

En outre, pour que le résultat fût absolument complet, il fallait, et personne n'osait l'espérer, que tout le matériel en usage : canons, affûts, obus, etc., puisse servir sans changements importants. C'est le problème que j'ai résolu, et si on a fait des obus spéciaux pour le tir de la Mélinite, c'est parce que la matière explosive employée comme je l'ai indiquée, s'est montrée si docile, que l'on n'a pas craint d'adopter le type des obus allemands en acier, de grande capacité, qui servent au tir du fulmicoton mouillé sous de faibles vitesses, et dans lesquels on ne pourrait tirer de la poudre noire sous les vitesses de 600 mètres, dans les conditions ordinaires de chargement, comme on tire la Mélinite.

De l'aveu des honnêtes gens qui connaissent la question, c'est le plus grand pas qui ait été fait, d'un coup, dans l'artillerie, depuis qu'elle existe.

J'ajouterai que tous les anciens obus en fonte peuvent être et ont été utilisés.

On concevra maintenant, facilement, pourquoi je me suis tant créé d'ennemis : le résultat que j'ai obtenu est tout à la fois trop considérable et trop personnel !!

J'étais en rapport avec le Ministère de la Guerre dès 1878. Mais c'est en 1881 que j'ai reçu, après bien des pourparlers et faute d'avoir pu obtenir des garanties pour en conserver le secret, la lettre suivante relative à mes Panclastites, c'est-à-dire aux explosifs que je venais alors d'inventer; mes relations antérieures avaient un autre sujet.

MINISTÈRE *Paris, le 23 juillet 1881.*
DE LA GUERRE
—
Cabinet du Ministre
— A Monsieur Eugène TURPIN,
166, rue de Charonne, à Paris.

MONSIEUR,

Monsieur le Ministre de la Guerre a reçu la lettre que vous lui avez adressée le 19 de ce mois pour préciser les conditions dans lesquelles vous désireriez voir expérimenter les matières explosives et éclairantes de votre composition.

Il est de règle absolue que le département de

la Guerre ne se prononce sur des projets ou systèmes qui n'ont pas été soumis aux Comités ou Commissions, précisément institués pour renseigner le Ministre à leur sujet.

Or cet examen comporte l'accomplissement de certaines formalités, la communication de mémoires, dessins, etc., dont vous ne sauriez être dispensé.

J'ai du reste l'honneur de vous adresser ci-joint une note et un avis rédigés pour régler la marche à suivre en pareille circonstance, et que M. le Général Farre m'a chargé de vous faire parvenir, en réponse à votre demande.

Recevez, Monsieur, l'assurance de ma parfaite considération.

Le Colonel, chef du Cabinet,
(Signé) RICHARD.

Cette lettre était, en effet, accompagnée d'une note imprimée par laquelle on me rappelait, par un trait au crayon bleu, *que l'on est exposé à 5 francs d'amende pour écrire sur papier libre à un Ministre!*

J'avais demandé de faire des expériences en secret, à la condition que l'on me donnerait acte de ma communication. C'est à la suite de ce refus que j'ai dû prendre des brevets pour la Panclastite, et qu'une Société, a été, après quinze mois d'études préliminaires, formée pour l'exploitation exclusive de ces brevets (1).

---

1. Voir mon livre: *Devant les Juges,* deuxième partie.

Voici la copie de la note qui accompagnait la lettre du Ministre que l'on vient de lire :

MINISTÈRE
DE LA GUERRE

3ᵉ Direction

ARTILLERIE ET ÉQUIPAGES MILITAIRES

2ᵉ Bureau

MATÉRIEL

Paris, le 23 juillet 1881.

Les lettres des inventeurs doivent être établies sur papier timbré, conformément à la loi du 13 brumaire, an VII, dont un extrait ci-joint.

Les inventeurs ont à produire à l'appui de leur proposition, soit un modèle, soit un mémoire explicatif avec dessins s'il y a lieu. Les documents ou modèles qu'ils jugent à propos de fournir, doivent être adressés franco à M. le Président de la Commission mixte des armes et engins de guerre à l'hôtel des Invalides, à Paris.

Dans les six mois de la notification de la décision prise au sujet de la proposition et en cas de rejet, les documents ou modèles produits, doivent être retirés par les inventeurs ou un fondé de pouvoirs.

A l'expiration de ce délai, et sans nouvel avis, ils sont détruits.

<u>Les dépenses faites avant la présentation d'une invention ne donnent droit à aucune indemnité.</u>

<u>Aucune allocation de fonds, à titre de secours, d'indemnité ou de subvention, ne peut être accordée aux inventeurs avant que l'objet de leur invention n'ait été définitivement adopté.</u>

> *L'Administration de la Guerre ne prend d'avance aucun engagement et n'accepte aucune condition pour l'examen des propositions qui lui sont adressées et elle ne se reconnaît à aucun degré responsable des modèles ou documents qui lui auraient été envoyés.*

Il est important que l'on retienne les termes généraux de cette circulaire, comme preuve de l'adoption de mes procédés dits : « Mélinite. »

Je n'entrerai pas ici dans tous les détails relatifs à cette première proposition, il me suffira de dire que tous les procédés et avantages que je faisais ressortir étaient alors contestés et sont aujourd'hui adoptés.

Lorsque j'ai fait connaître mes Panclastites en 1881, l'industrie, la science des explosifs, si on veut, était absolument en stagnation. La poudre noire, la dynamite et un peu le fulmicoton étaient, en vérité, les seuls explosifs en usage dans l'industrie et dans l'art militaire. Comme je l'ai dit plus haut, la poudre noire seule était employée au chargement des obus, bien que depuis longtemps on souhaita posséder un explosif plus violent pour cet usage, mais tous les essais faits avec les picrates, les poudres chloratées, les dynamites, etc., n'ayant donné que des déboires, la question paraissait abandonnée lorsque je l'ai reprise.

Le service des poudres, aussi bien que l'artillerie, ne croyaient plus à la possibilité d'une solution, et, de ce chef, j'ai eu à surmonter les plus grandes difficultés, tant il y avait d'idées préconçues et de parti pris contre mes propositions.

On l'a déjà vu par la lettre officielle que l'on vient de lire et qui n'était qu'une fin de non-recevoir. Cependant, à force de travail, en communiquant, au fur et à mesure, au service des poudres les résultats que j'obtenais, après mille démarches, car n'étant pas de la petite église j'avais en outre à vaincre cet esprit de corps si fatal à la France, et grâce, cependant, à l'appui de quelques officiers honnêtes et au-dessus des questions d'école, une petite Commission fut nommée à Saint-Thomas-d'Aquin pour reprendre cette étude. Je fus appelé à faire toute une série d'expériences de mon invention, entièrement nouvelles, quant aux principes et aux résultats : Action de la vitesse de chute sur l'explosion d'un composé explosif non amorcé, et détonant par lui-même. (Principe de l'obus sans détonateur ni fusée.) Percement de plaques en acier. Action de la surface et de la hauteur de la charge, etc. Expériences faites à mon instigation au fort de Vanves, dans les carrières d'Argenteuil et répétées à Bourges.

Voici d'ailleurs quelques lettres officielles à ce sujet :

MINISTÈRE
DE LA GUERRE

6ᵉ Direction

POUDRES ET SALPÊTRES

Nº 7663.

Paris, le 16 décembre 1882.

Le Ministre de la Guerre à M. TURPIN, à Paris.

MONSIEUR,

J'ai pris connaissance de la brochure que vous m'avez adressée concernant le nouvel explosif de votre invention.

D'après les renseignements consignés dans cette notice, la Panclastite me paraît appelée à rendre des services réels comme explosif industriel et peut-être même comme explosif de guerre et je me plais à vous féliciter de votre découverte, en même temps que je vous remercie de la communication que vous m'en avez faite.

Recevez, Monsieur, l'assurance de ma considération distinguée.

(Signé) *Général* BILLOT.

COMMISSION MIXTE
D'EXAMEN DES ARMES
et engins de guerre
—
N° 26.

Paris, le 12 mars 1884.

A Monsieur Turpin.

Monsieur,

Dans sa séance du 11 mars courant, la Commission mixte d'examen des armes et engins de guerre a examiné la proposition faite par M. Turpin, relative à un explosif pour charger les obus et a décidé que cette proposition serait signalée à M. le Ministre de la Guerre.

Elle informe M. Turpin de cette décision.

(Timbre de la Commission.)

DÉPÔT CENTRAL
de l'Artillerie
—

Paris, le 13 mai 1884.

A Monsieur Turpin.

Monsieur,

Je suis heureux de vous faire savoir que M. le Ministre de la Guerre a renvoyé au dépôt central de l'Artillerie votre étude sur le chargement des projectiles à l'aide de la Panclastite.

Monsieur le Commandant Mounier est chargé d'examiner quelle suite il convient de donner à vos propositions.

Des expériences vont donc être demandées. Selon toute probabilité, elles seront exécutées à Bourges et l'on vous demandera votre concours au moins pour les premiers essais.

Veuillez agréer, Monsieur, l'assurance de mes meilleurs sentiments.

(Signé) A. Rostain.

DÉPOT CENTRAL　　　　　　*Paris, le juillet 1884.*
　de l'Artillerie

A Monsieur TURPIN.

MONSIEUR,
Une Commission spéciale a été chargée au dépôt central de l'artillerie (1, place Saint-Thomas-d'Aquin) d'examiner vos propositions relatives à un OBUS-TORPILLE, *chargé de Panclastite.*

La Commission se réunira vendredi prochain, 1ᵉʳ août, à 3 heures du soir.

Je vous prie de vouloir bien assister à cette séance pour lui fournir les renseignements spéciaux dont elle a besoin.

Le Chef d'escadron d'artillerie, président
de la Commission spéciale,
(Signé) RICQ.

DÉPOT CENTRAL　　　　　　*Paris, le 11 août 1884.*
　de l'Artillerie

MONSIEUR,
La Commission chargée d'étudier la Panclastite pourrait se réunir le dimanche 24, pour étudier l'influence de chute.

Si vous venez à Paris avant cette date, M. le Président de la Commission me charge de vous prier de passer au dépôt central pour convenir des expériences à faire.

Agréez, etc.

(Signé) LOUIS,
Capitaine d'artillerie.

J'ai un grand nombre de lettres analogues qui démontrent l'état de la question à cette époque. D'ailleurs, on en pourra suivre pas à pas la marche dans mon *Traité sur les explosifs.*

Entre temps, et pendant les essais de Panclastite, j'avais fait connaître également un grand nombre d'explosifs nouveaux de mon invention, soit comme poudre de mines, dite poudre à double effet, soit comme poudres d'artillerie et pour armes : poudres progressives à base de Tétranitronaphtaline, picramate de soude ou d'ammoniaque, acide picramique ; études sur le fulmicoton et sur son amorçage, recherches sur des engins et appareils divers, etc., etc. Ces études continuées à Saint-Thomas-d'Aquin, à Bourges, à la Poudrerie du Bouchet, et aux autres établissements de l'Etat, n'amenèrent pas, quant au chargement des obus, la solution du problème posé.

Tout le monde en était là, les chercheurs, les artilleurs aussi bien que le service des poudres, en 1884, lorsque l'on apprit qu'en Allemagne on poursuivait, depuis peu, des recherches sur le chargement des projectiles creux de grande capacité et de 4 à 5 calibres avec le fulmicoton mouillé et paraffiné. Déjà le bruit de certains résultats remarquables par les effets produits, lorsque l'on parvenait à lancer ces obus sans accident, se répandaient, et ne laissaient pas que d'inquiéter fortement le Comité d'artillerie de Paris.

Redoublant alors d'ardeur, je me mis à compléter et à vérifier mes expériences en général et notamment sur l'effet du choc et de l'amorçage sur les explosifs.

Antérieurement, dans une notice sur la Planclastite, publiée en 1882, j'avais déjà appelé l'attention sur la sensibilité des explosifs en général sous l'action du choc, et j'avais fait connaître des résultats et modes de recherches nouveaux. On savait bien que les dynamites, le fulmicoton sec et même la poudre noire pouvaient détoner sous le choc dans des conditions particulières, mais on n'en connaissait pas la sensibilité précise, et encore moins les causes de cette sensibilité. Aussi on a pu remarquer bien des fois, dans la presse, l'annonce de la découverte d'explosifs ne craignant point le choc en aucune circonstance, ce qui est impossible.

Aucune étude n'avait donc été faite à ce sujet, pas plus que sur l'influence des proportions chimiques à ce point de vue, et toujours on avait marché, à cet égard, absolument en aveugle ou en se contentant d'essayer, sous le choc d'un marteau et à la main, quelques parcelles d'explosif.

Le premier mouton d'épreuve monté au service des poudres et salpêtres, ou plutôt au dépôt central de la Marine, à Paris, n'a été construit qu'en 1883, après que j'avais fait connaître mon système de mouton, mon mode d'opérer et les premiers résultats atteints dans ma notice de 1882 sur la Panclastite dans un mémoire adressé à l'Institut, et dans différents mémoires adressés au service des poudres (1).

C'est dans le rapport officiel sur les Panclastites, en 1883, que pour la première fois et en vérification de mes données, il est rendu compte de ce genre spécial d'études par le service des poudres.

Il régnait jusque-là dans les corps spéciaux une singulière ignorance sur les objets de mes travaux. Voici une lettre curieuse à ce point de vue:

12e RÉG. D'ARTILLERIE   *Vincennes, le 15 novembre 1882.*

LE COLONEL

Monsieur,

Dans la notice sur la Panclastite que vous m'avez fait remettre hier, comme membre adjoint de la Commission des substances explosives, je lis à la page 10, ligne 3:

« *Contrairement à ce que l'on a dit et à ce que l'on affirme, même dans des ouvrages techniques et spéciaux* (Aide-Mémoire de l'Artillerie, *chap. V, juin 1881, page 72), où il est dit que le picrate d'ammoniaque ne détone point sous le choc et en aucune circonstance, tous les picrates détonent sous le choc, et sont mêmes très sensibles*

« *Le picrate d'ammoniaque détone parfaitement sous le choc, etc.* »

Puisque vous avez écrit ce qui précède, je suppose que vous êtes certain du fait que vous avancez. Je vous serai, en conséquence, très obligé de vouloir bien faire détoner devant moi du picrate d'ammoniaque pur.

J'ai quelque qualité pour m'adresser à vous à ce sujet :

C'est, en effet, sous ma direction qu'a été publié l'Aide-Mémoire des officiers d'Artillerie, et c'est moi qui ai rédigé une partie du chapitre V de cet ouvrage. En outre, j'ai fait connaître les propriétés du picrate d'ammoniaque dans une note qui a paru en septembre 1869 dans les comptes rendus de l'Académie des sciences.

Si vous pouvez faire détoner par le choc, devant moi, du picrate d'ammoniaque, je déclarerai, bien volontiers, que je me suis trompé, et je rectifierai les assertions contenues sur ce corps dans l'Aide-Mémoire. Sinon, vous me permettrez de persister à croire que je suis dans le vrai.

Veuillez agréer, Monsieur, l'assurance de ma parfaite considération.

(Signé) BRUGÈRE,
Colonel du 12e d'artillerie,
10, avenue Marigny, Vincennes.

P. S. — *Je ne parle pas du mélange de picrate d'ammoniaque et de salpêtre.*

Je sais que dans certaines conditions, tout à fait exceptionnelles, on peut le faire détoner par le choc (1).

---

1. Non seulement le mélange de salpêtre détone, mais le picrate d'ammoniaque le plus pur détone avec facilité sous le choc d'un poids de 5 kil., tombant librement de 0m80 de hauteur environ.

Mes travaux de cette période (1882-1885) sont suffisamment constatés par les lettres que l'on va lire :

MINISTÈRE
DE LA GUERRE

Paris, le 15 juin 1883.

Monsieur Turpin,

Je vous remercie, cher Monsieur, pour les renseignements que vous me donnez et je vous félicite pour les résultats que vous avez obtenus. Mes vœux et mes sympathies sont à vous.
(Signé) : Maurouard.

MINISTÈRE
DE LA GUERRE

6ᵉ *Direction*

POUDRES ET SALPÊTRES

COMMISSION
des
Substances explosives

Paris, le 7 juin 1884.

A Monsieur Turpin.

Monsieur,

La Commission des substances explosives aurait besoin, pour quelques expériences qui lui restent à faire sur vos poudres à double effet, d'environ 6 kilogrammes de la poudre dont voici la composition :

Goudron roux, 20%
Chlorate de potasse 80% } *poussier non grené.*

ou à défaut de cette poudre, de la suivante :

Goudron noir, 15%
Chlorate de potasse, 80% } *poussier non grené.*
Charbon 5%

Pourriez-vous nous procurer ces échantillons, et si vous voulez bien vous charger de nous les faire fabriquer, dans combien de temps pourrions-nous probablement en disposer ?

Je vous serais très obligé, Monsieur, de vouloir bien nous renseigner sur ce point le plus tôt possible.

Veuillez agréer, Monsieur, l'assurance de ma considération distinguée.

(Signé) E. SARRAU.

La poudre indiquée ci-dessus, de mon invention, jouit de la double propriété de se comporter comme la poudre noire si on l'enflamme simplement par le feu, mais avec beaucoup plus de puissance ; et de se comporter comme les dynamites, si on l'enflamme avec un détonateur au fulminate de mercure. C'est ce qui lui a fait donner le nom de poudre à double effet.

Cette poudre, la plus stable et la moins sensible au choc parmi toutes les poudres chloratées, infiniment moins sensible et moins dangereuse que les dynamites qui exsudent et se décomposent à la chaleur, a été essayée pour le chargement des obus à la poudrerie du Bouchet, par le colonel Castan. On verra plus loin le rapport dont elle fut l'objet.

MINISTÈRE DE LA GUERRE *Paris, le 17 septembre 1884.*

MONSIEUR TURPIN,

Je suis chargé par Monsieur Maurouard de vous prier de venir le plus tôt possible le voir au ministère pour affaire urgente.

Veuillez recevoir l'assurance de mes sentiments bien dévoués.

(Signé) L. FAUCHER,
Directeur adjoint.

MINISTÈRE
DE LA GUERRE

Paris, le 10 mars 1885.

Le Ministre de la Guerre à M. TURPIN.

MONSIEUR,

Vous avez soumis dans le courant du mois de novembre 1883 une notice sur une nouvelle poudre destinée au chargement des mines, obus, torpilles, etc.

Cette notice, *renvoyée à l'examen de la Commission des substances explosives*, a servi de point de départ pour un grand nombre d'expériences exécutées sur la série des explosifs que vous avez proposés.

« *En ce qui concerne les applications militaires de ces explosifs, les recherches de la Commission ont porté sur deux points principaux : Le chargement des projectiles creux et la constitution des cartouches de rupture pour la démolition des ouvrages d'art.*

« *Sur le premier point, la Commission est d'avis que les poudres à double effet ne peuvent être utilisées pour le chargement des projectiles creux ; elles sont assez sensibles, en effet, pour donner lieu à des éclatements du projectile dans l'âme de la pièce, etc.*

. . . .

« *Sur cette fabrication, comme d'ailleurs sur les applications possibles des poudres à double effet aux usages industriels ou militaires, les études faites par M. Turpin, études que la Commission a contrôlées pour formuler le présent rapport, fournissent des renseignements précis et des résultats acquis fort appréciables qu'il est juste de signaler à l'attention de Monsieur le Ministre de la Guerre.* »

Je suis heureux de prendre acte de ces con-

clusions et je vous remercie d'avoir mis mon département à même d'apprécier les avantages de toute une série nouvelle d'explosifs qui, dans des circonstances données, paraît appelée à rendre de réels services, etc., etc.

Recevez, Monsieur, l'assurance de ma considération distinguée.

Pour le Ministre et par son ordre :
L'Inspecteur Général, Directeur,
(Signé) : MAUROUARD.

Voilà donc, succinctement, l'état dans lequel se trouvait le problème du chargement des obus par des explosifs brisants vers la fin de 1884, et aussi la question des poudres en général.

En somme, nous n'avions rien qui put offrir des chances de succès dans les projectiles creux.

Tous les picrates avaient été essayés et abandonnés bien antérieurement. On n'avait aucune confiance dans le coton poudre mouillé.

Désolé, pour ma part, d'avoir tant travaillé sans plus de succès et après avoir créé un grand nombre d'explosifs et de combinaisons nouvelles, je repris toutes mes études antérieures et me mis résolument à la recherche des causes qui déterminaient constamment l'explosion prématurée des projectiles, dans l'âme de la pièce.

Ayant déjà remarqué que lorsque l'oxygène est en proportions plus faibles que ne l'indiquent les théories admises et la thermochimie, la sensibilité diminue tandis que la force augmente, je dirigeai mes recherches dans cette voie, qui devait me conduire au succès.

Grâce à mes découvertes sur les Panclastites, j'étais à même, avantage immense, de pouvoir composer à ma volonté, avec des bases différentes et par simple mélange de liquides, des composés explosifs nitrés à tous les degrés, et en tous points semblables aux composés obtenus chimiquement, mais dont la nitration est limitée par la réaction même, ce qui empêchait des études complètes.

En effet, si nous prenons la benzine $C^6 H^6$, on trouve que, chimiquement, le composé le plus nitré s'arrête à la dinitrobenzine, $C^6 H^4 (AzO^3)^2$. Or, la dinitrobenzine est à peu près complètement inexplosive faute d'oxygène, et, pour la rendre explosive, il faut la mélanger avec un nitrate, un chlorate ou un oxydant quelconque, solide ou liquide. Au contraire, en faisant usage, comme dans mes Panclastites, du peroxyde d'azote liquide, AzO^3, on peut à volonté, tant le mélange est intime, obtenir des benzines nitrées, depuis un équivalent jusqu'à vingt équivalents et plus, de AzO^2 pour un équivalent de benzine. C'est ce qui m'a permis de reconnaître à quel degré, par rapport au combustible, le maximum de puissance et le minimum de sensibilité sont obtenus, relativement à la quantité d'oxygène en présence.

Ayant procédé ainsi avec un grand nombre de combustibles, et ayant vérifié tous les explosifs connus, je ne tardai pas à découvrir la loi qui régit les explosifs, au double point de vue de leur puissance et de leur sensibilité [1]. Ce fut le résultat de dix années de recherches et de milliers d'expériences dangereuses.

La découverte de cette loi capitale a eu pour résultat le renversement de tous les principes admis antérieurement. Elle a prouvé que la thermochimie, appliquée à la mesure de la force des matières explosives, comme l'a fait M. Berthelot, comporte des erreurs graves. C'est à cause de ces théories erronées, que l'on n'avait obtenu que des insuccès dans tous les essais de chargement des obus faits antérieurement. Les théories admises voulaient, en effet, que dans tout composé explosif obtenu soit par combinaison chimique, soit par simple mélange, l'agent oxydant fut en proportions telles, que la combustion fut complète avec production d'acide carbonique.

Or, sans obtenir par ce moyen le maximum de

---

1. Les tableaux de cette loi se trouvent dans mes brevets.

puissance, ON OBTENAIT TOUJOURS LE MAXIMUM DE SENSIBILITÉ AU CHOC ET A L'AMORÇAGE.

Au contraire, on obtient le maximum de puissance lorsque la quantité de l'agent oxydant est suffisante pour produire le maximum de gaz, c'est-à-dire produire seulement de l'oxyde de carbone et de la vapeur d'eau, en en dégageant les éléments unis à l'oxygène, en même temps que la sensibilité est considérablement diminuée, ce qui est le point important.

Ayant établi cette loi en contradiction avec les idées reçues et admises jusque-là, ce qui m'a aliéné en partie le monde scientifique officiel, il ne restait plus qu'à choisir un explosif capable de répondre à toutes les exigences de l'emploi auquel il était destiné : conservation, stabilité chimique et physique, absence de propriétés hygroscopiques, sécurité dans la fabrication, les manipulations, les transports, etc.

Certes, il m'eut été facile de créer de toutes pièces un composé explosif nouveau ou de baptiser d'un nom abracadabrant quelconque, un explosif chimiquement connu pour en faire une affaire, un mystère, mais franchement n'eut-ce pas été là pur charlatanisme et insulte aux officiers auxquels je devais communiquer ma découverte?

La découverte de la loi dont j'ai parlé plus haut me permettait de créer ou de baptiser non pas un, mais cinquante mélanges explosifs ou composés nitrés divers, et d'embrouiller les choses pour me donner des airs de savant.

Croyant à la probité et à la sincérité des fonctionnaires auxquels je m'adressais et voulant, avant tout, servir sincèrement le pays et la science, je ne crus pas devoir recourir à ces subterfuges, et, loyalement, je fis connaître que le corps qui répondait le mieux aux desiderata de la question, était l'acide picrique ou trinitrophénol phénique auquel on a donné, plus tard, le nom de « Mélinite ».

Tandis qu'auparavant et en raison des théories en usage, aucun composé ne résistait au choc de la décharge du canon, grâce au nouveau principe que je faisais connaître et dont l'exactitude s'est si pleinement confirmée dans les applications en grand, presque tous les composés ou mélanges explosifs pouvaient être combinés de façon à résister sous le choc de toutes les vitesses initiales désirées, sauf à donner des résultats plus ou moins satisfaisants aux autres points de vue de la question.

D'autre part, on était pressé, et il fallait, non seulement aller vite, mais chose bien autrement grave et difficile, être sûr de ce que l'on ferait et de ce que l'on emmagasinerait. Là était le hic. On sait bien quand on charge des projectiles, mais on ne sait pas quand on s'en servira. Or, il faut être certain de la conservation. C'est un point capital.

L'étude de la conservation est précisément l'un des arguments les plus puissants de la Commission des substances explosives, pour demander des années à l'examen des propriétés des composés explosifs proposés pour entrer dans le domaine de la pratique.

La question était donc très complexe, comme on le voit, puisqu'on n'avait pas le temps, c'est-à-dire des années, pour étudier le produit, et qu'il s'agissait d'être prêt de suite, et en état de répondre en cas de guerre aux projectiles allemands chargés de coton. Or, nous n'avions rien, pas même du coton-poudre.

S'imagine-t-on, en effet, les deux cent mille projectiles fabriqués spécialement et chargés d'un nouvel explosif ne se conservant pas et devenant, tout à coup, plus dangereux pour ceux qui s'en serviraient que pour ceux auxquels on les destinerait.

Quel gâchis, quelle débâcle, quel cataclysme il résulterait d'un tel état de choses ? Se voit-on obligé de chercher, comme en 1870, un moyen de charger les projectiles en présence de l'ennemi ! Quel spectacle !

Je viens de le dire, mais je ne saurais trop le répéter, nous n'avions pas un seul projectile, vers la fin de 1885, qui fut en état de recevoir autre chose que de la vieille poudre noire.

Pour ce qui concerne le coton-poudre, aucune étude

n'avait été faite en vue de son adoption, et pas un obus (les obus doivent être en deux pièces pour le coton-poudre comprimé) n'était en état d'en recevoir, tandis que tous les obus en fonte ont été utilisés pour la Mélinite. D'ailleurs, et comme on le verra plus loin, ON N'AVAIT PAS DE COTON-POUDRE EN RÉSERVE, ET ON N'ÉTAIT PAS OUTILLÉ POUR EN FABRIQUER EN GRAND.

Après avoir étudié un grand nombre de mélanges divers dans les proportions chimiques voulues, d'après cette nouvelle méthode, je crus devoir renoncer aux mélanges en général, parce qu'ils n'offrent pas assez de sécurité, et sont d'une mauvaise conservation, surtout si le mélange vient à être défectueux. En examinant les formules des composés explosifs plus ou moins connus, je ne tardai pas à reconnaître que parmi les phénols nitrés, le trinitrophénol phénique (acide picrique), dont j'ai parlé plus haut, convenait parfaitement et pouvait satisfaire à toutes les exigences du problème.

Connu depuis longtemps, d'une fabrication facile et courante, très répandu dans le commerce et dans la teinture en jaune de la soie, d'une conservation assurée, n'ayant jamais donné lieu à aucun accident dans les manipulations et les transports, bien qu'aucune précaution ne fut prise à cet égard, presque ininflammable, brûlant paisiblement à l'air libre, etc., ce corps présente, en effet, tous les avantages que l'on pouvait souhaiter dans un explosif violent (1). Pourquoi ne l'aurai-je pas employé? Valait-il mieux indiquer un corps nouveau ou

---

1. Dans un article de la *Lecture*, 10 octobre 1887, le lieutenant-colonel Hennebert résume ainsi l'histoire de la Mélinite :

« En 1788, c'est-à-dire il y a tantôt un siècle, un chimiste de Mulhouse découvrait l'amer d'indigo, substance tinctoriale d'une énergie extrême; un gramme du nouvel et précieux produit suffisait à teindre en jaune un kilogramme de soie ! Et, chose inattendue ! à la température de 300 degrés, cette matière détonait avec violence.....

« L'acide picrique ou carbozotique se fabrique en grand aujourd'hui. On l'obtient en traitant par l'acide azotique un dérivé de la houille, le phénol ou acide carbonique, etc.

prétendu tel et défectueux, qu'un corps connu et parfait ?

L'essai de la puissance de l'acide picrique, m'a démontré qu'il surpassait la nitroglycérine pure et le fulmicoton.

C'est le composé explosif chimique le plus près du maximum de puissance qu'un composé explosif parfait PUISSE DONNER. Quant à son insensibilité au choc et à l'amorçage, elle est remarquable. Ce corps une fois choisi, il ne restait plus qu'à définir son mode d'emploi. C'est ce que je fis de la manière suivante :

Considérant que les explosifs en poudre ou en grains, chargés en vrac dans l'obus, sont susceptibles de s'enflammer par la violence du tassement (enrochement), au moment du départ sous le choc du coup de canon, j'ai combiné plusieurs méthodes pour agglomérer et solidifier la matière, pour la charger dans les obus.

Parmi les différents procédés que j'ai trouvés, il en est un, très audacieux en vérité, mais qui est d'une supériorité telle, que je n'hésitai pas, malgré tout le danger qu'il présentait « d'après ce qui avait été écrit sur la matière », à l'étudier sérieusement sous bien des formes. C'est l'emploi de l'acide picrique fondu par le feu.

Il est dit, dans les traités spéciaux, que l'acide picrique peut fondre vers 125° lorsqu'on le chauffe en très petite quantité, mais que si la quantité est un peu considérable

---

« La Mélinite jouit, d'ailleurs, d'une propriété dont la valeur est, au sens des praticiens, inappréciable. On va pouvoir en juger.

« La préparation et l'emploi des matières brisantes donne souvent lieu à des accidents déplorables. Or, moyennant l'emploi de certains procédés de préparation la Mélinite est essentiellement inoffensive. La manipulation en est facile, etc.....

« On ne croyait pas, non plus, pouvoir jamais employer les substances brisantes, au chargement des projectiles creux...

« Or le problème est résolu.

« Nous connaissons le fulmi-coton depuis quarante ans : la « Mélinite » depuis un siècle. Celle-ci, répétons-le, n'est pas, comme on l'a dit, d'invention récente.

« Ce qui est nouveau, c'est la solution du problème ci-dessus énoncé.

« VOILA LA DÉCOUVERTE ! »

Il ne manquait à cet article que l'indication de mon nom comme auteur de la découverte et de la solution du problème.

ou s'il est chauffé brusquement, ou enfin, si la température s'élève vers 300° il y a violente explosion. Cette propriété a donné lieu à des accidents graves (1).

Pour l'application que j'en voulais faire, si ces propriétés étaient vraies, il devenait fort dangereux d'essayer de fondre quelques kilos d'acide picrique à la fois, et encore plus, des centaines de kilos comme il le faudrait faire par la suite. Heureusement toutes ces assertions étaient inexactes, et de plus, je reconnus que l'on pouvait chauffer l'acide picrique lentement jusqu'au point de prendre feu, sans qu'il y eut explosion, pourvu que la chaleur fut sagement administrée.

Je reconnus aussi, qu'après avoir été fondu, il était encore moins sensible au choc qu'à l'état pulvérulent, et à tel point, qu'à l'air libre et même à vase clos, une amorce de 3 grammes de fulminate de Mercure ne le fait pas détoner, mais casse le bloc en morceaux. Dans tout le chargement des obus fait depuis 1886 avec ce corps, il n'y a pas eu le moindre accident de ce chef.

Cette insensibilité est telle, qu'il m'a fallu trouver un mode particulier d'amorçage.

C'est à l'aide d'un détonateur spécial, dont j'ai inventé le principe en 1881, (Voyez planche I, fig. 1), et quelque peu modifié, que j'ai résolu le problème.

Ce détonateur se compose d'un tube en acier plongeant dans l'obus plein d'acide picrique fondu, et dont la place a été réservée pendant la coulée à l'aide d'un mandrin-entonnoir (planche I, fig. V.) Ce tube contient de l'acide picrique en poudre fortement tassé, dans lequel plonge, à son tour, une amorce de fulminate de mercure fortement comprimé à la presse et attachée à la fusée par un tube plein de matière fusante destinée à retarder l'explosion (fig. 2). En vue de parer aux objections, j'avais proposé également de remplacer le fulminate par une forte charge de poudre vive enflammée de la même manière

1. Berthelot, *Sur la force des matières explosives*, tome II, p. 243 (1883).

(fig. 3). L'acide picrique est fondu et coulé dans les obus à l'aide de la bassine à double fond avec bain d'huile chauffé directement ou indirectement par circulation (fig. 4), et des pochettes (fig. 5). Lorsque j'étais dans l'industrie, j'avais déjà employé pour la fusion du soufre des appareils analogues.

Tous ces détails sont consignés dans mes brevets, et on trouve également la description de ces principes dans la notice spéciale que j'avais fait imprimer et distribuer secrètement dans les ministères de la Guerre et de la Marine en 1885.

L'idée de mon détonateur, représenté fig. 1, remonte à 1881, ainsi que mon obturateur porte-amorce à fond plat et que l'on a surnommé gaine porte-détonateur? On trouve cette pièce dans mon brevet anglais de 1881. Toute cette combinaison avait, d'ailleurs, été nécessitée pour soustraire mon amorce au liquide, et pour établir la communication du feu de la capsule K au détonateur D (1).

C'est l'ensemble de ce système absolument nouveau et reposant sur des principes opposés à tout ce qui avait été dit et fait, à qui on a donné le nom de « Mélinite », pour dépister les recherches. Ce mot mélinite vient de meli,

---

1. C'est cette même invention que j'ai appliquée et décrite, en la complétant, dans mes brevets pour l'application de l'acide picrique aux usages civils et militaires, ainsi que dans la brochure que j'ai fait imprimer secrètement en 1885, pour le département de la Guerre et de la Marine.

On trouve, en effet, dans ces documents et d'une façon précise, les indications suivantes avec ou sans dessin :

1° Principe de la loi que j'ai énoncée ci-dessus;
2° Fusion de l'acide picrique pour le chargement des obus chauffés à 100° environ;
3° Bassine à double fond et modes de chauffage;
4° Amorçage de l'acide picrique fondu par l'acide picrique en poudre;
5° Obturateur porte-amorce contenant cette poudre;
6° Amorçage par le fulminate ou par une charge de poudre vive;
7° Principe de ne faire éclater l'obus qu'après sa pénétration (p. 4 de ma notice de 1885);
8° Pétards de rupture chargés d'acide picrique, etc,

Tous ces détails sont très importants à retenir pour ce qui va suivre, relativement à la violation de mes droits, de la vérité et de la trahison qui en a été la conséquence.

miel, parce que l'acide picrique en poudre est couleur de miel.

Ici, je ferai remarquer que j'ai dit dans mes brevets et ma notice que j'appliquai le trinitrophénol ou acide picrique DU COMMERCE, et que j'ai indiqué les principaux modes d'obtention de ce composé, soit en partant du phénol, des huiles lourdes de goudron, de la soie, etc., en un mot, suivant les procédés nombreux employés depuis sa découverte (1788); afin de bien faire comprendre qu'à la rigueur, le produit pouvait être plus ou moins pur, pourvu qu'il appartînt à la classe des phénols. On verra plus loin l'importance de ces détails.

Cet important système une fois bien expérimenté et établi, je m'empressai d'en donner connaissance SECRÈTEMENT à M. Maurouard, directeur du service des poudres et salpêtres au Ministère de la Guerre, dans l'espoir de conserver le procédé secret.

Mais, sans examiner la chose et prenant simplement pour base cette absurdité que l'acide picrique était connu depuis longtemps, on voulut contester mes droits.

Or, c'est précisément parce que l'acide picrique était connu depuis longtemps que je l'avais choisi après l'avoir étudié sous un nouveau jour, et parce qu'il offrait toutes les chances de garantie de conservation, ce qui était immense dans l'état des choses.

Cette contestation injuste et nullement fondée de mes droits me mit dans la nécessité de prendre un premier brevet en France, brevet que j'ai pris, d'ailleurs, dans des termes aussi discrets que possible et en ayant le soin d'indiquer plusieurs modes d'emploi. Enfin, peu de temps après, je fis quelques expériences à la Poudrerie de Sevran-Livry, en présence de M. Maurouard, de deux officiers d'artillerie et de plusieurs ingénieurs des poudres.

Voici d'ailleurs les lettres officielles que j'ai reçues à ce sujet et qui démontreront le bien fondé de mes droits à la priorité.

MINISTÈRE
DE LA GUERRE

Paris, le 27 janvier 1885.

A Monsieur TURPIN,

MONSIEUR,

Monsieur le Directeur du service des poudres et salpêtres me charge de vous prévenir qu'il ne pourra, par suite d'une circonstance imprévue, se rendre, jeudi prochain, à la poudrerie de Sevran-Livry.

Les essais qui devaient avoir lieu seront donc remis à un autre jour, que M. Maurouard vous fera ultérieurement connaître.

Veuillez agréer, Monsieur, etc.

(Signé) RAVERET,
Chef de Bureau.

MINISTÈRE
DE LA GUERRE

Paris, le 23 février 1885.

CHER MONSIEUR TURPIN,

Voici une affaire qui m'arrive pour jeudi prochain 26 du courant.

Nous remettrons donc, si vous voulez bien, notre excursion à Sevran, au lendemain vendredi.

C'est pour ce jour là seulement que je donne des instructions à M. Lambert.

Je vous serre affectueusement la main.

(Signé) MAUROUARD.

Ministère de la Guerre

6ᵉ Direction

Poudres et Salpêtres

Bureau
des Poudres et Salpêtres

Personnel et Matériel

N° 1115

Expériences
sur
l'acide picrique

Paris, le 12 Mars 1885

Cher Monsieur C.

J'ai l'intention de faire étudier par la Commission des Substances explosives la question de l'emploi de l'acide picrique comme explosif au point de vue des usages industriels et des applications militaires.

Je vous serais obligé, à cet effet, de vouloir bien me faire parvenir une Note résumant les expériences que vous

M. Monsieur Turpin, à Cuivries St Denis

avez entreprises sur cet explosif et les résultats que vous avez obtenus.

Recevez, Monsieur, l'assurance de ma considération distinguée.

Inspecteur général, Directeur,

J. Maurouard

Ministère de la Guerre.

Paris le 20 août

Mon cher Monsieur Turpin,

Je crois que nous sommes enfin arrivés à une application utile de vos découvertes : l'acide picrique paraît donner de très-bons résultats dans les cordeaux détonnants, et je ne doute pas qu'il n'en soit de même pour les projectiles creux.

vous-même pour les cartouches de retraite de guerre.

Je m'empresse de vous en informer et je m'en réjouis, puisque j'aurai ainsi le moyen de provoquer en votre faveur une récompense bien méritée.

Je vous serai affectueusement dévoué

T. Maurouard

**MINISTÈRE
DE LA GUERRE**

6ᵉ Direction

POUDRES ET SALPÊTRES

**BUREAU DES POUDRES
ET SALPÊTRES**

Nº 1335.

EXPÉRIENCES
sur l'acide picrique

Paris, le 12 mars 1885

A Monsieur Turpin,

Cher Monsieur,

J'ai l'intention de faire étudier par la Commission des substances explosives, la question de l'emploi de l'acide picrique comme explosif au point de vue des usages industriels et des applications militaires.

Je vous serais obligé, à cet effet, de vouloir bien me faire parvenir une note résumant les expériences que vous avez entreprises sur cet explosif et les résultats que vous avez obtenus.

Recevez, etc.

L'Inspecteur général, Directeur
(Signé) Maurouard.

**MINISTÈRE
DE LA GUERRE**

Paris, le 20 août 1885.

Mon cher Monsieur Turpin,

Je crois que nous sommes enfin arrivés à une application utile de vos découvertes : l'acide picrique paraît donner de très bons résultats dans les cordeaux détonants, et je ne doute pas qu'il n'en soit de même pour les projectiles creux, voire même pour les cartouches de rupture de guerre.

Je m'empresse de vous en informer et je m'en réjouis, puisque j'aurai ainsi le moyen de provoquer en votre faveur une récompense bien méritée.

Je vous serre affectueusement la main.
(Signé) MAUROUARD,

II

LES NÉGOCIATIONS

On a vu par tout ce qui précède la marche régulière et les péripéties de la découverte du système dit « Mélinite ». Nous allons maintenant parcourir, pas à pas, la seconde phase de cette affaire, c'est-à-dire l'adoption et les négociations successives.

Voici les lettres qui me furent adressées :

MINISTÈRE DE LA GUERRE

3ᵉ *Direction*

ARTILLERIE ET ÉQUIPAGES MILITAIRES

2ᵉ *Bureau*

MATÉRIEL

3ᵉ *Section*

POUDRES ET CARTOUCHES

AU SUJET
de
l'emploi de l'acide picrique

2..930   *Paris, le 23 septembre 1885.*

Le Ministre de la Guerre

à M. TURPIN, chimiste.

Monsieur, d'après les renseignements qui me sont parvenus, vous avez pris à la date du 7 février 1885, un brevet ayant pour objet d'établir vos droits de propriété sur les applications de l'acide picrique seul, sans le concours d'un agent oxydant, *aux usages civils et militaires pour produire des explosions* en suivant des procédés et en utilisant *des engins décrits dans un mémoire à l'appui dudit brevet.*

D'autre part, j'ai fait entreprendre des études sur l'emploi de l'acide picrique comme corps explosif pour les usages militaires, en utilisant la propriété que possède ce corps de détoner par le fulminate de mercure.

Cette propriété se trouve nettement indiquée dans un mémoire présenté à l'Académie des sciences en 1874, par MM. Roux et Sarrau.

Déjà, en 1872, M. Berthelot, dans son livre sur « La force de la poudre et des matières explosives » *avait indiqué qu'au point de vue de la force explosive, l'acide picrique devait l'emporter même sur le coton-poudre, n'étant surpassé que par la nitro-glycérine.*

Enfin, dans le traité sur la poudre de M. Désortiaux, paru en 1878, il est dit que l'acide picrique, ainsi que la plupart des sels qui en dérivent, paraissent *susceptibles d'être employés dans les mines ou pour le chargement des projectiles creux.*

Il me semble donc que le droit de faire usage des propriétés explosives de l'acide picrique soit du domaine public.

Mais je désire établir nettement la situation de mon département à votre égard en ce qui concerne l'emploi de cet explosif.

J'ai l'honneur de vous prier de vouloir bien me faire connaître si vous avez des propositions à me présenter à ce sujet.

Recevez, Monsieur, l'assurance de ma considération distinguée.

(Signé) Campenon.

Cette lettre démontre péremptoirement que si l'acide

picrique était connu, on n'en connaissait pas les réelles propriétés, la valeur et le mode d'emploi à l'aide des procédés et engins décrits dans mon brevet, comme il est dit dans cette lettre, et, en tout cas, que l'on ne s'en servait pas.

Cette lettre est d'ailleurs corroborée par les autres lettres du service des poudres, et par les faits eux-mêmes, et prouve bien que ce sont mes procédés qui sont en usage.

Voici la réponse que j'adressai à M. le Ministre :

EUGÈNE TURPIN   *Le 26 septembre 1885.*

       A Monsieur le Ministre de la Guerre,
         à Paris.

    MONSIEUR LE MINISTRE,

En possession de la lettre que vous avez bien voulu m'adresser au sujet de mon brevet et de mes revendications sur l'application de l'acide picrique, j'ai l'honneur de vous informer que je vais rédiger immédiatement une note qui résumera la question et établira ma situation, relativement à ce qui avait été fait antérieurement sur ce corps.

J'espère pouvoir soumettre cette note à votre haute appréciation d'ici une dizaine de jours.

Veuillez recevoir, Monsieur le Ministre, l'expression de mes sentiments les plus distingués et me croire votre très humble et dévoué serviteur.

                           EUG. TURPIN.

C'est à la suite de cette lettre que j'ai rédigé le mémoire secret sur l'emploi de l'acide picrique, qui a été distribué à 100 exemplaires dans les ministères de la Guerre et de la Marine.

MINISTÈRE 39,973   *Paris, le 13 octobre 1885.*
DE LA GUERRE

3ᵉ Direction

ARTILLERIE ET ÉQUIPAGES
MILITAIRES

2ᵉ Bureau

MATÉRIEL

3ᵉ Section

POUDRES ET CARTOUCHES

AU SUJET
de l'emploi de l'acide picrique

Le Ministre de la Guerre

à M. TURPIN, chimiste.

MONSIEUR,

Je vous ai adressé une dépêche à la date du 23 septembre 1885, sous le n° 37,360 (3ᵉ direction, Artillerie, 2ᵉ Bureau, Matériel, 3ᵉ section, Poudres et Cartouches), pour vous demander si vous aviez des propositions à me présenter au sujet de l'emploi de l'acide picrique pour les usages militaires.

Votre réponse n'est pas encore arrivée au bureau compétent.

J'ai l'honneur de vous prier de vouloir bien me la faire parvenir le plus tôt possible, sous le timbre de la présente dépêche (3ᵉ Direction, Artillerie, 2ᵉ Bureau, Matériel, 3ᵉ section), en duplicata s'il y a lieu.

Recevez, Monsieur, l'assurance de ma considération.

Pour le Ministre et par son ordre:
Le Général, Directeur,
(*Signé*) V. LADVOCAT.

**Ministère
de la Guerre.**

4ᵉ Direction.

Poudres et Salpêtres

Bureau
des Poudres et Salpêtres

Personnel et Matériel

Nº 4998
Application de l'acide
picrique aux usages
militaires

Paris, le 16 octobre 1885

**Le Ministre de la Guerre
à M. Turpin, à Colombes St Denis.
(Seine-et-Oise)**

Monsieur, l'acide picrique, sur les propriétés explosives duquel vous avez récemment appelé l'attention, paraît, en effet, présenter, au point de vue des applications militaires, de sérieux avantages sur les explosifs employés jusqu'à ce jour. En prévision de l'adoption possible et prochaine de ce produit comme explosif de guerre réglementaire, je vous serais très naissant de vouloir bien m'adresser, sous le timbre de la 6.² Direction (Poudres et Salpêtres) une note sur les recherches que vous avez faites à ce sujet et sur les résultats qui avaient pu être obtenus avant vous.

Recevez, Monsieur, l'assurance de ma considération très distinguée.

Pour le Ministre et par son ordre
L'Inspecteur général, Directeur,

Mirevoicard

**MINISTÈRE
DE LA GUERRE**

—

6ᵉ Direction

—

POUDRES ET SALPÊTRES

—

N° 4,938.

—

Application de l'acide picrique
aux usages militaires

—

Paris, le 16 octobre 1885.

Le Ministre de la Guerre

à M. Turpin.

Monsieur, l'acide picrique sur les propriétés explosives duquel vous avez récemment appelé l'attention, paraît, en effet, présenter, au point de vue des applications militaires, de sérieux avantages sur les explosifs employés jusqu'à ce jour.

En prévision de l'adoption possible et prochaine de ce produit comme explosif de guerre réglementaire, *je vous serais reconnaissant de vouloir bien m'adresser sous le timbre de la 6ᵉ direction (Poudres et Salpêtres) une note sur les recherches que vous avez faites à ce sujet et sur les résultats qui avaient pu être obtenus avant vous.*

Recevez, Monsieur, l'assurance de ma considération très distinguée.

Pour le Ministre et par son ordre.
L'Inspecteur général, Directeur,
(Signé) MAUROUARD.

ARTILLERIE

—

Le 9 novembre 1885.

Mon cher Monsieur Turpin.

Je n'ai pas voulu vous remercier de l'envoi de votre brochure sur l'acide picrique avant de l'avoir lue, ce que je n'ai pu faire la semaine dernière.

Je viens de la parcourir et elle m'a vivement intéressé quoique mes fonctions au régiment ne me permettent pas de m'occuper autant que je le voudrais des nouveaux travaux sur les explosifs.

En ce qui concerne l'acide picrique, je crois, comme vous, qu'il peut rendre de grands services à l'artillerie, surtout pour le chargement des projectiles, et je vous félicite de votre nouvelle découverte, car elle vous appartient absolument.

<u>Il me semble qu'on ne peut guère vous la contester, mais que voulez-vous, la fameuse légende de l'œuf de Christophe Colomb sera éternellement vraie?</u>

Je fais enfin des vœux pour que vous gagniez définitivement votre cause et que vous en tiriez honneur et profit.

Dans quelques jours l'Ecole d'Artillerie de..., doit faire exécuter devant tous les officiers de la garnison les expériences annuelles réglementaires sur la dynamite.

Ne pourriez-vous pas m'envoyer une ou deux cartouches d'acide picrique?

Recevez mes félicitations.

(Signé) A. ROSTAIN (1).
(aujourd'hui Colonel d'artillerie).

MINISTÈRE
DE LA MARINE

1ᵉʳ décembre 1885

Le Général L. Dard à M. TURPIN.

J'ai lu avec un grand intérêt la notice sur l'acide picrique que vous m'avez fait l'honneur de m'adresser et je vous en remercie.

---

1. Monsieur Rostain avait été membre de la Commission d'études de Saint-Thomas-d'Aquin (Voir page 23).

Si vous venez à Paris, je vous serais obligé de me donner un instant pour vous demander quelques renseignements complémentaires sur l'emploi qui pourrait être fait dans la Marine du produit dont vous avez signalé les avantages et les propriétés remarquables.

Le Général L. DARD,
Inspecteur Général adjoint de l'Artillerie, membre
du Conseil des Travaux au Ministère de la Marine.

Ces lettres suffisent amplement pour démontrer toute la nouveauté de ma découverte.

L'acide picrique était connu depuis longtemps, comme je l'ai dit, mais tous les techniciens avaient déclaré que, pour s'en servir utilement, il fallait le mélanger à un oxydant, car l'acide picrique, disaient-ils, ne contient guère que la moitié de l'oxygène nécessaire à sa combustion.

M. Abel, le chimiste anglais, avait même déclaré qu'il était inexplosif.

Voici d'ailleurs comment s'exprimait M. Berthelot, sénateur, secrétaire perpétuel de l'Académie des sciences, et président de la Commission des substances explosives au ministère de la guerre, dans son *Traité sur la force des matières explosives d'après la thermochimie* (1).

« Ce corps ne renferme guère que la moitié de l'oxygène
« nécessaire pour brûler complètement.
« Pour obtenir une combustion totale de l'acide picrique, il faut recourir à un agent oxydant complémentaire : azotate, chlorate, etc. »

Et, dans son *Traité sur la force de la poudre et des matières explosives*, publié en 1872, chez Gauthier-Villars, M. Berthelot s'exprimait ainsi (2) :

« La décomposition du corps isolé (acide picrique
« seul) produisant seulement 157,500 calories, ON VOIT

---

1. Tome II, page 247 (1883).
2. Pages 141 et 142.

« COMBIEN IL EST AVANTAGEUX DE MÉLANGER L'ACIDE
« PICRIQUE AVEC UN CORPS OXYDANT, TEL QUE L'AZO-
« TATE, ET SURTOUT LE CHLORATE DE POTASSE. »

Or, j'ai étudié tous ces mélanges, et en ajoutant à l'acide picrique la quantité de chlorate de potasse nécessaire pour une combustion complète, on obtient un composé ne possédant guère que 60 pour 100 de la puissance de l'acide picrique seul, et AUSSI DANGEREUX AU CHOC QUE LA NITROGLYCÉRINE PURE. Il serait impossible de tirer un tel mélange dans un obus, même sous une vitesse initiale DE 200 MÈTRES SEULEMENT, sans qu'il y ait explosion de l'obus dans l'âme du canon, sous le choc de sa décharge, tandis que l'acide picrique fondu peut résister au choc du départ sous des vitesses de 700 à 800 mètres et au delà.

Dans une note publiée dans les comptes rendus de l'Académie des sciences (séance du 12 décembre 1887), M. Berthelot rend compte de certains essais qu'il vient de faire sur les modes de décomposition explosive de l'acide picrique et des composés nitrés. Après les résultats si remarquables que l'on venait d'obtenir par mes procédés, c'était bien le moins que M. Berthelot se mît de la partie pour publier des choses secrètes.

Après tout ce qu'il avait écrit sur l'acide picrique, et les erreurs classiques qu'il avait propagées, il lui fallait bien tâcher de se rattraper, ou au moins d'amoindrir la valeur de mes recherches malgré le fait accompli, le service rendu, et les intérêts du pays. Aussi, M. Berthelot n'a pas manqué d'établir un rapprochement entre mes brevets et les remarques, cependant bien connues, que Sprengel avait faites sur l'explosibilité de l'acide picrique et qui, en tout cas, pourraient être opposées avec beaucoup plus d'à-propos à M. Berthelot lui-même, aux ingénieurs des poudres en général, et à MM. Roux et Sarrau en particulier, qui ont publié comme une nouvelle invention les expériences de Sprengel un an après lui, dans les comptes rendus de 1874.

Quant aux expériences de M. Berthelot, elles confirment purement et simplement mes découvertes sur l'emploi possible et pratique de l'acide picrique fondu.

Mais le comique de tout cela, c'est que pour faire ses expériences et afin de s'assurer de l'inexplosibilité de l'acide picrique par l'action du feu seul, lorsqu'on le chauffe même à haute température, M. Berthelot s'est risqué à projeter dans un tube en verre (tube à essai), une quantité d'acide picrique ne dépassant pas quelques milligrammes !!!

M. Berthelot tient décidément à sa vie et il ne se tuera pas dans ses travaux sur les explosifs.

S'exposer à l'explosion prématurée ou spontanée de quelques milligrammes d'un explosif, ce n'est pas le fait du commun des mortels. Mais ce qui est encore plus fort, c'est de vouloir tirer une conclusion quelconque de telles expériences. M. Berthelot est-il bien sûr d'avoir pris de l'acide picrique ?

Quoi qu'il en soit, ce long mémoire démontre péremptoirement que je suis absolument dans le vrai, et que Monsieur le Président de la Commission des substances explosives ne connaissait rien sur les propriétés particulières de l'acide picrique et qu'il est en contradiction avec ce qui est dit dans le *Traité de chimie organique* de MM. Berthelot et Jungfleisch, de 1886, relativement à ce corps.

Comme on le voit, mon invention est complète et indiscutable pour les gens de bonne foi (1).

---

1. Voici d'ailleurs copie des factures des constructeurs qui ont construit les pièces de mes obus et détonateurs représentés planche I, figure 1, remontant à 1881 :

« A. Piat, fondeur mécanicien, rue Saint-Maur, 85, 87, 91.

« Le 23 mai 1881.

« 15 pièces sur modèles, obus à noyau (fonte brute). »

« L. Barrière et Cie, rue Saint-Sabin 22.

« Équipements militaires, fournisseurs de la Marine, de l'Artillerie, « des Manufactures de l'État, etc.

« Le 23 mai 1881.

« N° 33660. — 52 cheminées fer 12 1/2 × 32. — F° du grand-livre : 833 « ou 839.

« Nota. Il s'agissait là du premier porte-retard, c'est la pièce portant

Voici d'ailleurs un article qui ne laisse aucun doute sur mes essais de tir bien avant la Mélinite.

Si cet explosif avait vu le jour dans un autre moment, le public ne s'en fût probablement guère occupé. Elle eût accompli dans les carrières, dans les ports, dans le percement des tunnels et des isthmes, la tâche utile à laquelle elle est destinée. Elle eût fait le bien ignorée. Tandis que, grâce aux anarchistes et à leurs sinistres procédés de propagande, le public a les yeux sur elle et l'examine non sans inquiétude. Elle ne mérite cependant pas tout le mal qu'on pense d'elle et vaut la peine d'être examinée pour le rôle immédiat et puissant qu'elle est appelée à remplir.

On a ri quand on a appris que le nouvel explosif avait pris naissance dans la paisible rue du Sentier. On se fût égayé davantage si l'on avait su que son inventeur, M. Turpin, chimiste distingué, doublé d'un Parisien aimable, est un ancien prix Montyon. L'homme qu'on eût presque accusé de travailler à la destruction de la société a reçu cette récompense pour avoir inventé des couleurs inoffensives pouvant être employées sur les jouets d'enfants. Et c'est encore un désir de progrès, des considérations humanitaires, qui l'ont poussé dans des recherches, au cours desquelles il a trouvé la Panclastite.

La Panclastite, malgré son énorme puissance d'explosion, a l'avantage d'être plus résistante au choc que les matières explosibles dont on se sert habituellement ; elle est en outre très stable, car, comme on l'a vu par la description que nous en avons donnée, c'est un simple mélange et non le résultat d'une décomposition chimique. Il y a bien un mélange comme celui que nous signalions, de l'acide hypoazotique avec le sulfure de carbone, qui

« le détonateur au fulminate et rempli de pulvérin tassé, planche I,
« figure 1, C. »
« Usine Jourdain, rue Sedaine, 41.
« Fournisseur des Ministères, etc.
« Le 23 juillet 1881.
« Façon de 25 obus, faits bouchons et percuteurs 100 francs.
    25 bouchons pleins.   25
                            Total.   125 francs.

Il s'agit là des gaines décrites dans mes brevets de 1881, et du montage du détonateur dans ces gaines.

C'est là, tout à la fois, l'origine de la gaine et du détonateur retardé.

Les détonateurs m'avaient été fournis par la maison Gaupillat.

Les bouchons pleins me servaient pour le tir d'essai des explosifs, sans détonateur ni fusée, pour essayer leur sensibilité.

est très sensible au choc à l'état liquide, mais son inventeur se refuse à l'employer dans cet état et il emploie un autre mélange qui fait explosion sous l'influence de la détonation d'une forte amorce en communication avec une mèche ou un courant électrique.

Les effets sont foudroyants, et cela est dû en partie à l'instantanéité avec laquelle l'explosion se produit. Il n'est si énorme quartier de roche dont une faible charge de Panclastite n'ait raison. A Cherbourg, où des expériences furent faites, en présence d'ingénieurs, dans du rocher schisteux mélangé de quartz et dans une maçonnerie de moëllons avec mortier de chaux et de granit coulé en ciment, maçonnerie ayant vingt ans de date, les effets furent tels, que l'ingénieur chargé du rapport sur les expériences déclara que le « mélange Turpin est à la dynamite ce que cette dernière est à la poudre de mine ordinaire ».

La Panclastite peut être employée à l'état liquide ou absorbée par une terre poreuse de la même façon que la nitroglycérine dans la confection de la dynamite. Dans les deux cas, elle est enfermée dans un flacon de verre ou dans une cartouche de métal. Et voici en quoi elle nous paraît répondre au but humanitaire que s'est proposé l'inventeur : sa préparation peut avoir lieu sur place. Les produits qui servent à sa fabrication peuvent être transportés isolément : l'acide hypoazotique dans des bidons en fer blanc, ainsi que l'essence de pétrole qui entre dans les différentes combinaisons des panclastites. C'est un avantage considérable pour la sécurité des transports; on peut, paraît-il, expédier les éléments du nouvel explosif par bateaux ou par wagons comme tous les produits chimiques, sans avoir avec les Compagnies de chemins de fer ou la batellerie les difficultés suscitées par l'envoi de substances qui font explosion au moindre choc, en causant des malheurs irréparables. Ajoutons que la fabrication pourra se faire dans le voisinage du chantier, sans aucun danger. L'ouvrier n'aura qu'à tirer séparément les liquides aux robinets des bidons.

Les panclastites les plus sensibles répondaient dans l'esprit de l'inventeur à des préoccupations patriotiques. Le jour où il reconnut l'énorme puissance d'expansion d'un mélange liquide d'acide hypoazotique et de sulfure de carbone, il songea immédiatement à l'appliquer à la défense nationale. Longtemps il garda son secret : et, sans le rapport de la commission d'hygiène, le public l'ignorerait encore. Il fit seulement des démarches au ministère de la guerre, proposa la Panclastite pour le chargement des torpilles et celui des obus; lui-même se procura un canon, un petit canon, monté sur affût et se chargeant par la culasse, puis se livra à des expériences. »

Les gens d'Argenteuil ont souvent entendu des détonations formidables aux abords des carrières qui environnent cette commune. Ils croyaient à quelque travail des carriers, à quelque explosion de poudre ou de dynamite. Ils se trompaient. C'était M. Turpin qui tirait son canon chargé d'obus garnis de Panclastite. Le projectile décrivait sa trajectoire, touchait terre et éclatait aussitôt avec fracas. Les morceaux d'obus logés dans les parois des carrières seront probablement l'objet de curieuses discussions entre les archéologues de l'avenir qui les découvriront sans avoir eu connaissance des expériences auxquelles la Panclastite a donné lieu.

Un autre avantage de cette nouvelle substance : elle n'est pas, assure-t-on, sujette à la congélation. D'autres produits, comme la nitroglycérine, gèlent facilement. Pour s'en servir, il faut les dégeler. C'est une opération délicate qui offre les plus grands dangers.

Les cartouches employées pour les panclastites sont de deux espèces: les unes en fer blanc de forme cylindrique pour les charges de 250 à 1,000 grammes ; les autres en verre comme des flacons d'eau de mélisse pour les charges de 200 grammes et au-dessous. Ces dernières sont pourvues d'une gorge partageant le flacon en deux parties. Au-dessous de cette gorge sont écrits ces mots : « Liquide blanc » ; au-dessus : « Liquide rouge ». Il suffit de verser dans ce flacon les deux liquides et de le fermer avec un bouchon enveloppé d'une capsule d'étain qui préserve le liège, ou même d'un liège simple si on ne doit pas conserver longtemps la cartouche. L'amorce étant ensuite placée dans une gorge longitudinale extérieure et mise en contact avec une mèche, la cartouche est excellente pour les trous de mine et les explosions à l'air libre. Pour les explosions sous l'eau, il suffit d'enduire le bouchon de graisse et de se servir d'une mèche recouverte de gutta-percha (1).

La nécessité de charger les projectiles avec une substance puissante et brisante, en remplacement de la vieille poudre noire, la nécessité de charger les pétards de rupture avec une matière plus puissante que la dynamite,

---

1. Le *Temps*, 4 mars 1883.

qui ne se conserve pas, s'imposant de plus en plus, la direction de l'artillerie m'avait fait appeler.

C'est avec le colonel Deloye, licencié en droit, chef du bureau du matériel de l'artillerie, que j'ai été mis en rapport pour discuter les termes de ce traité, sous la haute direction du général Ladvocat, directeur de l'artillerie à cette époque.

Après de longs pourparlers, je dus accepter ce qui m'était offert, sans pouvoir obtenir la rémunération équitable de mes découvertes, en raison de l'importance des résultats atteints et de leur valeur industrielle, attendu que je n'avais jamais eu aucune attache officielle, que ce résultat avait été atteint par moi-même à mes risques et périls, et que c'était le produit de mon travail personnel et de mon intelligence.

Le langage qui me fut tenu, lorsque je résistai, fut celui-ci : « C'est à prendre ou à laisser, et si vous nous faites un procès, ce sont vos petits-enfants qui le verront finir. Vous êtes prévenu, d'ailleurs, que les huissiers n'entrent pas chez nous, donc, vous ne pourrez rien prouver du tout et nous nous servirons de votre affaire ».

Ce que l'on me disait, on me l'écrivait presque, témoin cette lettre du Général Ladvocat:

MINISTÈRE
DE LA GUERRE
—
3ᵉ *Direction*
ARTILLERIE ET ÉQUIPAGES
MILITAIRES
—
2ᵉ *Bureau*
MATÉRIEL
3ᵉ *Section*
Poudres et Cartouches
Au sujet de l'acide picrique
N° 42,391.
—

Paris, le 5 novembre 1885.

Le Ministre de la Guerre

à M. Eugène Turpin.

Monsieur, dans ma dépêche n° 37,360, du 23 septembre 1885, je vous ai exposé les raisons pour lesquelles le droit de faire usage des propriétés explosives de l'acide picrique paraissait *appartenir au domaine public.*

Mais désirant établir nettement la situation de mon département à votre égard en ce qui concerne cet explosif au sujet duquel vous avez pris un brevet, je vous ai prié de me faire connaître si vous aviez des propositions à me présenter relativement à l'emploi qui pourrait être fait de l'acide picrique pour les usages militaires.

La note que vous m'avez fait parvenir au sujet de l'acide picrique (1), *en réponse à ma dépêche ci-dessus visée, ne contient pas les renseignements qui me sont nécessaires.*

Elle n'indique pas nettement si vous demandez une allocation pécuniaire, *et en cas d'affirmative quel serait le montant de cette allocation.*

J'ai l'honneur de vous prier de vouloir bien m'adresser ce renseignement à très bref délai. Dans le cas où votre réponse ne me serait pas parvenue le 15 novembre prochain, je me verrais obligé de passer outre, et de considérer toute revendication ultérieure comme non avenue.

Recevez, Monsieur, l'assurance de ma considération.

Pour le Ministre et par son ordre :
Le Général Directeur,
(*Signé*) V. LADVOCAT.

Cette lettre démontre péremptoirement que l'on était singulièrement pressé; que l'on ne se servait pas encore de l'acide picrique, comme on l'a déjà vu par les lettres précédentes, et aussi, que la force prime toujours le droit.

En vertu de quel pouvoir me menaçait-on de passer outre? Que devient la loi des brevets et la propriété industrielle?

---

1. Il s'agit du mémoire secret tiré à 100 exemplaires et distribué dans les Ministères de la Guerre et de la Marine.

MINISTÈRE
DE LA GUERRE
—
4ᵉ DIRECTION
ARTILLERIE
ET
ÉQUIPAGES MILITAIRES
—
3ᵉ BUREAU
MATÉRIEL
—
3. section
Poudres et Cartouches
—
au sujet de l'acide picrique

42391

Paris, le 5 Novembre 1885

LE MINISTRE DE LA GUERRE
à Monsieur Turpin, Chimiste,
à Carrière Saint-Denis,
près Paris.

Monsieur, dans ma dépêche, N° 37360, du 23 Septembre 1885, je vous ai exposé les raisons pour lesquelles le droit de faire usage des propriétés explosives de l'acide picrique paraissait appartenir au Domaine public.

Mais, désirant établir nettement la situation de mon Département à votre égard, en ce qui concerne cet explosif au sujet duquel vous avez pris un brevet, je vous ai prié de me faire connaître si vous aviez des propositions à me présenter relativement à l'emploi qui pourrait être fait de l'acide picrique pour les usages militaires.

La note que vous m'avez fait parvenir au sujet de l'acide picrique, en réponse à ma dépêche ci-dessus visée, ne contient pas les renseignements qui me sont nécessaires

Elle n'indique pas nettement si vous demandez une allocation pécuniaire, et en cas d'affirmative quel serait le montant de cette allocation.

J'ai l'honneur de vous prier de vouloir bien m'adresser ce renseignement à très bref délai.

Dans le cas où votre réponse ne me serait pas parvenue, le 15 Novembre prochain, je me verrais obligé de passer outre, et de considérer toute revendication ultérieure comme non avenue.

Recevez, Monsieur, l'assurance de ma considération

Pour le Ministre et par son ordre
Le Général, Directeur,

V. Lauvel

Je sais bien que les droits des inventeurs, livrés à eux-mêmes, ont toujours été foulés aux pieds. Mais il ne faut pas oublier que c'est l'État ici qui parle, et que l'État a moins que tout autre le droit de violer les lois et de s'emparer d'une main du brevet qu'il délivre de l'autre moyennant finance. Et puis, que vient faire la question de brevet en tout cela? Le service n'en est-il pas moins rendu?

Certaines lois étrangères ont prévu le cas d'utilité publique pour des inventions concernant la défense nationale, et autorisent le gouvernement du pays à s'en emparer, moyennant une indemnité à débattre ou à faire fixer par arbitrage. Mais ceci n'étant pas prévu dans la loi française, il s'ensuit que la situation d'un inventeur, vis-à-vis de l'État, est la même qu'était celle d'un propriétaire avant la loi sur l'expropriation. Or, comme la propriété d'un inventeur est facile à prendre, c'est ce que l'on fait dans bien des cas, si ce n'est pas l'arbitraire qui en décide autrement.

Comme je m'étais livré entièrement et de bonne foi, que l'on connaissait toute mon invention, j'étais pris, et je fus obligé d'accepter, pour ne pas tout perdre, les conditions qui m'étaient imposées. Conditions absolument léonines.

C'est comme protestation et en faisant ressortir, qu'en admettant même que l'adoption du coton-poudre fut possible à la place de mes procédés, il y avait tout avantage, la question technique mise de côté, à adopter mon système, par ce fait que l'acide picrique coûterait au moins 2 francs de moins par kilo (4 francs au lieu de 6 francs que l'on a payé du coton-poudre acheté dans un autre but), que je demandais la somme de six millions que l'on m'a tant reprochée. Or, comme on a acheté environ 6 millions de kilos d'acide picrique au prix moyen de 4 francs le kilo pour les approvisionnements, l'économie qui en est résultée pour l'État a été d'environ 12 millions de francs.

Ma demande, au fond, n'avait donc rien d'absurde,

puisqu'en somme j'aurais simplement bénéficié de la moitié de la différence des prix, sans compter la valeur de l'invention et du service rendu au pays.

J'ai dit que le fulmicoton ou coton-poudre ne pouvait donner une entière satisfaction au point de vue chimique et pratique, mais il y a encore une autre considération importante. Le coton-poudre comprimé n'a qu'une densité de 1.00 environ et contient en plus 30 pour 100 d'eau, tandis que la densité de l'acide picrique, qui offre une sécurité et une stabilité absolues, est de 1.70, c'est-à-dire qu'un projectile dont la capacité serait de dix litres, contiendrait 10 kilos de coton-poudre et 3 kilos d'eau (poids inutile à transporter et à lancer par le canon), tandis qu'il contiendrait 17 kilos d'acide picrique, c'està-dire de matière active. Si on se souvient que l'acide picrique est plus puissant que le coton-poudre, on comprendra de suite toute la supériorité de l'obus chargé avec ce corps, l'obus à Mélinite ou obus français, sur celui de même capacité chargé de fulmicoton, ou obus allemand. A volumes égaux, les rapports de puissance sont comme 10 est à 17, sans tenir compte du poids de l'eau dans le premier cas. De quelque côté que l'on envisage la question, on trouve donc que cet acide picrique est sans rival.

Quoi qu'il en soit, et sous les réserves les plus expresses faites verbalement, j'acceptai les conditions du traité qui m'était imposé, car on est toujours plus ou moins mineur vis-à-vis de l'État. Je n'aurais d'ailleurs rien pu faire sans dévoiler le secret et j'ai préféré attendre.

Voici la copie exacte de ce traité, rédigé par le colonel Deloye, licencié en droit, très fort par conséquent en affaires :

« Entre le Ministre de la Guerre, stipulant au nom et pour le compte de l'État, d'une part:

« Et d'autre part, M. Eugène Turpin, chimiste, demeurant à Paris, stipulant en son nom personnel,

« Il a été dit et convenu ce qui suit:

« M. Turpin expose : 1° Qu'il a déposé le 7 février 1885, la demande d'un brevet d'invention pour « l'application des propriétés explosives de l'acide picrique du commerce aux usages civils et militaires.

« 2° Que ce brevet lui a été délivré par arrêté ministériel du 22 juillet 1885, sous le n° 167,512.

« 3° Qu'à l'heure actuelle, il est encore en possession pleine et entière de tous les droits que ce brevet peut lui conférer.

« Le Ministre de la Guerre déclare que son administration et celle de la Marine et des Colonies, se proposant de faire continuer les expériences entreprises sur l'emploi de l'acide picrique et, s'il y a lieu, d'adopter cette substance pour divers usages militaires, désirent régler, dès à présent, d'une façon définitive, toutes les questions qui pourraient naître de la revendication des droits que M. Turpin peut tenir dudit brevet tel qu'il se poursuit et comporte.

« A cette fin, les parties susmentionnées ont arrêté d'un commun accord les conventions suivantes :

« Moyennant une somme de deux cent cinquante et un mille francs que le Ministre de la Guerre, ès-noms, qu'il s'agit, s'oblige à payer à M. Turpin, ce dernier renonce, en tant que de besoin, à toute réclamation au sujet de l'emploi que l'administration de la Guerre et celle de la Marine et des Colonies pourraient faire de l'acide picrique, pour tous usages militaires ou pour les consommations nécessités par les besoins propres des deux départements ministériels susmentionnés.

« Il demeure entendu que la renonciation ci-dessus, consentie par M. Turpin, ne s'applique pas aux consommations afférentes aux travaux non militaires (tels que roctage, excavations et autres travaux analogues), dans le cas où ils seraient faits pour le compte de l'Etat par des entrepreneurs civils adjudicataires. Mais il est expressément convenu que ladite renonciation s'étend à toutes les applications qui font l'objet du brevet n° 167,512 susmentionné ou qui pourraient faire l'objet de certificats d'addition audit brevet, ainsi que pour tous autres perfectionnements qui pourraient être réalisés par M. Turpin relativement à l'emploi de l'acide picrique pour tous usages visés ci-dessus.

« Pendant un délai de dix mois, à dater de ce jour, M. Turpin s'interdit de révéler l'existence de la présente convention, d'en indiquer le contenu et de faire connaître la somme qui lui a été allouée.

« La somme ci-dessus allouée à M. Turpin sera payée

seulement après que la présente convention aura été enregistrée et qu'il aura été reconnu qu'à la date de cet enregistrement, il n'existait dans les archives du Ministère du Commerce aucune inscription de nature à établir que M. Turpin ne possédait plus l'intégralité des droits attachés par la loi au brevet n° 167,512.

« L'ordonnance de payement sera délivrée dans la quinzaine de cette vérification.

« Dans le cas où l'existence d'inscriptions de cette nature serait constatée, M. Turpin serait tenu d'en rapporter mainle--ée pour obtenir payement.

« Fait à Paris le vingt-neuf décembre mil huit cent quatre-vingt-cinq en deux originaux, mais sous réserve expresse que l'original destiné à M. Turpin sera, aussitôt après la signature du présent, déposé, sous pli cacheté, chez M. Renard, notaire à Paris, pour y être tenu à la disposition de M. Turpin à l'expiration du délai de dix mois susmentionné.

 Approuvé l'écriture   Approuvé l'écriture ci-dessus.
  ci-dessus.   Le Ministre de la Guerre,

 (Signé) E. TURPIN.   *(Signé)* G. CAMPENON.

« Enregistré à Paris, bureau des actes administratifs, le vingt-neuf décembre 1885, f° 34, v° 8. Reçu trois cent vingt-cinq francs, décimes compris.

        (Signé) GOLFIER(?)

Ce traité, comme on peut le voir, est conçu en termes vagues, ambigus et pleins de réticences. Est-ce l'achat de mon brevet ou simplement d'une licence, puisque je reste propriétaire de la partie industrielle en France? En tout cas, la cession devait se faire par acte notarié avec transcription sur les registres de la préfecture de la Seine, ainsi que la loi l'exige.

Mais on ne voulait pas que l'on sût que l'artillerie m'avait acheté une invention de cette importance. Question d'amour-propre et d'esprit de corps. On verra plus loin pourquoi.

Est-ce un traité définitif ou provisoire?

S'agit-il seulement de la continuation des expériences en vue d'une adoption ultérieure, et en ce cas dans quelles conditions?

Pourquoi ce délai de dix mois?

— Pour avoir le temps de se préparer et de prendre l'avance sur l'étranger, car après ce délai de dix mois j'étais libre de faire connaître mon procédé.

Pourquoi déposer chez un notaire la copie du traité qui m'appartenait, et cela sans qu'aucun acte de dépôt fut dressé?

— Parce que l'on ne voulait pas que je puisse aller à l'étranger avant l'expiration de ce délai qui a pris fin le 31 octobre 1886, et que je sois à même de prouver le marché passé.

Tout cela est ridicule, mais indique bien l'importance de l'invention, et l'intérêt que l'on apportait au secret.

Comme je l'ai dit plus haut, je n'ai accepté ce traité que contraint de le faire, et pour adoucir mes justes revendications, la somme qui m'a été accordée étant tout à fait disproportionnée avec le service rendu, le résultat atteint, et la valeur industrielle de mon invention, on y a ajouté, spontanément, la croix de chevalier de la Légion d'honneur.

Aussitôt ce traité passé, on m'a demandé de ne pas m'occuper des fournitures, afin de ne point donner l'éveil et de ne pas provoquer des agiotages sur les matières premières peu répandues. Cependant, il faut remarquer que je n'avais pas abandonné mes droits à ce dernier point de vue.

C'est alors qu'eurent lieu les premières commandes de 75,000 projectiles en acier; des 300,000 gaines en acier, sur mon modèle, et auxquelles j'avais donné le nom d'obturateur porte-amorce, tandis qu'on les appelait maintenant gaines porte-détonateur??

Les achats d'acide picrique et de phénol furent faits en grand un peu par tout le monde, et, à la vérité, tous ceux qui se présentèrent au service des poudres, qui avait revendiqué ses droits de service producteur, eurent des commandes et des crédits ouverts pour ces achats.

Je n'entrerai pas ici dans la nature de certains de ces

marchés. Il me suffira de dire que, toujours pour conserver le secret, tous ces achats, qui se montent à plus de trente millions, ce qui indique l'importance de mon invention, furent faits de la main à la main et sans aucune adjudication!! Aussi, les mêmes objets ont-ils été payés quelquefois à des prix absolument disproportionnés. Des gaines ont été payées 10 francs pièce à un certain moment, et 3 fr. 50 seulement, un peu plus tard.

On craignait la guerre et on voulait aller vite.

Quant aux produits chimiques, ce fut un véritable gaspillage, et on a vu ce fait inouï : un service spécial, tel que le service des poudres et salpêtres, se trouver dans l'impossibilité d'agencer et d'installer dans les usines de l'Etat la fabrication de l'acide picrique, ce produit si connu! comme on me disait, et ce fut la maison Guinon (Picard et Guinon de Lyon), dont l'adresse était dans ma brochure sur le Trinitrophénol (1), qui fut appelée à organiser, à Vonges, en remplacement de la fabrication de la dynamite, la fabrication de l'acide picrique, pour le prix de 500,000 francs plus 100,000 pour la mise en marche. Cette maison, qui vendait jadis quelques kilogrammes d'acide picrique par semaine, a gagné plus d'un million, tant par les fournitures de plusieurs millions de kilos d'acide picrique à 4 francs que par l'installation de l'usine de Vonges.

La maison Billault, ancienne maison Fontaine, place de la Sorbonne, a fait construire à Malakoff une usine spéciale pour la fabrication de l'acide picrique, et en a fourni environ un million de kilogrammes à 4 francs le kilo au ministère de la guerre.

1. Page 12.

III

VALEUR PRATIQUE DE LA MÉLINITE

Voici maintenant quelques articles qui démontrent la valeur pratique de mon invention, comme déjà on l'a vu plus haut.

« Par décret en date du 7 janvier 1886, le Président de la République française, sur la proposition du ministre de la Guerre, vu la déclaration du Conseil de l'ordre de la Légion d'honneur, en date du 5 du même mois, portant que la nomination du présent décret est faite en conformité des lois, décrets et règlements en vigueur, a nommé au grade de chevalier dans l'ordre de la Légion d'honneur :

« M. Turpin (Eugène), ingénieur chimiste à Paris. Travaux importants sur les explosifs (1). »

« Le général Boulanger, écrivait l'*Événement*, se préoccupait depuis plusieurs mois de trouver une substance explosible qui pût rivaliser avec le fameux heilhofite des Allemands. La chose est trouvée, terrible dans ses effets destructeurs, et les résultats obtenus dépassent presque les prévisions d'entière réussite.

« C'est contre le fort de la Malmaison qu'ont été dirigées les expériences; ce fort inutile appartient à l'ensemble dit camp retranché de Laon-la-Fère, qui, avec la prétention de barrer la vallée de l'Oise, ne servirait de rien en cas d'invasion.

« Primitivement, le ministre de la guerre avait exclu même les chefs de corps du nombre des spectateurs d'expérience; mais depuis, convaincu qu'il est préférable

---

1. *Journal officiel* du 8 janvier 1886.

de faire savoir *urbi et orbi* que nous sommes aussi forts que nos voisins, le général s'est ravisé, et c'est ainsi qu'il a permis de donner la publicité aux résultats acquis.

« C'est avec un mortier de 220 millimètres de calibre, lançant un obus de même diamètre, chargé de Mélinite, qu'ont eu lieu les tirs exécutés hier devant M. le général Boulanger et les membres de la Commission du budget, qu'il avait conviés afin que cette Commission fût mieux à même de constater la nécessité du crédit extraordinaire que le ministre de la guerre a l'intention de solliciter du Parlement.

« La prudence la plus absolue est de rigueur, puisqu'une pincée de cette poudre terrible analysée donnerait immédiatement le moyen à quiconque d'en fabriquer. Nous ignorons la composition de la Mélinite, mais nous savons qu'elle est au moins vingt fois plus forte.

« Voilà toute une révolution dans la construction des forts; il va falloir changer leurs profils. Les effets produits contre des plaques métalliques de blindage par un projectile de 110 kilogrammes sont effrayants.

« Ce qui est à désirer maintenant, c'est que la Commission du budget accorde au ministre de la guerre le crédit extraordinaire qu'il demande pour poursuivre les expériences *de l'heureuse découverte* et établir leur succès définitif.

« Mais que deviendra la guerre, si l'on continue à découvrir de pareils engins plus formidables les uns que les autres? que la dynamite et, détail absolument rassurant pour les artilleurs, d'un maniement facile et peu dangereux.

« On étudie en second lieu, à la Malmaison, les meilleures méthodes de tir. Il ne suffit pas de posséder un projectile puissant, il faut encore en faire usage dans les conditions les plus avantageuses, se mettre en état d'atteindre les ouvrages ennemis, tout en restant à grande distance d'eux et en échappant à leur vue. Pour frapper moins vivement l'attention publique, les expériences qui portent sur ce point ne sont pas moins intéressantes que les premières et elles préoccupent fortement tous les officiers d'artillerie. (1)

Au point de vue industriel, mon invention, si j'avais voulu l'exploiter purement et simplement aussitôt que j'étais libre de le faire, en me servant de tous les moyens

---

1. *Evénement* du 30 septembre 1886.

de réclame en usage et sans me préoccuper des intérêts du pays, pouvait me rapporter une fortune immense.

D'autre part, et sans compromettre l'intérêt national, si le gouvernement avait simplement procédé avec moi loyalement, et respecté mes droits et les faits acquis, je pouvais encore réaliser une fortune légitime, par un intérêt sur les fournitures et sans rien compromettre du secret.

On jugera de l'importance de mon invention par les chiffres suivants :

On a commandé.

— 1° 300,000 gaines en acier (c'est mon obturateur porte-amorce), à un prix moyen de 7 francs, puisque des commandes ont été données à 10 francs et d'autres à 3 francs soit 300,000 × 7 = ... 2.100.000 fr.

— 2° 75,000 projectiles de siège en acier à 200 francs sans compter l'usinage fait dans les ateliers de l'Etat, soit: 75,000 × 200 = ... 15.000.000

— 3° Tous les projectiles en fonte qui étaient en magasin et les projectiles en acier pour canons de campagne, soit, environ,. 5.000.000

— 4° 300,000 détonateurs à 5 francs environ, soit 1.500.000

— 6,000,000 de kilos d'acide picrique à 4 francs le kilo en moyenne. . . . 24.000.000

Soit un total approximatif de. . . . 46.000.000

Voilà, à peu de chose près, ce que l'on a dépensé pour la mise en œuvre de mon invention. C'est dire son importance.

Or, il n'est pas d'affaires de ce genre qui ne doivent rapporter moins de 10 pour 100 à l'inventeur, puisque l'on donne 5 pour 100 de commission aux intermédiaires qui sont chargés de faire simplement des achats pour le gouvernement français (1).

1. D'après le *Paris* du 31 janvier 1889, l'Etat alloue des commissions

Si j'avais reçu 10 pour 100 j'aurais touché la somme de 4,700,000 francs, soit environ 13 centimes par tête d'habitant en comptant seulement 36,000,000 d'habitants en France.

J'ai reçu 250,000 francs, soit $\frac{6}{10}$ de centime par habitant, pour une chose qui tend à sauvegarder la fortune publique estimée à 200 milliards !

Il a donc fallu 4,000 français pour me donner.... *six francs.*

On a donné 1,500,000 francs pour la tour Eiffel ! On a payé et on paye des chanteurs jusqu'à 180,000 francs par an, ce que je ne critique pas. On a acheté, qu'on l'ait gardé ou non, un tableau : *l'Angelus,* de Millet, 350,000 fr., et on en a payé d'autres bien plus cher. Combien de tableaux de ce prix seront détruits par un seul obus ennemi tombant dans un musée ? On a dépensé 300,000 fr. pour représenter l'*hymne* de Mme Holmès, etc., etc.

On me donne, à moi, pour dix années de recherches des plus dangereuses, exécutées à mes risques et périls, après avoir résolu un problème cherché sans succès pendant 20 ans, et avoir triplé la puissance de notre artillerie, la somme de 250,000 francs, un peu plus que mes frais d'existence et de laboratoire pendant dix ans. C'est à peine, non pas un achat, mais une indemnité. Si j'avais été Espagnol, j'aurais été mieux traité et pour un moindre service (1). Non seulement on me dépouille de l'honneur de mes travaux, mais encore, après m'avoir repoussé et au moment où légitimement je veux essayer de tirer parti de mes travaux à l'étranger, je me trouve en présence de qui et de quoi :

---

de 5 pour 100 aux intermédiaires chargés de faire, pour son compte, des opérations.

1. M. Péral, l'inventeur du bateau espagnol sous-marin, a été ennobli et a reçu une somme de 500,000 francs. Sir Rowland Hill, qui était seulement l'importateur en Angleterre de l'unité de la taxe postale (1840), idée émise depuis 1832 par Émile de Girardin, a reçu, à titre de récompense nationale, une somme de 500,000 francs et 50,000 francs de pension annuelle.

D'officiers français exploitant pour leur compte les plans de l'État, et d'une concurrence en quelque sorte officielle.

Puis on monte une cabale infernale contre moi à l'aide de la presse que l'on tient dans la main, pour me faire passer pour traître et pour finir de me dépouiller complètement en vendant partout à l'étranger mes propres inventions, avec l'appui des documents officiels.

Je dénonce le principal coupable, et le parquet étouffe l'affaire !!

La canaille, c'est moi ; le traître, c'est moi.

Si on se reporte aux chiffres ci-dessus, on concevra maintenant tout l'intérêt que pouvait présenter l'exploitation de mon invention à l'étranger et les avantages immenses que la Société Armstrong peut avoir à exploiter, pour tous les pays, la construction des obus qui se commandent par 50,000 à la fois, c'est-à-dire par des commandes de 10 à 15 millions.

En France, les constructeurs qui ont eu cette aubaine, grâce à mes travaux, ainsi que les autres fournisseurs, sont probablement convaincus qu'ils ne me doivent rien sur les millions de bénéfice qu'ils ont réalisés. Est-ce que, dans un cas pareil, l'État ne devait pas intervenir pour me protéger ? Est-ce que, débordé comme je l'ai été, je pouvais faire respecter mes droits, faire des procès par douzaines, aux Forges et Chantiers de la Méditerranée, aux Forges de Saint-Étienne, etc. ?

On ne dépouille pas ainsi un inventeur de propos délibéré et dans une cause de cette nature.

Ce n'est pas à des fonctionnaires que j'ai eu affaire, mais on pourrait plutôt croire que c'est à des joueurs de bonneteau. On m'a fait sauter la carte par ce traité à double entente, et cela dans un moment où on ne parle que de la question sociale et de patriotisme, et alors qu'il s'agit d'une invention concernant la défense nationale au premier chef.

Tout cela est d'autant plus monstrueux, que la France n'a jamais lésiné, bien au contraire, pour accorder toutes les sommes nécessaires au réarmement depuis 20 ans. Tous les crédits ont été votés sans discussion, et toutes les sommes demandées obtenues immédiatement.

Peut-on admettre, comme circonstances atténuantes, que c'était en vue de tenir les intérêts de l'État que l'on a ainsi procédé à mon égard? Pas le moins du monde, car l'intérêt de l'État était, avant tout, de conserver la Mélinite à la France, à quelque prix que ce fut, et la chose était aisée, puisque je laissais le gouvernement libre de m'accorder, pour conclure définitivement, la somme qu'il jugerait convenable de m'allouer pourvu qu'elle fut équitable. En outre, et par dessus tout, les plans et rapports français ne devaient être livrés à l'étranger à aucun prix.

Si, d'autre part, on envisage ce qui se passe dans les arsenaux, on est absolument navré du gaspillage de capitaux qui s'y produit (1).

A côté de cela, d'un coup, je triple la puissance de notre artillerie, et on a l'iniquité de me donner une aumône et de me prendre l'honneur de mes travaux.

Voilà la justice, voilà les encouragements au patriotisme. N'est-ce pas la négation du travail?

Si on faisait le compte des sommes perdues annuellement en essais ou en insuccès, par les départements de la Guerre et de la Marine, c'est par millions que l'on additionnerait (2).

---

1. Dans son remarquable rapport sur le budget de la marine en 1890, M. Gerville-Réache ne cite-t-il pas ce fait, que certains magasins d'hôpitaux maritimes possèdent 18 cravates, 18 bonnets de nuit, 46 chemises et 50 draps de lit par chaque malade.

Il existe aussi un magasin de la marine qui renferme un approvisionnement de cordages pour cent ans!

De cette gestion défectueuse, a dit M. Gerville-Réache, résultent des pertes considérables de matières et d'objets confectionnés, n'ayant jamais servi et ne pouvant servir.

Les matières et objets, non utilisés et mis au rebut, des années 1888 et 1889 réunies, représentent une somme de 28,778,000 francs.

2. Voici un article relatif à la manufacture d'armes de Châtellerault et à sa réorganisation, qui démontre jusqu'où peuvent aller les abus (*Paris* du 13 décembre 1888):

« Il paraîtrait qu'à la suite de l'incendie de Châtellerault, on aurait

Rien que pour les essais et recherches sur les explosifs, on a dépensé des centaines de mille francs par an, soit dans les écoles de pyrotechnie, soit dans les dépôts centraux de la Marine et de la Guerre, etc.

Pour faire mes études, mes recherches, mes essais, toujours fort dangereux, je n'avais pas à ma disposition l'appui de l'État, ni même ses encouragements et encore bien moins les locaux, l'emplacement, les fonds et le matériel qui, aux frais du pays, sont à la disposition des fonctionnaires chargés de recherches analogues.

C'est à mes risques et périls, sans appui, presque sans moyens matériels, presque sans espérance et en assumant toutes les conséquences de pareils travaux, qu'il m'a fallu poursuivre mes recherches.

Si j'avais été victime de mes expériences, ce que l'on voit tous les jours, je n'avais rien à espérer.

Est-ce que franchement tout cela ne méritait pas que je fusse traité autrement.

Au point de vue national, mon invention a eu une portée incalculable.

Si le lecteur veut bien remonter de quelques années en arrière, vers la fin de 1886, par exemple, au moment où le chargement des obus à la Mélinite commençait sur une grande échelle, on se souviendra de la situation européenne et des graves bruits de guerre que l'on faisait cir-

---

offert au ministère de la Guerre, pour parer au ralentissement de la fabrication du fusil Lebel, une usine de construction de wagons qui s'était fondée à Saint-Etienne au capital nominal de 4 millions dont 1,200,000 francs seulement avaient été versés. Au bout de peu de temps, cet établissement fut en déconfiture et le liquidateur tenta de le vendre à l'Etat d'abord 300,000 francs, puis 200,000 francs.

« Le directeur de la manufacture d'armes et le général Gras, dont personne ne niera la compétence, visitèrent l'usine et conclurent au rejet de l'offre.

« Le liquidateur vendit alors un certain nombre de machines-outils aux usines de la région et offrit le reste à un industriel au prix de 100,000 francs; celui-ci n'en voulut donner que la moitié, les choses trainaient en longueur, lorsque tout à coup on apprit que la *Direction de l'artillerie*, contrairement au rapport qu'elle avait reçu, venait de racheter l'usine au prix de TREIZE CENT MILLE FRANCS. »

culer. L'affaire Schnœbelé est encore présente à toutes les mémoires (1).

On se souviendra de toutes les protestations et attaques haineuses lancées contre l'Exposition universelle et le centenaire de 1789. Exposition et fêtes que l'on voulait empêcher.

L'affaire Tisza est encore présente à toutes les mémoires également.

Les nouvelles étaient si graves et si alarmantes, que les travaux de l'Exposition furent interrompus ou ralentis pendant plus de six mois, et, à tel point, que l'on se demandait si elle pourrait avoir lieu.

Or, à cette époque, les Allemands étaient prêts avec leurs nouveaux obus au fulmicoton qui, quoique très inférieurs à la Mélinite, avaient alors une supériorité immense sur nous, qui n'avions rien que la poudre, et pas même un obus à fulmicoton ni une rondelle de fulmicoton en état de servir. Bien plus, on n'avait même pas de fulmicoton.

Cette situation, horriblement critique, était bien connue des étrangers, comme on connaissait, en 1870, notre désorganisation. C'est grâce à cette situation et aux vantardises de Boulanger que la presse étrangère était si provocante.

1. On lisait, il n'y a pas longtemps, dans *New-York Daily Tribune*, les révélations que voici :

« Il y a peu de gens dans le monde qui sachent bien à quel point la France et l'Allemagne étaient près d'une guerre lors de l'affaire Schnœbelé, il y a quelque trois ans. Des mesures furent prises alors, certaine nuit, pour marcher contre la France.

« Un officier allemand qui faisait partie du contingent de Metz, me raconta plus tard que, pendant une des nuits durant lesquelles cette question était pendante, 50,000 hommes de cavalerie allemande armés, équipés, prêts à marcher, restèrent debout, à la tête de leurs chevaux, toute la nuit, attendant des ordres possibles de Berlin.

« Il n'y avait pas eu de déclaration de guerre formelle, pas de proclamation au public dans l'attente. La guerre, si elle avait eu lieu, eût commencé par un acte direct d'agression. Si l'ordre était parti de Berlin, la France se serait réveillée le lendemain matin avec une force allemande de 50,000 hommes de cavalerie à une trentaine de milles au dedans de sa frontière, avec une grande armée d'envahisseurs derrière. »

Mais, tout à coup, les expériences de Mélinite de Chavignon vinrent changer la face des choses.

Grâce à mes travaux, accumulés et effectués dans l'ombre et à l'abri de toute publicité, on était prêt du jour au lendemain, pour ainsi dire, et avec une supériorité incontestable et considérable.

En outre, par le choix judicieux que j'avais fait de l'explosif, en désignant l'acide picrique et son mode d'emploi, on put réunir, EN QUELQUES SEMAINES, les quantités immenses de ce produit qui existaient dans l'industrie.

J'avais fait coup double, et tout le monde fut surpris de voir sortir, comme de sous terre, tout un système nouveau dont on n'avait jamais entendu parler.

C'est à cette époque que les Allemands furent obligés de s'arrêter dans leurs transports belliqueux, pour refaire en béton tous leurs forts, afin d'essayer de résister aux nouveaux obus à la Mélinite, et qu'un crédit considérable fut voté d'urgence à Berlin.

Le ton suraigu de la presse allemande changea tout à coup, et l'Exposition eut lieu, tandis que nous avions 98 chances sur 100 d'avoir la guerre à cette époque.

Or, on ne saurait attribuer ce résultat ni à la poudre Vieille ni au fusil de 8 millimètres, puisqu'à cette époque il n'était encore qu'à l'état de projet.

C'est grâce aussi à la Mélinite que les crédits de 400,000,000 ont été votés.

Mais maintenant on s'endort sous les lauriers, et cependant on nous guette toujours. Aussi on verra, lorsque les nations de la triple alliance auront été, par le fait de Triponé et de ses complices, armés et pourvus des obus à Mélinite fabriqués par la société Armstrong, sur les plans français, comment les choses tourneront. Il est vrai que ces quelques bandits seront riches.

On verra alors si j'avais raison de vouloir conserver mon invention à la France, comme je le voulais pour n'importe quel prix, et on jugera cette lutte homérique d'un homme, combattant seul, contre tout un gouvernement, dans l'intérêt de la Patrie, et abandonné, trahi et vilipendé par tous ceux qui devaient être ses défenseurs et ses protecteurs naturels.

On comprendra alors l'ignominie de la conduite tenue à mon égard, tandis que toutes les mains devaient m'être tendues, car c'était bien aussi un peu pour cela que je travaillais.

Mais, hélas! je le crains trop, si toutes les fautes se payent et portent en elles-mêmes leur châtiment, je serai cruellement vengé.

IV

VIOLATION DE MES DROITS ET DE LA VÉRITÉ

A la suite d'une publicité effrénée dans les journaux, faite tout à la fois dans un but politique et d'esprit de corps, on a cherché à faire croire au public que la « Mélinite » était autre chose que l'acide picrique employé d'après mes procédés, qu'elle avait été inventée par un autre que moi, ou qu'elle aurait été en partie remplacée par la Crésilite.

Voici quelques renseignements à ce sujet :

« La Mélinite est l'héroïne du moment. Elle arrive, elle arrive! A peine connue il y a six mois, à peine orthographiée il y a trois mois (on la traitait de *Mélénite*, sans souci de l'étymologie), la voilà qui gagne les sommets. A elle la popularité! On ne sait pas bien de quoi elle se compose; ce n'est pas nécessaire. Ce qu'il importe de savoir, c'est qu'elle existe, c'est que ses effets sont terribles et que la Guerre pousse à sa fabrication avec une activité remarquable.

« C'est à Bourges que se trouve aujourd'hui le centre d'opérations de l'artillerie française; Bourges a remplacé Metz et Strasbourg; on y étudie sans cesse, et un corps d'officiers très distingués y cherche sans relâche la solution du grand problème : « Comment doit-on s'y prendre pour tuer d'un seul coup le plus d'hommes possible? » Problème effroyable! que la science devrait bien résoudre au plus tôt, car on peut espérer que cette solution mettra fin à toutes ces guerres, chevaleresques encore il y a cent ans, — hideuses depuis que la chimie s'en mêle.

« Le général Boulanger devait venir ici dès hier pour assister à des expériences au polygone. Mais son voyage a été remis : il aura lieu le 14 janvier. C'est donc le moment de résumer en quelques lignes les travaux accomplis, les résultats obtenus depuis quelques mois avec la nouvelle substance explosive.

« Il est patriotique de ne pas dévoiler le mystère qui préside à la composition de la Mélinite, mais il est patriotique aussi de dire ce qu'on fait de la substance nouvelle, quand ce ne serait que pour affirmer la force de nos armes et apporter un appoint à la paix générale en vertu du vieil adage, toujours applicable : *Si vis pacem, para bellum*.

*
* *

« Les deux officiers qui ont trouvé la Mélinite sont les capitaines Locard et Hirondart, tous deux attachés à la fonderies des canons, à Bourges. En récompense de cette découverte, M. Locard va passer chef d'escadron, et M. Hirondart vient d'être décoré. Le capitaine Locard passe ici pour un savant de premier ordre. Il s'occupe à peine du service. Tout son temps est consacré aux études techniques. C'est un chimiste et un ingénieur plutôt qu'un militaire. La Mélinite, on l'a déjà dit dans le *Figaro*, est une poudre qu'on a ainsi baptisée parce que son aspect rappelle le miel. On connaissait déjà une substance assez différente, qui porte le nom de Mélinite, par suite de la même étymologie latine.

« Mélinite, comme on disait il y a quelques mois, eût indiqué une autre origine, grecque celle-là : melas, noir.

« À la suite des expériences de La Fère, on a poussé les études de la Mélinite à Bourges avec la plus grande activité. On a construit au polygone trois manières de fortins, destinés à éprouver les effets des obus nouveau modèle, chargés à la Mélinite. Les fortins, que je viens d'apercevoir couverts de neige, sont achevés depuis quelques jours par le génie. Ils ont l'aspect de pyramides tronquées ; ils sont carrés et massifs. Deux sont en béton et en cailloux ; le troisième, qui est le plus important, est en asphalte et en silex. Il a douze mètres carrés à la base sur 3 mètres de hauteur. Il a coûté 37,000 francs ; les deux autres ensemble 46,000 francs. C'est la Compagnie des asphaltes de France qui a été chargée de leur construction. Ils se terminent en plans inclinés, d'un aspect tout nouveau.

« Il paraît que la Mélinite détruira ces ouvrages extra-durs en moins de temps qu'il n'en faut pour l'écrire. C'est ce que le ministre de la guerre doit apprécier prochainement. En attendant, des expériences quotidiennes ont lieu à la Pyrotechnie, et les effets de la Mélinite sont jugés, car des wagons entiers arrivent à Bourges pour la fabrication du nouvel explosif.

« Pour lancer les obus à la Mélinite, il n'est pas nécessaire d'établir des pièces d'un nouveau modèle des obusiers spéciaux. Le général Boulanger, faisant preuve en cette circonstance d'une initiative évidemment peu sympathique aux bureaux, aux fameux bureaux, a décidé la fabrication immédiate de 210,000 projectiles à la Mélinite, qui seront livrés au printemps. Mais par suite de je ne sais trop quelles contestations avec la ville de Bourges, c'est à Lyon et à Rive-de-Gier que ces obus seront fabriqués. On les amènera ensuite à Bourges pour les finir et les charger, puis on les remportera à leur destination définitive. Il suffit de signaler l'inconvénient de ce va-et-vient. Faire voyager ainsi une matière aussi dangereuse est vraiment une erreur. Les ateliers des obus à mélinite installés à Bourges, c'eut été, d'autre part, un accroissement de plusieurs milliers d'habitants en une année pour la ville. C'est Lyon qui bénéficiera de cette création.

« Au maire de Bourges et aux députés du Cher qui lui demandaient de faire ses ateliers à Bourges, à côté des autres, le général Boulanger a expliqué que le ministère de la guerre possède déjà à Lyon des ateliers spéciaux tout construits et installés dans des conditions telles que l'économie réalisée de ce chef sera de 800,000 francs. De plus, un vieux litige avec la ville de Bourges à propos des anciens établissements militaires a encore refroidi le ministère. Reste à savoir si le prix de va-et-vient qu'on impose aux nouveaux obus ne sera pas plus élevé que celui des constructions définitives qu'on eût faites à Bourges même.

.˙.

« La Pyrotechnie de Bourges fabrique dès à présent la Mélinite. On dit que la puissance de la nouvelle substance est à celle de l'ancienne poudre comme le nombre 100 est au nombre 1, c'est-à-dire dix fois plus grande encore que celle de la nitro-glycérine.

« Alors qu'un obus ordinaire, tombant sur le toit d'une maison, éclate et brise tout autour de lui dès qu'il a éclaté, l'obus à Mélinite est, paraît-il, destiné à descendre au sous-sol de la maison, et une fois là — mais là seulement — à faire tout sauter au-dessus de lui en éclatant, et avec une violence de pulvérisation inimaginable.

« C'est de cette façon pittoresque qu'un militaire expliquait devant moi, l'autre jour, à Paris, les effets de la Mélinite. Ce n'est pas à Bourges qu'on le démentira. Les conversations sont toutes à la Mélinite, et cependant ce ne sont pas les officiers d'artillerie qui l'alimentent, car ils sont, comme il convient, « boutonnés » jusqu'au menton et ils ont bien raison ! Mais les civils, qui les coudoient chaque jour, sentent bien qu'il y a là une grosse découverte, et que l'art de tuer vient de faire chez nous un pas énorme. » (1).

On remarque dans ce long article, les noms de MM. Locard et Hirondart, auxquels on attribue l'invention de la Mélinite. C'est un mensonge, et M. Giffard a été trompé.

M. Hirondart ne s'est jamais occupé des explosifs, car il est attaché aux forges depuis des années, mais s'est occupé de perfectionner la fabrication des obus.

Il a même pris un brevet pour un système de laminoir à cet effet : Brevet n° 181,776, 24 février 1887.

C'est moi-même qui ai donné à M. Locard, à Saint-Thomas-d'Aquin, une brochure sur l'emploi de l'acide picrique, dont il est parlé plus haut, ainsi que tous les renseignements sur le principe de mon détonateur retardé.

En sortant de Saint-Thomas-d'Aquin avec M. Locard, au coin de la rue du Bac, il me demanda encore comment j'entendais retarder l'explosion de l'obus. Je lui répondis : « En faisant ce que l'on fait tous les jours dans les mines ou dans les pièces d'artifices, c'est-à-dire en interposant entre l'allumette et le détonateur une matière fusante quelconque. Dans l'obus, la fusée ordinaire est l'allumette, et il ne reste plus qu'à mettre un bout de mèche Bickford entre cette fusée et le détonateur pour obtenir le résulat. »

Sur ce, nous nous quittâmes.

VOILA LA VÉRITÉ (2).

1. *Figaro* du 6 janvier 1887, article de M. Pierre Giffard.
2. Je protestai contre l'usage qu'on faisait de ma discrétion pour attribuer à d'autres mon invention, et j'obtins du ministère l'envoi du communiqué suivant au *Matin* :

« Dans un article publié par le *Figaro* du 6 janvier, il était raconté

Or, le principe, l'idée de laisser entrer l'obus avant qu'il éclate, est nettement indiquée dans mon brevet du 7 février 1885 et dans ma notice sur l'application de l'acide picrique, citée plus haut, page 40, sans remonter à un Mémoire que j'ai remis en 1884 à la Commission des poudres et salpêtres sur mes poudres progressives et dans lequel ce principe est également indiqué. Le principe une fois admis, il y avait vingt manières de le réaliser, et le premier artificier venu l'eût fait comme il le fait pour l'embrasement successif des diverses parties d'une même pièce d'artifices.

Lorsqu'une chose a brûlé, l'autre prend feu, tout le monde connaît cela, et il n'est vraiment pas besoin d'une instruction supérieure pour atteindre ce but élémentaire. Le tout était d'y penser.

M. Locard a, incontestablement, le mérite de s'être consacré entièrement, après mon traité avec l'État, à l'application et à la mise en œuvre de mes procédés dans les ateliers du gouvernement, mais répéter ou appliquer une chose ce n'est pas l'inventer, il me semble.

Voici, d'ailleurs, un article de journal qui ne laisse pas de doute à ce sujet :

« La question des explosifs est une de celles qui passionnent le public. On ne songe pas, en effet, sans une vague terreur, à l'effroyable puissance emmagasinée dans

que les capitaines Locard et Hirondart, attachés à la fonderie de Bourges, étaient les inventeurs de la matière explosive dont il est beaucoup question actuellement et que l'on appelle la Mélinite.

« Le *Figaro* ajoutait qu'en récompense de leur découverte ces officiers allaient être nommés l'un, chef de bataillon, l'autre, chevalier de la Légion d'honneur.

« Or, nous croyons savoir que ces informations SONT ABSOLUMENT ERRONÉES. »

Quelques jours après, le *Réveil-Matin*, du 29 juillet 1887, racontait la visite du général Ferron à Bourges :

« Le ministre a très vivement félicité le chef d'escadron d'artillerie Locard, qui s'est consacré avec un zèle au-dessus de tout éloge à la transformation des explosifs de nos projectiles de siège. Le nom de cet officier est désormais inséparable de l'APPLICATION de la Mélinite à l'artillerie.

quelques pincées d'une matière pulvérulente, d'apparence inoffensive. Et puis, dans cette fiévreuse attente qui pèse sur toute l'Europe, un intérêt poignant s'attache à tout ce qui peut jouer un rôle dans cette terrible éventualité — la guerre.

« Or, du jour où l'artillerie à longue portée a été créée, du jour où l'adoption définitive des obus a permis de multiplier l'effet destructeur du projectile agissant comme fourneau de mine sous une courtine à huit kilomètres de distance, ou couvrant d'éclats meurtriers un large rayon, les agents chimiques producteurs de la force brisante prenaient une importance capitale. Aussi de nombreux savants se sont-ils attachés à les perfectionner. Et, chose bizarre, l'industrie est devenue, dans cette recherche, l'auxiliaire naturelle des ingénieurs militaires. Les explosifs trouvent, en effet, une multitude d'applications dans les travaux du génie civil, et rendent d'immenses services toutes les fois qu'il faut s'attaquer à des roches dures.

« Aussi, avons-nous vu successivement le picrate de potasse, — célèbre par la terrible explosion de la place de la Sorbonne en 1808 ; la dynamite, la panclastite, et enfin la Mélinite et la roburite.

« De ces divers explosifs, c'est la Mélinite qui nous intéresse le plus. Il n'est pas besoin d'insister. Il va sans dire que nous ne dirons à ce sujet rien de plus que ce qu'il faut en dire.

« On connaît la puissance de la dynamite. On sait qu'une petite quantité de cette substance brûlant sur un vieux canon suffit pour le réduire en fragments. Eh bien, la Mélinite serait six fois plus forte que la dynamite.

« Vous me demanderez comment on peut évaluer de pareils effets. Il est certain qu'on ne conçoit pas bien un dynamomètre supportant de telles pressions. Aussi n'use-t-on pas de dynamomètres. On emploie pour ces mesures des cylindres de plomb de vingt centimètres de hauteur, placés debout, et sur lesquels on détermine la déflagration des substances expérimentées. Le plomb étant malléable n'est pas brisé ; mais il subit un écrasement, et le degré d'aplatissement sert à mesurer par comparaison l'intensité des forces développées.

« La Mélinite possède donc une force qui passe l'imagination. De sa composition, je ne dirai rien, si ce n'est que c'est un sel, dans le sens chimique du mot. Elle se présente sous forme d'une poudre formée de trois petits cristaux, de couleur jaune, assez analogue à la cassonnade qui a subi un premier raffinage. C'est peut-être dans cette ressemblance qu'il faut rechercher l'étymologie de son nom (miel), porté jusqu'ici dans la science par une argile naturelle inoffensive.

« Mais le côté le plus curieux de la question, c'est que cette invention, qui fait qu'on s'extasie sur les progrès de la science moderne, est une des premières en date parmi celles qui concernent les explosifs.

« Un jour, — il y a de longues, très longues années, — son inventeur, que nous ne pouvons pas nommer, apporta sa formule à un ministre de la guerre. On n'usait alors, en fait de projectiles brisants, que d'obus ronds et de bombes, pour lesquels la poudre ordinaire suffisait. Comme la Mélinite — qui portait alors un autre nom, son nom chimique — ne pouvait être utilisée comme poudre dans les pièces, le ministre, un peu routinier, dit un grand merci à l'inventeur et enterra la formule dans les cartons du ministère, d'où la direction des poudres et salpêtres l'a récemment exhumée. Vous voyez que rien ne manque à la Mélinite, pas même sa petite légende, dont je certifie l'authencité.

« Nous sommes donc bien réellement en possession d'un agent terrible, qui diminue certainement les chances de résistance d'une place forte attaquée à bonne portée par notre artillerie.

« Naturellement, dès que les Allemands ont entendu parler de la Mélinite, ils n'ont pas voulu rester en arrière. Ils ont immédiatement mis en avant la Roburite.

« Or, nous croyons savoir que la Roburite est bien une invention, mais sortie de l'imagination de nos voisins d'outre-Rhin. C'est un simple perfectionnement de l'emploi du fulmi-coton, travaillé et tassé jusqu'à former un feutre solide, présentant l'apparence d'une planchette blanchâtre, et emmagasinant par conséquent une grande puissance sous un petit volume, mais sans que cette puissance atteigne, de beaucoup près, à celle de la Mélinite.

« Quoi qu'il en soit, on voit qu'il y a encore de beaux jours pour les hécatombes humaines. Et encore, le dernier mot de ces créations meurtrières n'est pas dit. Car les nations civilisées se maintiennent dans les limites de la convention de Genève. Mais si l'on voulait en sortir et avoir recours aux agents que cette convention a interdits !

« Tenez, il y a un an et demi environ — précisons, c'était en août 1885 — un chercheur proposa une bombe capable de détruire, tant par ses éclats que par ses émanations délétères, tous les êtres vivants dans un rayon de cent mètres. On fit des expériences pour voir si cette invention pouvait rentrer dans la lettre de la convention. Deux savants, MM. B... et L..., furent nommés à cet effet et assistèrent aux essais.

« Les vieux animaux, qui servaient à l'expérience, furent foudroyés. On attendit, puis on envoya des artilleurs ramasser les éclats, longtemps après l'explosion. Ils partirent cinq. Tous les cinq tombèrent asphyxiés en arrivant près des éclats, et deux moururent.

« Le jour où la convention de Genève serait lettre morte, il n'y aurait plus de guerre possible. (1) »

Si on se rapporte à tout ce qui précède, on constatera que c'est toujours de l'acide picrique qu'il s'agit et de mes procédés auxquels on a donné le nom de Mélinite.

Pour enlever le moindre doute entre ces deux expressions qui signifient la même chose, je vais faire connaître certains faits de la plus haute importance, et qui démontreront jusqu'où peut aller la vanité et la mauvaise foi, même dans une question de salut public, au service de laquelle je sacrifiais, moi l'inventeur, par conséquent le plus intéressé à la chose et en tout cas le seul qui avais le droit de livrer le secret à la publicité, tous mes intérêts et l'honneur de la découverte.

J'ai dit plus haut que le service des poudres étant dans l'incapacité d'installer dans les usines de l'Etat la fabrication de l'acide picrique, et d'autre part l'artillerie ayant eu besoin de certains approvisionnements, on avait été obligé d'avoir recours à un industriel de Lyon, dont le nom était dans ma brochure spéciale. Voici un article qui indique nettement la fabrication de l'acide picrique, telle qu'elle est indiquée dans les traités de chimie et qui ne laisse aucun doute dans l'esprit de ceux qui ont quelques notions de cette science ou de la teinture.

« Nous avons déjà parlé de la terrible substance explosive qui se promet, sous le gracieux nom de Mélinite, de se montrer cent fois plus rébarbative que la poudre à canon ordinaire.

« La Mélinite se prépare à Saint-Fons dans les usines

---

1. Le *Parti national*, 1ᵉʳ mars 1887, article de M. Maurice Harel.

de MM. Guinon et Picard. Celui-ci a aussi organisé cette fabrication dans certaines poudreries de l'Etat, notamment à Vonges.

« Sans entrer dans le secret de la fabrication de la Mélinite, lequel est tenu caché par une discrétion que tout Français comprendra, nous pouvons exposer les diverses phases de cette fabrication.

« Jusqu'ici, l'usine Guinon et Picard s'occupait exclusivement à produire des matières tinctoriales. Chose étrange, cette Mélinite, appelée à révolutionner le monde, était connue depuis longtemps et n'était qu'un procédé de teinture. *Son action explosive a été découverte et mise en relief à la suite des travaux scientifiques de M. Turpin, sur la panclastite.*

« Les recherches publiées par M. Turpin ont servi aux Allemands, mais plus encore à nous-mêmes. On s'est lancé sur la voie ouverte par ce savant et la France a gagné dans la découverte de la Mélinite, mélange détonant, une force d'une puissance supérieure d'un tiers à celle de la planclastite.

« En pénétrant dans le premier atelier, une odeur âcre vous prend à la gorge.

« Les vapeurs nitreuses surchargent l'air ambiant. Dans une longue série de cornues de grès boût le mélange. On chemine sur les dalles à travers des flaques d'un jaune verdâtre. Cette couleur infeste l'usine. Le chat du concierge semble s'en être teint les moustaches; le gros cheval, qui traîne le tombereau qui passe, semble chaussé de jaune, les moineaux, même, ont un faux air de canaris.

« Le mélange en ébulition est renfermé dans d'énormes cornues de grès, placées sur plusieurs rangs et communiquant ensemble par des coudes qui s'adaptent hermétiquement d'un couvercle à l'autre. De là il s'écoule un liquide sirupeux où flotte une écume pareille à des blancs d'œufs battus sur une crème à condition que ces blancs seraient d'un vert cuivré.

« Cette partie de la fabrication se fait dans de vieux ateliers, immenses hangars, dont l'aspect triste ne montre que la série des chaudières et des cornues et en haut l'enchevêtrement confus de la charpente diaprée de couleurs changeantes par les vapeurs qui depuis longtemps l'enveloppent.

« Un nouvel atelier vient d'être construit; aujourd'hui l'usine a sur pied 800 cornues, qui peuvent donner par jour environ 3,000 kilogrammes de Mélinite.

« En sortant des cornues, le mélange se refroidit dans

des jarres. Alors on le décante. Les eaux-mères seront traitées pour rendre leur acide nitrique. La partie précipitée du mélange est portée au lavage.

« Ce dernier s'opère à plusieurs reprises en des bassins étagés.

« Enfin la Mélinite est propre, mais elle contient encore environ la moitié de son poids d'eau. A larges potées deux ouvriers en emplissent une essoreuse. L'essoreuse est une cuve criblée comme une écumoire sur pivot à laquelle on imprime un mouvement de rotation de plus en plus rapide. Par suite de l'action de la force centrifuge, le mélange s'évase d'abord en cône et s'applique sur les parois percées de trous. A mesure que la rotation s'accélère le mélange se serre plus fortement ; sous cette pression l'eau s'échappe par les ouvertures. Au bout d'un quart d'heure il ne s'échappe plus une goutte d'eau de l'égouttoir ; cependant la Mélinite contient encore 6 à 8 pour 100 d'eau.

« C'est le tour du criblage. Le van est mis en mouvement et la Mélinite nous apparaît sous sa forme définitive. Ce sont de petits cristaux, analogues à ceux du chlorate de potasse, mais plus fins et d'un beau jaune. Au toucher, ils donnent la sensation de ce sable fin qui tapisse certaines plages.

« Tout n'est pas fini. La Mélinite criblée est conduite au séchoir. Elle va passer douze à quinze heures sur des plaques de verre dans une atmosphère de 50 à 60 degrés. Le séchoir est muni de deux énormes calorifères encagés, par prudence, dans des tambours de toile métallique.

« Après, on mettra la Mélinite en barils et on l'expédiera aux magasins et ateliers de la Guerre.

« La Mélinite offre peu de danger dans sa fabrication. Elle ne détone pas au choc, elle fuse simplement à l'air libre au contact d'un corps enflammé. Sa manipulation est facile, mais une fois comprimée, sa puissance est effroyable. Un obus de siège chargé à la Mélinite fait, par son explosion, un déblai de quarante mètres cubes et quelquefois plus considérable encore. Les fortifications blindées ne sont pas même à l'abri de son action, non plus que les cuirasses des navires. Une pointe d'acier permet à l'obus de se ficher dans le métal et l'explosion se produit alors, détruisant parfois en un instant un bâtiment qui a coûté des millions.

« Trois grands explosifs sont donc en présence : la panclastite, de M. Turpin, invention que M. Grüzon a faite sienne, en Allemagne; M. Carl Lam a doté la Suède de la bellite ; la France enfin possède la Mélinite. Or, en mettant en regard la puissance de ces divers produits on voit qu'en prenant la poudre comme unité primordiale, la bellite donne 35, la panclastite 70, enfin la Mélinite s'élève à 100.

« La fabrication de cette dernière substance est activement poussée dans les poudrières de l'Etat, où M. L. Picard est allé organiser ce travail. Dans l'usine de Saint-Fons, on ne chôme ni jour ni nuit.

« Chaque semaine, on fait des envois considérables.

« Nous avons dit que la Mélinite présente peu de danger dans sa fabrication. Ce n'est pas tout à fait exact. Si elle ne risque pas de tuer d'un coup les ouvriers qui la manipulent, elle ne les empoisonne pas moins d'une manière lente et continue, en dépit des abondantes distributions de lait qui leur sont faites (1).

« Les journaux disent, annonçait dans une dépêche de Berlin le *Matin* du 22 janvier 1887, que la France achète en Allemagne d'énormes quantités d'acide picrique nécessaire, ainsi que l'éther sulfurique, à la fabrication de la Mélinite. Certaines fabriques d'Allemagne ont reçu des commandes allant jusqu'à 20,000 kilos d'acide picrique par mois.

« Suivant les conventions, la marchandise est livrable franco à Rotterdam. De fait, les livraisons sont dirigées sur la France, via Cologne. »

On faisait alors courir le bruit que la Mélinite se composait d'acide picrique et de collodion. J'avais indiqué ce mode d'emploi dans mes brevets et dans ma brochure sur le Trinitrophénol, afin de jeter un peu le doute dans les esprits. Or, justement à cette époque, on achetait du fulmicoton en Angleterre, et de l'éther sulfurique en grandes quantités dans un autre but facile à deviner aujourd'hui.

C'est pourquoi on me suppliait, sous les plus fallacieuses promesses, de me tenir coi, afin de ne pas donner l'éveil ni révéler que la Mélinite était seulement de l'acide picrique pur, fondu et amorcé comme je l'ai in-

---

1. *Cri du Peuple*, 8 janvier 1887, article de M. Paul Grandet.

diqué, car la perte du secret pour l'un, entraînait la perte du secret pour l'autre, c'est-à-dire pour la poudre sans fumée.

Il se produisit cependant des indiscrétions beaucoup plus graves, en raison de la situation des auteurs.

M. Barbe, ancien officier d'artillerie et député de Seine-et-Oise, fit à la même époque une conférence à l'Association polytechnique. Il avait pris pour sujet les explosifs modernes et leur emploi à la guerre. Un compte-rendu de l'*Echo de Paris*, où les éloges ne lui sont point mesurés, constata qu'il s'était exprimé ainsi :

« La vieille poudre noire dans tous ses emplois est supplantée par des explosifs plus puissants : dynamite, poudre coton, acide picrique, etc.

« La Mélinite appartient à cette dernière catégorie d'explosifs, mais possède à peine la moitié de la force de la nitroglycérine ; l'avantage qu'on en tire revient au mérite de nos artilleurs (1).

Dans leur traité de chimie organique, MM. Berthelot et Jungfleisch se bornent à constater que, « soumis à l'action de la chaleur, l'acide picrique fond à $122°,5$ et peut même être sublimé, quand on opère sur de très petites quantités. Mais si la quantité est un peu notable ou si l'acide picrique est chauffé brusquement, il détone très violemment. Cette propriété a donné lieu à des accidents graves. Elle est utilisée dans l'artillerie. (2) »

Si l'acide picrique est utilisé par l'artillerie, et non d'ailleurs pour sa propriété de détoner par la chaleur, ce qui est inexact, c'est grâce à Turpin, et M. Berthelot aurait pu et dû le dire. Mais, président de la Commission des substances explosives depuis vingt ans, et

---

1. *Echo de Paris* du 5 février 1887. Il ne faut pas s'étonner de l'appréciation de M. Barbe sur la Mélinite : il vendait de la nitroglycérine et de la dynamite, et fournissait de la poudre sans fumée aux ennemis de la France. Mais au lieu de dénigrer la Mélinite, il eut mieux fait de m'imiter et de respecter les secrets de la défense nationale.

2. Tome I, page 540 et 546.

n'ayant jamais doté notre armée seulement d'une amorce nouvelle, il lui en coûtait de reconnaître la vérité (à laquelle il a sacrifié toute sa vie, etc., etc.) et de rendre à un profane la justice qui lui est due (1).

Je conçois qu'un monsieur qui a vécu toute sa vie à la solde de l'État, qui a eu à sa disposition tous les laboratoires, champs de tir et moyens d'action qu'il pouvait désirer aux frais du même; qui est logé, chauffé, etc., idem; qui fait partie de toutes les Commissions, passées, présentes et futures, qui est homme d'État, sénateur, ancien ministre, et qui cependant n'a pas à son actif la moindre découverte qui puisse conserver sa mémoire (ses notes ne sont guère que le développement des immortels travaux de Laurent et de Gerhardt, dont on se garde bien de parler); je conçois, dis-je, que cet homme ne reconnaisse pas facilement les services rendus par un autre, surtout par un profane, et dans une question dont on veut être le maître! Je n'aspirais, cependant, à aucune place, et je n'ai jamais eu le désir de passer pour un savant, car je ne sais où cela commence ni où cela finit, un savant, mais ce que je sais, c'est que ce n'était pas une raison, pour M. Berthelot, d'être indélicat et de trahir les secrets de l'État, la vérité et la science. Or, dans la situation où se trouvait la question en 1887,

---

1. Cela n'empêche pas M. Berthelot de prodiguer les belles déclarations que voici :

« De mauvaises langues prétendent que les Académiciens ne sont pas toujours bienveillants pour ceux qui aspirent à leur succéder. On n'aime pas ses successeurs. Sans doute, tant que le jeune homme est à ses débuts, on l'accueille, on le protège, on lui sourit. Mais qu'il fasse un coup de maître, aussitôt les jalousies s'éveillent; je ne dis pas seulement parmi les compétiteurs, ceci est dans la nature, mais parmi les maîtres, qui devraient être les juges impartiaux du combat. N'EN DISONS PAS DAVANTAGE :

. . . .
. . . .

Or le remède essentiel à tout cela, le principal appui du talent contre ceux qui cherchent à l'éteindre, c'est l'intervention de l'opinion publique dans ce champ clos, trop souvent obscurci par les rivalités personnelles et les partialités des coteries spécialistes.

(Discours au banquet de la presse scientifique le 30 mars 1889).

alors que des bruits de guerre étaient très répandus (1), M. Berthelot devait être le dernier à faire une telle révélation.

Dans toute cette affaire de la Mélinite, il n'y a eu, en somme, qu'un homme de cœur et un vrai patriote, et je ne crains pas de le dire, c'est moi.

J'avais seul le droit de révéler la vérité, et seul, j'ai immolé tout sentiment d'amour-propre au profit du pays.

J'ai fait plus, j'ai sacrifié une fortune considérable en me tenant à l'écart des fournitures, pour ne pas donner l'éveil, et, lorsque j'ai demandé la compensation qui m'avait été promise et qui m'était due, je n'ai rencontré que des propositions déplorables. Plus tard, n'ayant pu m'amener à ce que l'on voulait, il s'est trouvé un traître pour me dépouiller et vendre, sous mon nom, les secrets les plus sacrés de l'État, pour la conservation desquels j'avais sacrifié, par une élévation d'âme que l'on qualifie de naïveté, l'honneur de mes travaux, ce dont un artiste, un compositeur ou un inventeur est absolument jaloux, et ce qu'il place au-dessus de tout intérêt.

Ce n'est pas, cependant, que les occasions de publier mes travaux et de faire connaître mes droits m'aient manqué, mais j'ai toujours répondu aux journalistes que dans l'intérêt du pays je désirais conserver le silence. En voici la preuve :

LE TEMPS   *Paris, le 30 décembre 1886.*
5, B^d des Italiens

    Monsieur,

Il est beaucoup question de la Mélinite et des Panclastites qui sont vos inventions. Il me semble que sans toucher au secret auquel vous pouvez être engagé soit par vos traités soit par patriotisme, il y aurait un article fort intéres-

---

1. L'affaire Schnæbelé, etc.

sant pour le public à faire sur votre vie et sur la façon dont vous êtes parvenu à vos découvertes. Je vous serai fort reconnaissant si vous vouliez bien m'en fournir les éléments et me donner un rendez-vous où je pourrais causer quelques instants avec vous.

Veuillez agréer, Monsieur, l'expression de mes sentiments les plus distingués.

(Signé) P. BOURDE.

LE MATIN
25, rue d'Argenteuil

RÉDACTION

Paris, le 21 janvier 1887.

Monsieur,

Mon ami Girard, chef du laboratoire municipal, sachant que je désirerais faire un article sur les nouvelles poudres de guerre, m'avait donné pour vous une lettre de recommandation avec laquelle je me suis présenté rue Jouffroy.

Là j'ai appris que vous habitiez Colombes, ne sachant pas l'heure à laquelle je pourrais vous rencontrer, je viens vous prier d'avoir l'obligeance de me fixer un rendez-vous soit à Paris, soit à Colombes, dans l'après-midi si cela ne vous dérange pas trop, et je m'empresserai de m'y rendre.

En attendant votre réponse, je vous prie d'agréer, Monsieur, l'expression de mes sentiments les plus distingués.

(Signé) DENÉCHEAU.

LE TEMPS
5, Bᵈ des Italiens

Paris, le 20 février 1887.

Monsieur,

Le garçon du Temps auquel vous avez parlé le jour où, à mon grand regret, je ne me suis pas trouvé au journal, m'avait fait espérer que vous reviendriez. Vous devez voir que dans les journaux il se publie sans cesse des articles sur la Mélinite où l'on ne semble pas en soupçonner l'origine et où il n'est jamais question de vous. Vous seriez très aimable de me dire si vous avez toujours l'intention de procéder aux expériences que vous avez annoncées à M. Marc de l'Illustration et de nous y faire assister.

Le moment serait des plus favorables pour un article bien renseigné sur le sujet.

Veuillez agréer, Monsieur, etc.

(Signé) P. BOURDE.

V

PLUS FORT QUE LA MÉLINITE

Dans les chapitres précédents, on a déjà pu remarquer la persistance avec laquelle on a cherché à m'enlever le mérite de l'invention de la Mélinite, c'est-à-dire du procédé rationnel de chargement des obus par des substances explosives brisantes.

A maintes reprises on a lancé dans les journaux des articles non signés, ayant constamment pour but de jeter la déconsidération sur mes travaux et sur moi-même.

Pour ce qui va suivre, je dois rappeler au lecteur, et c'est là un point important à retenir, que mon invention à laquelle on a donné le nom de MÉLINITE, consiste surtout dans la découverte de la loi dont j'ai fait connaître plus haut les principes; dans le système de chargement des obus; dans la méthode d'amorçage; et enfin, dans le principe du détonateur retardé.

Nous allons voir, maintenant, sur quelles bases reposent les contestations au sujet de l'invention, et le but de ces contestations.

Comme je l'ai fait remarquer, le choix de l'explosif en lui-même, devenait secondaire, et si je me suis arrêté à l'acide picrique parmi les phénols, c'est parce qu'il est le plus puissant, le plus stable, le mieux connu, et d'une insensibilité suffisante pour tous les usages pratiques. Fondu, il est même assez insensible pour exiger un double amorçage, comme je l'ai indiqué.

Quant à son mode d'obtention, il peut varier presque à l'infini. On a obtenu l'acide picrique en traitant les huiles lourdes du goudron distillant entre + 180° et 210°, par l'acide nitrique ou nitrosulfurique. En traitant de la même manière la soie, l'indigo, la résine de Xanthorrhea hastilis, la salicine, la saligénine, le salicyle, l'acide salicylique, la coumarine, plusieurs résines, etc.; et enfin le phénol ou acide phénique (acide carbolique pur), ou encore les huiles brutes du goudron dites : *crud carbolic acid* des Anglais (1).

Laurent, vers 1841, a fait remarquer que le meilleur moyen d'obtenir l'acide picrique était de partir du phénol pur, car il a fait connaître que ce corps n'était qu'un trinitrophénol. C'est le procédé industriel le plus en usage aujourd'hui.

On a donné à l'acide picrique un très grand nombre de noms dont voici les principaux :

Amer de Welter, acide carbozotique, acide picrique, acide chrysolépique, acide trinitrophénisique, etc. Il a été découvert par Haussmann, en 1788, ce qui a fait dire : « M. Turpin n'est pas l'inventeur de la Mélinite », nom donné aujourd'hui à l'acide picrique employé comme je l'ai indiqué.

C'est, comme on le voit, en jouant sur les mots que l'on me contestait l'invention, bien que jusqu'à mes travaux, l'acide picrique n'ait été, en réalité, employé qu'à la teinture en jaune de la soie et de la laine, comme on l'a vu; ou à la préparation des picrates (combinaisons de l'acide picrique avec une base), et qui n'ont jamais pu être utilisés dans l'art militaire.

C'est à l'aide de ces petits moyens, de ces finasseries, dans une si grande et noble cause, que l'on en est arrivé à jeter le doute dans l'esprit du public. Or, plus on dira que l'acide picrique était connu avant moi, plus on me

---

1. Voyez le *Traité de chimie organique* de Ch. Gerhardt, tome III, page 38,(1851) et tome IV page 1023 (1855); le *Dictionnaire de chimie* de Wurtz, etc.; et même un ouvrage écrit pour les gens du monde : les *Merveilles de la science*, par Louis Figuier, tome III, page 300.

fera honneur, puisque ceux qui étaient en position d'en reconnaître et d'en utiliser la valeur, l'avaient repoussé à maintes reprises comme on l'a vu par tout ce qui précède. Ne valait-il pas mieux tirer parti des propriétés merveilleuses d'un corps connu, que de vouloir, par ostentation, en composer un défectueux?

C'est une question de bonne foi scientifique.

Nous allons voir, maintenant, le parti que l'on a tiré de ma sincérité contre moi-même.

Peu de temps après la signature du traité que j'ai passé avec l'Etat, ayant eu l'occasion de voir M. Maurouard, alors directeur des Poudres et Salpêtres, j'appris par lui-même que M. Audouin, de la Compagnie du gaz, avait proposé un marché d'huiles lourdes pour la préparation d'un explosif, soi-disant nouveau, auquel il avait donné le nom d' « Emilite », et pour lequel il venait de prendre un brevet. Voici l'analyse de ce brevet (1) :

M. Audouin fait d'abord l'historique de l'acide picrique, en ayant soin d'envoyer, indirectement, une pierre dans mon jardin :

« Nous n'avons pas, dit-il, à rechercher ici si les applications de l'acide picrique signalées dans ces derniers temps, ainsi QUE LE MODE SPÉCIAL D'EMPLOI, constituent une nouveauté, car ce n'est pas de ce produit dont nous voulons nous occuper.

« L'invention qui fait l'objet du présent brevet est tout autre. Loin de prendre l'acide picrique obtenu par la nitrification de l'acide phénique, etc., etc.

« Loin de prendre l'acide picrique, disons-nous, corps dont le prix est toujours assez élevé et la production limitée, nous faisons au contraire usage d'un ensemble de corps laissés jusqu'ici dans les huiles de goudron, ou obtenus en petites quantités et dans certains cas comme RÉSIDU SANS VALEUR, restant après l'extraction de l'acide phénique, etc...

« Les carbures dont nous parlons ont leur point

---

1. Brevet d'invention pour une nouvelle matière explosive, propre aux usages industriels et de la guerre, extraite des goudrons de houille, et désignée sous le nom d' « Emilite. »
Par M. Audouin (Paul-Marie-Eugène.)
Brevet N° 179,740 du 18 novembre 1886

d'ébullition compris entre 190° et 250° environ, et dont l'ensemble est à l'état liquide.....

« Ils constituent évidemment un mélange de corps déjà étudiés à un point de vue général scientifique, tout autre que le nôtre. Mais nous faisons les premiers une application industrielle de ces carbures en les transformant, par l'acide nitrique, en produits solides susceptibles de donner les résultats que l'on réclame des explosifs employés en industrie ou dans l'art de la guerre.

« Nous maintenons à ce point de vue notre droit de priorité? ? ? ?

« En résumé, l'objet de la présente invention est l'application, pour les usages industriels et militaires, des corps nitrés obtenus par la réaction de l'acide nitrique, sur certains carbures que nous extrayons des goudrons de houille, etc., etc.

« Ces carbures sont, à proprement parler, des mélanges de divers corps, etc., etc.

« Il va sans dire que le nouvel explosif que nous obtenons ainsi, et que nous désignons sous le nom d'Emilite, doit être employé seul de préférence (1), mais on peut cependant, et dans certains cas spéciaux, le faire entrer dans des mélanges : nitrates, chlorates, etc., ou même, quand le prix le permet, avec une certaine proportion d'acide picrique pur, ou des picrates, etc. »

Tel est le résumé du brevet Audouin.

On remarque surtout dans ce brevet le soin avec lequel on élimine l'acide picrique, pour donner à la prétendue invention une apparence de nouveauté.

Qu'est-ce que c'est que l'Emilite ?

On ne le sait pas.

Quelles sont les moyens de la préparer ?

On ne le dit pas.

Sous quelle forme l'emploiera-t-on ?

On ne le dit pas.

Quel sera l'amorçage ?

On le le dit pas.

Est-ce simplement par l'action du feu, est-ce à l'aide d'un détonateur que l'on en provoquera l'explosion ?

On ne sait pas.

1. C'est la conséquence de la théorie que j'ai établie.

Obtient-on un composé vraiment explosif et capable de détoner par lui-même, ou faudra-t-il le mélanger à un agent oxydant?

On n'en sait rien.

Quels résultats donnera-t-il dans les projectiles si on parvient à en faire un explosif?

On ne le dit pas.

Or, j'ai déjà rappelé que l'on savait depuis longtemps, que pour obtenir un mélange explosif il suffit de mélanger un corps combustible avec un agent oxydant, et pour obtenir un composé de ce genre, M. Audouin n'avait pas besoin de se donner tant de peine, ni d'avoir passé par Polytechnique.

Quant à la nature du produit que M. Audouin propose d'obtenir en nitrant les huiles lourdes du goudron, distillant entre 190 et 250°, il a raison de dire que c'est un mélange, car, Dieu seul peut connaître ce mélange. Voici un aperçu des corps qui existent dans les huiles lourdes entre 190° et 250° : coridine, rubidine, leucoline, viridine, divers hydrocarbures non connus, qui passent entre 220 et 280°, crésol, hydrure de naphtaline, $C^{10}H^{12}$; hydrure de naphtaline, C^{10}, H^{10}, naphtaline, $C^{10}H^8$, etc.

Dans quelles conditions ces produits vont-ils se nitrer? On ne sait pas.

Dans quelles proportions? On ne sait pas.

Comme le dit lui-même M. Audouin, ce mélange de plusieurs corps est sans valeur. En effet, lorsque l'on a extrait des goudrons les benzols, toluols, phénols, etc. il ne reste à peu près plus rien de bon, et le produit final, le produit en question, à l'état brut, vaut environ le prix du brai gras, soit tout au plus 100 francs la tonne.

Or, le département de la Guerre n'a-t-il pas acheté un million de kilogrammes de ce produit brut, sans valeur, au prix de mille deux cent cinquante francs la tonne à la Compagnie du Gaz, ou à son concessionnaire (soit pour le marché total 1,250,000 francs)??

La nitration de ce produit n'a-t-elle pas été reconnue

impraticable, après des dépenses énormes d'acide nitrique??

M. Maurouard m'a déclaré, à moi-même, que c'était un produit impossible à nitrer; et que tout s'en allait aux lavages. Qu'il se formait des corps résineux dont on ne pouvait pas se débarrasser, etc., etc.

Mais, au moins, l'idée de M. Audouin était-elle nouvelle et pouvait-elle faire espérer le moindre succès? Pas le moins du monde.

Est-ce donc un vaste tripotage?

Je ne puis me prononcer, mais en tout cas, la Cour des Comptes ferait bien de demander des éclaircissements sur cette opération économique, car il est impossible de laisser dilapider les fonds du Trésor de cette manière.

Je pourrais citer cinquante brevets du même genre, pris tant en France qu'à l'étranger, antérieurement au brevet Audouin, qui d'ailleurs ne tient pas debout, puisqu'il n'indique rien de ce qu'un brevet doit indiquer. C'est un brevet secret !!!

Mais une seule preuve suffit, pourvu qu'elle soit bonne. Prenons, par exemple, le brevet suivant :

Brevet N° 137,644. — 7 juillet 1880 (Paris). C'est-à-dire six ans, quatre mois et onze jours avant le brevet Audouin.

Ce Brevet de 1880, pris par MM. Hellhoff et Grüson, d'Allemagne, s'exprime ainsi :

« La présente invention se rapporte à la production d'une substance explosive obtenue directement de l'huile de goudron, ou de produits fractionnés de l'huile de goudron, ou des résidus de l'huile de goudron, dont un ou plusieurs de ses composants volatiles ont été extraits par distillation ou d'une autre manière, par l'action de l'acide nitrique.

« Sous les huiles de goudron sont comprises, non seulement celles qui résultent du traitement de la houille, de lignite, etc.; mais aussi du bois, de la tourbe et les résidus de fabrication des huiles minérales, et, pour abréger, le mot huile de goudron signifiera, dans ce présent Mémoire, aussi bien ces huiles mêmes, que les résidus de ces huiles après l'extraction de certaines substances de leur composant.

« Si on introduit dans l'huile de goudron de l'acide nitrique concentré à 1.5 de densité, la masse s'échauffe, etc.

« Ces précipités, avant d'être utilisés, sont bien lavés et séchés. Ils sont tout à fait inexplosifs, mais mélangés avec un oxydant, chlorate, nitrate, etc...

« L'explosif ainsi préparé peut être amorcé par un détonateur, etc...

« Je revendique comme mon invention :

« Le traitement des huiles de goudron crues, ou les produits fractionnés de ces huiles, et les résidus de ces huiles dont certains composés ont été extraits, etc ; et le mélange des précipités, obtenus avec un agent oxydant, etc. »

Ainsi, non seulement ce brevet est antérieur au brevet Audouin de près de sept ans, mais il est infiniment plus complet, plus précis, et plus général en même temps.

M. Audouin n'a donc inventé que le mot « Emilite », comme l'artillerie le mot Mélinite. C'est peu !

Certes, parmi les corps qui restent dans les résidus des huiles de goudron distillant entre 200 et 250°, il y en a qui peuvent donner des composés nitrés à peu près définis lorsque l'on part de produits chimiquement purs. Le crésol ou crésylol, le naphtol, la résorcine, etc. ; donnent des produits nitrés fort connus depuis très longtemps, mais ce sont des phénols, et, par ce fait, ils appartiennent à la classe que j'ai indiquée. Lorsque j'ai dit en titre de ma notice : « Trinitrophénol ou acide picrique du commerce », j'étais clair, et bien que j'aie choisi l'acide picrique, parce qu'il est le corps le mieux en rapport avec les besoins et les desiderata du problème qui était à résoudre, je n'excluais pas les autres.

Voici d'ailleurs comment s'exprime l. *Dictionnaire de Chimie* de Wurtz: « On donne le nom GÉNÉRIQUE de phénols à des composés dont l'acide phénique ou phénol, proprement dit, est le terme le mieux connu, etc., etc. (1).

. Tome II, première partie, page 828 (1873). Voyez aussi l'*Encyclopédie chimique* de Fremy, tome VI, page 465.

Or, parmi les trinitrophénols, c'est l'acide picrique qui réunit le mieux les conditions de la loi que j'ai découverte et indiquée plus haut, et qui est le vrai type des phénols trinitrés.

La trinitrorésorcine: $C^6 H^3 (Az)^3 O^3$, contient un peu trop d'oxygène. Il serait trop sensible dans les obus, et ne fond qu'à 175°. En outre son prix est exorbitant.

Le trinitrocrésol, la « Crésilite!! » ou trinitrophénol crésilique: $C^7 H^5 (AzO^3)^3 O$, contient trop de carbone, exige un amorçage compliqué, et n'a que peu de puissance.

Tous ces composés sont connus depuis de longues années, et je ne pense pas que M. Audouin, ni la Société Guinon et Picard de Lyon, qui, elle aussi, a fourni, paraît-il, des quantités considérables d'un produit désigné sous le nom de crésol plus ou moins pur, aient eu l'intention de produire quelque chose de nouveau et d'avoir découvert ces substances. Les journaux ont cependant déclaré à maintes reprises, que la crésilite (trinitrocrésol) était appliquée au chargement des obus et remplaçait en partie la « Mélinite ».

En octobre et novembre 1888, les journaux disaient, en effet:

« La Mélinite est en partie remplacée, dans le chargement des obus, par une nouvelle substance: la « crésilite », d'un approvisionnement plus facile. Quarante ouvriers sont employés à Toulon à effectuer ce travail.

« On coule la crésilite dans les obus, jusqu'à un tiers environ, puis on finit d'emplir le projectile avec de la Mélinite en poudre que l'on tasse fortement à l'aide d'un maillet. Il ne reste plus qu'à introduire le détonateur, chargé également de Mélinite. »

Est-ce à ces remarquables combinaisons, mélanges et perfectionnements, que l'on doit la terrible explosion qui, en octobre 1890, détruisit l'atelier de pyrotechnie de Bourges. Elle se produisit dans le laboratoire où quatre artificiers militaires étaient occupés à charger des projectiles avec de nouvelles substances explosibles que l'on expérimentait alors. Ces malheureux furent réduits en poussière (1).

Voici, en outre, une note officieuse qui a été reproduite à l'étranger au sujet de ces prétendus perfectionnements :

« La Commission des poudres et salpêtres vient de recevoir à examiner une composition dont les effets sont, paraît-il, tellement épouvantables, qu'un des membres de la Commission disait que l'on devrait brûler la formule et tuer l'inventeur. »

Si on se rapporte à la date du brevet Audoin, 18 novembre 1886, et si l'on tient compte des trois mois qu'il faut pour obtenir le brevet, on a tout lieu de croire qu'il s'agit de ce fameux explosif, l'« Emilite ».

Ainsi, après avoir étudié et recherché pendant des années un système rationnel de chargement des obus, cette question si délicate, et l'avoir résolue si heureusement par un procédé qui évite tout enrochement de la matière dans l'obus par le choc du départ, point des plus importants et pour lequel je fais fondre l'acide picrique; voilà que l'on met dans les projectiles une partie d'un explosif très complexe que l'on appelle crésilite et qui a moins de puissance que l'acide picrique, puis le restant de la charge en acide picrique « Mélinite » en poudre, sans se préoccuper de ce qui pourra se passer par le temps ou par suite de l'enrochement, tassement, par le choc du coup de canon, suivant que le chargement aura été fait avec plus ou moins de soins.

C'est d'ailleurs par économie, paraît-il, que l'on a remplacé, en partie, l'acide picrique fondu.

Or, la nitrification du composé, car on n'a pas de crésol pur, mais bien plutôt de l'huile lourde de goudron (crude carbolic acide des Anglais), entraîne tant de frais et de difficultés par la formation d'acide oxalique et de résines difficiles à séparer, à laver et à extraire, que la différence qui peut exister entre le prix de cette drogue et

1. *L'Eclair* du 10 octobre 1890.

celui de l'acide phénique pur, est absorbé et dépassé, et qu'il y a perte plutôt que bénéfice.

D'ailleurs la faible quantité de « crésilite » qui entre dans le chargement des obus n'a pas empêché les achats d'acide picrique de continuer, surtout en Angleterre, par des intermédiaires que je n'ai pas à citer ici, dans les maisons Lowe et C°; Roberts, Dale et C°, de Manchester, etc. Ces achats n'ont cessé que depuis que la poudrerie de Vonges a été en état de produire l'acide picrique, après que MM. Picard et Guinon, de Lyon, y ont installé cette fabrication pour le compte de l'État, et après avoir fourni eux-mêmes de grandes quantités d'acide picrique.

Quoi qu'il en soit, et ainsi que l'on est à même d'en juger par tout ce que l'on a déjà lu, l'emploi de la « crésilite » n'est pas dû à l'initiative de l'artillerie qui ne peut en aucun cas s'en prévaloir. On a profité surtout de cette circonstance pour avoir l'air d'avoir fait mieux que moi, et pour sauver l'honneur du corps!!

En ce qui concerne le produit lui-même, la « crésilite » (trinitrocrésol), il est connu depuis 1854 et a été mélangé et vendu pour de l'acide picrique plus ou moins pur, dont il a le caractère et les propriétés tinctoriales. Ce n'est donc pas un explosif nouveau, tant s'en faut, et si on ne s'en est jamais servi, c'est toujours à cause de la théorie qui voulait que ce corps, comme l'acide picrique, contînt trop de carbone pour être un explosif complet.

Le *Dictionnaire de Chimie* de Wurtz, après avoir dit que l'on obtient l'acide trinitrocrésilique par l'acide nitrique comme l'acide picrique dont il a les propriétés, ajoute :

« Il se dissout dans l'alcool et dans l'éther. Il teint la soie et la laine en jaune. Les cristaux fondent au dessus de 100°, en une huile jaune qui cristallise par le refroidissement. A une température plus élevée, il se décompose en fusant comme l'acide picrique. » (1).

1. Tome I, deuxième partie, page 959, année 1876.

Nous lisons également dans l'*Encyclopédie chimique* de M. Frémy :

« Trinitrocrésol $C^{14} H^5 (AzO^4)^3 O^2$ (Théorie des équiv:) Découvert par Fairlie, étudié depuis par Duclos et par MM. Beilstein, Kellner, Liebermann, etc. Il porte aussi le nom d'acide trinitrocrésilique.

« Ce composé cristallise en longues aiguilles jaunes fusibles à + 105°.

« Détone à une température peu élevée. Les sels d'ammoniaque, de potasse, etc., etc. (1).

Toutes les propriétés de ce trinitrophénol, ainsi que des autres phénols nitrés, étaient connues. Donc le fait de substituer l'un à l'autre en conséquence et en déduction de mes principes, soit en les observant, soit en les exagérant par l'excès de carbone, ce qui est le cas, ne saurait d'aucune manière constituer une invention ou un perfectionnement à mes procédés.

Or, d'après la loi que j'ai découverte, le trinitrophénol crésilique est un peu moins sensible que l'acide picrique, mais aussi moins puissant. Sa puissance par rapport à l'acide picrique est comme 7,3 est à 8,2. En outre, son insensibilité trop grande en rend l'usage difficile et incertain, et complique de beaucoup son emploi. C'est pourquoi on n'en met qu'une faible portion dans les obus à l'état fondu, puis on complète le chargement avec la Mélinite (acide picrique) et par mon système d'amorçage. Ce n'est qu'une prétendue question d'économie, l'utilisation d'un marché onéreux et enfin le désir ridicule de me déposséder, qui a fait employer partiellement ce produit par l'État, QUI D'AILLEURS L'A COMPLÈTEMENT ABANDONNÉ pour n'employer que l'acide picrique.

Jamais on n'a fait preuve, dans aucune circonstance ni pour aucune invention, d'une haine aussi basse, aussi farouche, ni d'une aussi mauvaise passion, pour dépouiller un inventeur, alors que je n'ai reculé devant aucun

---

2. Tome VI, p. 516 (1885). Voyez aussi dans le même ouvrage la classe des phénols, p. 465 à 658.

sacrifice pour servir les intérêts du Pays et de tous ses citoyens.

On a vu plus haut que l'on avait attribué, à un moment donné, l'invention de la Mélinite à deux officiers, MM. Locard et Hirondart.

En voici bien une autre, maintenant, et décidément on a juré de me faire devenir enragé. Heureusement que M. Pasteur est là, et que d'autre part, à force de vouloir étouffer la vérité, on la fait... éclater!!!

Le *Figaro* du 17 décembre 1889, le *Pays* du 18 décembre 1889, le *Télégraphe* du 18 décembre 1889, la *Rue* du 19 décembre 1889, l'*Italie* du 21 décembre 1889, etc., ont publié la note suivante :

A l'Académie des sciences, dans la séance d'hier, le président a annoncé la mort de M. Philips, membre de l'Académie dans la section de mécanique, professeur à l'Ecole polytechnique.

Aussitôt l'Académie a levé la séance en signe de deuil et s'est formée en comité secret.

Dans ce comité secret, on s'est occupé des prix à distribuer dans la séance publique annuelle du 30 décembre prochain.

Le grand prix Lecomte, de cinquante mille francs, est accordé à M. Paul Vieille, l'ingénieur des poudres et salpêtres, qui, le premier, a fabriqué la Mélinite et la poudre sans fumée adoptée par le ministère de la Guerre.

M. Paul Vieille est le fils de M. Vieille, recteur honoraire, ancien inspecteur général de l'Université. Il est l'élève, le collaborateur et le secrétaire de l'illustre chimiste, M. Berthelot, secrétaire perpétuel de l'Académie des Sciences, président de la Commission supérieure des poudres et salpêtres, et ancien président du Comité scientifique de la défense nationale.

« Nul n'aura de l'esprit, hors nous et nos amis! »

Dans la *Revue industrielle* du 25 janvier 1890, on lit page 38 :

« En France l'administration des poudres et salpêtres avait proposé le coton-poudre paraffiné, pour le chargement des projectiles destinés à agir contre les terres, mais l'artillerie répugnait à se servir de ce qu'elle appelait un composé nitré organisé, et elle poursuivit l'étude d'une matière sur laquelle M. Favier avait appelé son attention dès la fin de 1884, et qu'elle a adoptée dernièrement sous le nom de Mélinite.

Voilà donc un quatrième inventeur de la Mélinite : MM. Locard, Hirondart, Vieille et Favier.

Je ne m'arrêterai pas à examiner les longs articles qui précèdent ou suivent le passage que je cite plus haut, et je me bornerai à mettre en regard la communication faite par M. Favier lui-même dans la *Revue scientifique* du 26 février 1887 :

« En France, l'administration des poudres et salpêtres avait proposé le coton-poudre paraffiné pour le chargement des projectiles destinés à agir contre les terres et les maçonneries, mais l'artillerie répugnait à se servir de ce qu'elle appelait un composé nitré organisé, et elle poursuivait l'étude d'une autre matière qu'elle vient d'adopter sous le nom de Mélinite. Bien qu'inférieure(??!) comme puissance au coton-poudre et à la nitroglycérine, cette substance n'est pas un mauvais explosif, etc., etc. (1).

Comme on le voit, c'est identiquement le même langage que celui cité plus haut, avec cette différence toutefois, que Favier, qui a écrit cet article, ne dit pas le moins du monde, et pour cause, qu'il ait pris la moindre part à l'invention de la Mélinite, mais propose, au contraire, et après des théories à n'en plus finir, de remplacer les produits nitrés par des mélanges sous le prétexte qu'il y aurait moins de danger dans la conservation. Favier proposait donc de remplacer la Mélinite par un mélange de dinitrobenzine et de nitrate d'ammoniaque, auquel il a donné le nom de : explosifs de l'avenir ou explosifs Favier, mais qui sont identiquement la même chose que la bellite, et que les explosifs brevetés en 1871 par Sprengel. C'est donc une vieille nouveauté.

Maintenant je dois dire que l'article de la *Revue industrielle*, assez long d'ailleurs, a été pris entièrement dans

1. *Revue scientifique*, du 26 février 1887, n° 9, p. 230.

l'article de Favier, publié dans la *Revue scientifique* et qui en remplit dix pages.

Je laisse au lecteur le droit d'apprécier cette façon de reproduire des articles en en changeant le sens et le but.

Ce n'est pas, du reste, la première fois que la *Revue industrielle* me vise, soit pour mes panclastites, soit pour la Mélinite. Il y a cependant, dans ce journal, un M. Ph. Delahaye, ancien élève de l'Ecole polytechnique, qui connaît assez bien certains ingénieurs des poudres et salpêtres, qui seraient pourtant à même de le renseigner un peu mieux sur l'origine des choses s'il ne les connaît pas ?

Pour démontrer une fois de plus combien on a perfectionné l'art d'embrouiller les choses, voici le commencement d'un long article, comme il y en a eu tant d'autres, par la grâce duquel M. Berthelot est devenu, tout à coup, inventeur de la poudre sans fumée :

Si la poudre découverte par M. Berthelot ne produit pas de fumée, elle fait un joli tapage — dans la presse. Ce ne sont depuis quelques jours qu'articles alarmistes.... (1).

M. Vieille, quoique ingénieur des poudres, n'est pas mieux traité que moi. Les loups se mangent entre-eux ! ! C'est le progrès.

1. *Paris*, du 9 avril 1890.

VI

A L'INSTITUT

Puisque nous sommes à l'Institut, nous allons nous y arrêter un instant.

J'avais toujours cru, dans ma naïveté, que lorsqu'il s'agissait d'une question scientifique, la porte de l'Institut était ouverte à tout le monde, et que l'on pouvait compter absolument sur la sincérité et la loyauté de ses membres pour l'accueil et la divulgation d'une idée.

A vrai dire, la brochure de Defresne sur l'air comprimé, et le petit livre de Victor Meunier, *Types et scènes du monde savant* m'avaient bien affligé, bien attristé, bien désillusionné; mais je ne pensais pas, cependant, que l'on pût, dans l'enceinte de l'Académie des sciences, recevoir des lettres, les mettre dans sa poche, et faire en son nom propre les communications qu'elles contiennent. C'est, par ma foi, un moyen trop facile d'avoir des idées.

Voici les faits :

Au Congrès international de mécanique appliquée, qui s'est tenu au Trocadéro pendant l'Exposition de 1889, parmi les sujets traités, on a discuté la question de prendre pour unité de puissance de travail industriel, une force de 100 kilogrammètres au lieu de 75 que représente le cheval-vapeur. Pour désigner cette nouvelle unité de 100 kilogrammètres, on a proposé le nom de Poncelet.

Trouvant cette dénomination peu en rapport avec les desiderata de la science, et encore moins en harmonie avec les besoins de l'industrie, j'écrivis, fin septembre, à M. Gaston Tissandier (journal la *Nature*), pour lui conseiller de proposer la dénomination « quintal-mètre », lui faisant remarquer que cette dénomination rappellerait de suite, à l'esprit, la chose elle-même, c'est-à-dire 100 kilos soulevés à un mètre en une seconde; tandis que le nom de Poncelet ne signifiait rien en l'espèce et encore moins que le cheval-vapeur, Poncelet étant un savant mécanicien qui s'est occupé surtout de l'hydraulique. Les roues Poncelet sont bien connues.

Dans la boîte aux lettres du journal la *Nature* du 5 octobre 1889, voici la réponse que je lus :

« M. E. Turpin, à Colombes, à propos des décisions du Congrès international de mécanique appliquée, nous écrit que le nom de Poncelet n'est peut-être pas bien approprié. C'est la difficulté de trouver un nom bien caractéristique qui a fait adopter le Poncelet. En toute rigueur, cette unité industrielle de puissance devrait s'appeler l'hectokilogrammètre par seconde. Ce nom était trop long pour être adopté. L'inconvénient de prendre le nom d'un savant décédé n'est pas grave en pratique : ce qui se passe actuellement en électricité en est une preuve. Il n'y a pas, du reste, à revenir sur la décision du Congrès.

Je crois, Monsieur Tissandier, que l'expression « quintal-mètre » que je vous indiquais dans ma lettre, valait mieux que les mots « hectokilogrammètre par seconde », d'autant plus que « hectokilogramme » n'existe pas, tandis que le mot quintal appartient au système métrique et représente 100 kilos, sans recourir à un suffixe. En tout cas, il était de votre devoir de citer l'expression que je proposais.

Quoi qu'il en soit, le 5 octobre, j'adressais à l'Académie des sciences, pour la séance du 7 octobre, une lettre sur le même sujet, et qui est mentionnée ainsi dans les comptes rendus de l'Académie des sciences du 7 octobre 1889 [1] :

---

1. N° 15, p. 582. Voyez également la *Revue scientifique*, du 19 octobre 1889, p. 440.

« M. Eugène Turpin adresse une note relative à l'unité industrielle du travail. »

Or ce même jour, 7 octobre 1889 et à la même séance de l'Académie, après le dépouillement de la correspondance, M. Résal faisait une communication ainsi résumée par les comptes-rendus :

« MÉCANIQUE. — A propos de la discussion qui a eu lieu dans la dernière séance au sujet de l'adoption de certaines dénominations pour définir des unités abstraites, M. H. Résal déclare que, s'il avait pu assister au récent Congrès international de mécanique appliquée, il eût été L'UN DES PREMIERS à proposer, pour l'unité industrielle du travail, le chiffre de 100 kilogrammètres et le nom de QUINTALMÈTRE, formant un seul mot, de manière à dire : tant de quintalmètres. Il ajoute que, dans les échanges commerciaux d'une certaine importance, on ne procède généralement qu'en raison de 100 kilogrammes, c'est-à-dire du quintal métrique. Le mot de QUINTALMÈTRE ne serait pas ainsi un mot bien nouveau et pourrait, en conséquence, être accepté sans répulsion par les ingénieurs et les industriels. Quant à établir une distinction entre les mots de force et puissance pour désigner un travail, M. Résal n'y attache aucune importance : C'est, en réalité, dit-il, une subtilité due à Bélanger, car, pour tout le monde, puissance est l'équivalent de force, et ces deux mots sont impropres, comme celui de force vive qu'on a néanmoins conservé. Tandis qu'il est évident que l'on saurait ce que l'on veut dire, en parlant d'une machine de 100 quintalmètres par seconde. » (1)

Voilà qui est bien étrange, surtout si on lit la discussion qui a eu lieu à la précédente séance de l'Académie des sciences (30 septembre), et dont voici le résumé.

« En ce qui concerne l'expression numérique de ces diverses grandeurs, pour tous ceux qui acceptent le système métrique, les unités sont les suivantes : la force a pour unité le kilogramme défini par le Comité international des poids et mesures; le travail a pour unité le kilogrammètre ; la puissance a deux unités distinctes au gré de chacun, le cheval de 75 kilogrammètres par seconde et le Poncelet de 100 kilogrammètres par seconde.

1. *Revue scientifique*, du 12 octobre 1889.

— M. Mascart, au sujet de cette communication, rappelle que le Congrès international des électriciens a exprimé le vœu que les mécaniciens adoptassent comme unité de puissance le kilowatt, qui vaut sensiblement 102 kilogrammètres par seconde *à Paris*. Il ajoute que si l'unité nouvelle de 100 kilogrammètres par seconde est acceptée dans la mécanique, sous le nom de Poncelet, elle présentera avec le kilowatt une différence d'environ 2 pour 100.

— M. Berthelot, sans entrer dans le fond de la discussion, fait observer que, s'il est utile et nécessaire de définir certaines unités abstraites par des mots caractéristiques, il y a peut-être quelque inconvénient à les désigner par des noms propres, comme on le fait en électricité et en mécanique depuis quelques années. Cette manière de procéder, dit-il, est contraire à l'esprit qui avait dirigé les sciences modernes jusqu'à ces derniers temps ; elle risque d'ôter à l'expression des phénomènes et des lois son caractère de généralité absolue, indépendante des personnes, des temps et des nationalités, et de susciter des compétitions étrangères à la science, sinon même nuisibles à ses véritables intérêts (1). »

Comme on le voit, personne n'a proposé une autre dénomination que celle de Poncelet où de Kilowatt, pour l'unité de puissance de 100 kilogrammètres.

Le 13 octobre 1889, j'écrivais à l'Académie des sciences la lettre suivante :

Colombes, le 13 octobre 1889,

Monsieur le Secrétaire perpétuel de l'Académie des Sciences, à Paris.

Monsieur,

J'ai eu l'honneur de vous informer par lettre adressée à l'Académie le 5 courant, que dans une communication que j'ai faite au journal La Nature, *il y a trois semaines environ, j'avais proposé, en place du nom de Poncelet,*

---

1. *Revue scientifique*, du 5 octobre 1889 (Académie des sciences), p. 473.

pour unité de force motrice propre à remplacer le cheval-vapeur de 75 kilogrammètres par une unité de 100 kilogrammètres, l'expression de quintal-mètre.

Je vois dans la Revue Rose, *aux comptes-rendus de l'Académie des sciences de lundi dernier, que M. Résal a proposé cette expression, bien tardivement à mon avis, puisque dans la séance précédente, alors que M. Mascart et M. Berthelot ont agité cette question, aucune observation de cette nature n'a été faite, et de plus, alors que je l'ai proposée maintes fois et à* La Nature *quinze jours avant. Il est vrai que M. Résal dit qu'il eût été l'un des premiers à proposer cette dénomination, et qu'il l'a proposée en un* seul *mot!*

A mon avis, c'est bien en deux mots que l'on doit écrire cette définition motrice, en ayant soin de maintenir toujours le mot mètre au singulier, attendu que cette valeur ne change pas. Il faut donc dire: Un quintal-mètre, *des* quintaux-mètre.

En effet, une machine de 10 quintaux-mètre sera une machine capable d'élever un poids de $100 \times 10 = 1,000$ kilos à un mètre (en une seconde, sous entendu).

J'ose espérer, Monsieur, que vous voudrez bien, dans l'intérêt de la vérité et de la science, rétablir les faits et les droits de chacun.

Connaissant votre soin jaloux à conserver la vérité et à la rétablir au besoin, je ne doute pas que vous fassiez droit à ma demande et je vous prie d'agréer, Monsieur, l'expression de mes sentiments distingués.

(Signé) Eug. Turpin.

Voici comment cette lettre est enregistrée aux comptes rendus de l'Académie des sciences.

« M. Eugène Turpin adresse une nouvelle note concernant la dénomination à appliquer à l'unité de force motrice.

« Renvoi à l'examen de M. Résal. » (1).

---

1. N° 16, 14 octobre 1889, p. 677.

Depuis, plus rien ?

Les petits ruisseaux font les grandes rivières !

Il va sans dire que dans tout cela le jeu n'en vaut pas la chandelle, et il m'est parfaitement égal que l'on dise plus tard que cette dénomination quintal-mètre ait été donnée par Pierre ou par Paul, on m'en a pris bien d'autres, mais l'honneur n'a pas de milieu ni de degrés, et si des choses comme celle-là peuvent se passer à l'Institut, où donc cherchera-t-on l'honneur, les scrupules et l'amour de la vérité ?

C'est le monde savant, c'est l'armée, c'est la magistrature, c'est tout qui s'en va. Définitivement c'est un peu trop Bas-Empire.

7.

VII

CATASTROPHE DE BELFORT

10 mars 1887

Par une lettre du colonel Deloye datée du 4 novembre 1886, j'avais été appelé au ministère de la Guerre pour donner quelques renseignements sur le dévernissage de « plaques en fonte, fer ou acier. »

Ne pouvant soupçonner en rien l'objet de la question qui m'était posée autrement que par ce qui m'en était dit, j'ai indiqué que le meilleur moyen, à mon sens, était de se servir d'une forte lessive de soude ou de potasse, parce que ces substances alcalines peuvent saponifier les résines sans attaquer aucunement le fer ou l'acier. Et, comme il s'agissait de « plaques, » je ne voyais aucun inconvénient à cette opération fort simple en elle-même.

Quelques mois après, la catastrophe de Belfort était annoncée. (1)

Terrifié par cette nouvelle, je courus au ministère de la Guerre pour voir le général Blondel, alors directeur de

---

1. Le *Libéral de l'Est*, du 13 mars 1887, rendit compte en ces termes de la catastrophe :

« Jeudi, vers onze heures quarante du matin, une détonation violente a mis en émoi toute la ville de Belfort. La commotion était tellement forte que l'on croyait à un tremblement de terre.

« Une explosion venait de se produire dans la cour de l'arsenal, au fond, dans la direction du fourneau, sous un abri où une vingtaine environ d'artificiers et de soldats du 9ᵉ bataillon de forteresse procédaient au chargement d'obus avec de la Mélinite.

« A l'heure où nous écrivons ces lignes, on compte neuf morts, huit blessés dont trois très grièvement. »

l'artillerie, afin de connaître la cause de cet accident. Le général Blondel ne put rien me dire, si ce n'est que l'explosion s'était produite spontanément au moment où on enlevait un projectile, et il m'engagea à faire des recherches à ce sujet, car, ajoutait-il, c'est certainement à la suite d'une réaction chimique que l'accident s'est produit.

Ne sachant que penser, je résolus, le lendemain, d'aller à Belfort de ma propre initiative afin d'avoir des renseignements plus précis. Arrivé à Belfort, je vis, au moment de leur départ pour Besançon, les généraux Demay et Wolff, auxquels je me fis connaître.

Ces Messieurs me dirent alors que l'on soupçonnait fortement l'action de la potasse sur l'acide picrique, après un lavage imparfait. Qu'en tout cas, j'aurais à voir le capitaine Pierron, délégué par le Ministre pour faire l'enquête.

Le soir, je vis, en effet, le capitaine Pierron, qui me dit que l'on était fixé sur les causes de l'accident.

Ayant appris par moi-même et par ce qui se disait au café même de l'hôtel de l'Ancienne-Poste, où j'étais descendu et où se réunissaient les officiers, que la potasse était employée au dévernissage des obus en fonte destinés primitivement à être chargés avec de la poudre ordinaire, et maintenant à recevoir de la Mélinite, je fus immédiatement fixé. Le renseignement qui m'avait été demandé au sujet de « plaques » qui n'ont jamais existé, à ma connaissance, visait le dévernissage des obus.

D'autre part, celui qui avait vendu la potasse d'Amérique, M. Xavier Lebleu, à Belfort, faubourg de France, déclarait à qui voulait l'entendre que sa potasse était très pure et très bonne, ce qui n'est pas douteux.

L'extrême facilité avec laquelle le picrate de potasse prend naissance lorsque l'on met de l'acide picrique en contact avec de la potasse et de l'eau, ainsi que son extrême sensibilité au choc, à la friction ou à la chaleur, suffit amplement à prouver la cause de la catastrophe, et si j'avais été consulté au sujet de ce dévernissage, j'aurais certainement proscrit l'emploi d'un corps qui ne pouvait amener que des accidents.

Les essais faits à la poudrerie du Bouchet avec les picrates, les accidents nombreux occasionnés surtout par le picrate de potasse, devaient suffire à écarter à jamais la présence de ce corps du chargement des obus, et surtout à éviter les réactions qui pouvaient lui donner naissance.

Le 7 avril, le *Petit Journal* publia un entrefilet qui annonçait les résultats de l'enquête :

« L'enquête à laquelle il avait été procédé à la suite de l'explosion de Belfort a eu pour résultat de faire placer dans la position de non-activité le général Demay, commandant l'artillerie du 7e corps.

« On a reconnu que les ateliers de chargement des obus à la Mélinite étaient installés dans des conditions défectueuses et mal surveillés.

« Ce service est placé sous la direction d'un lieutenant-colonel expressément désigné à cet effet. »

Ce n'est pas le général Demay ni le colonel de Condé (1) qui devaient être inquiétés, mais la direction de l'artillerie, et peut-être tout particulièrement le colonel Deloye. J'ai recommandé dans mes brevets et dans ma notice de fondre l'acide picrique dans des bassines à double fond, chauffées par un courant d'huile, chauffée à part, ou par un courant de vapeur venant d'un générateur isolé. Contrairement à ces indications on a monté la chaudière avec bain d'huile, sur foyer direct.

Aucun accident ne s'est produit de ce chef, il est vrai, mais on aurait pu procéder autrement, en tout cas, cela démontre combien la substance est docile, puisque pendant le chargement il est impossible de ne pas laisser tomber quelques gouttes de l'explosif, puisé dans la chaudière avec les pochettes, sur le sol et quelquefois sur des charbons ardents.

1. Le colonel de Condé a été également l'objet d'une mesure disciplinaire.

On peut certainement chauffer à feu direct, à condition de placer la bouche du foyer à l'extérieur, comme cela se pratique dans beaucoup de cas dans l'industrie, et d'avoir une plaque de sûreté permettant d'arrêter instantanément l'action du feu sur la double bassine contenant le bain d'huile.

La cause de l'explosion est due, comme je l'ai dit, à la présence de la potasse.

M. Berthelot, consulté sur les causes de l'accident, a cru pouvoir expliquer une autre cause possible.

Voici comment le *Matin* exposait cette opinion :

« Hier, au Conseil des ministres, M. Berthelot, ministre de l'Instruction publique et savant chimiste, comme on le sait, a fait connaître à ses collègues les résultats de l'examen qu'il vient de faire, sur la demande du général Boulanger, des causes de l'explosion de l'obus qui a causé tant de victimes dans l'arsenal de Belfort. L'examen des fragments de cet obus a permis à M. Berthelot d'établir avec une grande probabilité les causes et le mécanisme de ce terrible accident, de façon à permettre d'en éviter le renouvellement.

« Il paraît dû à une réaction chimique développée entre la Mélinite et le métal de l'obus par l'intermédiaire d'une certaine quantité d'eau laissée dans l'intérieur de l'obus par la négligence d'un ouvrier.

« Les traces des produits de la réaction chimique se retrouvent, en effet, sur presque tous les fragments remis à M. Berthelot.

« Sur l'un d'entre eux on voit même le point où les produits développés par voie humide ont éprouvé la transformation progressive qui a fini par les carboniser en devenant explosive et en déterminant la détonation en masse du contenu de l'obus.

« La connaissance de ces circonstances indique avec précision les précautions qui devront être prises à l'avenir pour donner toute sécurité dans le chargement et la conservation des obus à la Mélinite. » (1)

En attribuant à la présence de l'eau la cause de l'accident de Belfort, M. Berthelot faisait allusion à une réaction fort connue depuis longtemps, et que j'ai utilisée

---

1. Le *Matin*, mars 1887.

pour la préparation de diverses poudres que j'appelle
« Explosifs nitroamidés ».

Depuis les travaux de Berzelius, Wurtz, Hoffmann, Gerhardt, etc., sur les amines et les amides, on sait que les composés nitrés soumis à l'action d'un agent réducteur se transforment en composés amidés plus ou moins nitrés, suivant le degré de réduction. L'aniline n'est rien autre chose que de la nitrobenzine réduite par l'action de l'hydrogène naissant qui, se substituant à l'atôme O, de la molécule AzO^2, donne naissance à un composé amidé : l'aniline ou amidobenzine, découverte en 1886.

$$\underbrace{C^6H^5(AzO^2)}_{\text{Nitrobenzine}} + 3H^2 = \underbrace{C^6H^5(AzH^2)}_{\text{Aniline}} + 2H^2O.$$

Or ce qui se passe avec les autres corps nitrés, se passe également avec l'acide picrique qui est, comme on l'a vu plus haut, un trinitrophénol: $C^6H^3(AzO^2)^3O$.

Soumis à l'action d'un agent réducteur, l'hydrogène se substitue également à l'oxygène de la molécule hypoazotique, pour donner des composés nitroamidés à plusieurs degrés, suivant le degré de réduction, dont un, l'acide picramique, a été découvert par M. Aimé Girard il y a plus de trente ans.

L'acide picramique se forme par l'action de l'eau et d'un métal capable de la décomposer et d'en dégager l'hydrogène en présence de l'acide picrique, tandis que l'oxygène de l'eau se porte sur le métal, fer ou zinc.

Voici la réaction.

$$\underbrace{C^6H^3(AzO^2)^3O}_{\text{Acide picrique}} + 6H = \underbrace{C^6H^3(AzO^2)^2AzH^2O}_{\text{Acide picramique}} + 2H^2O$$

Si on chauffe dans de l'eau de l'acide picrique en présence de grenailles de fer ou de zinc, l'acide picrique est décomposé, et donne naissance à un picramate de fer ou de zinc, qui cristallise en aiguilles brunes, et qui s'enflamme spontanément à 270° environ, lorsqu'il est parfaitement déshydraté. Ces cristaux ne sont pas plus sensibles au choc que l'acide picrique, et comme les obus ne pouvaient pas être chauds au delà de 130°, à moins que l'obus qui a éclaté ne soit resté devant le foyer de la chaudière, et qu'alors sa température, par l'action de la chaleur rayonnante du foyer ait atteint un degré élevé, on doit rechercher ailleurs la cause de l'explosion. Il faut encore admettre que la réaction que je viens d'indiquer se soit produite, ce qui est peu probable, parce que l'eau se serait volatilisée au moment de la coulée, et aurait rejeté l'acide picrique à la manière de l'eau tombant dans de la graisse en fusion.

C'est précisément pour éviter cela que j'ai recommandé de maintenir les obus chauds à 100° environ, pour couler l'acide picrique fondu.

Si au lieu de me mettre à la porte, dès que l'on a eu mon affaire à l'aide du traité que l'on a lu plus haut, on avait mis à profit mon dévouement, mon patriotisme, et les connaissances pratiques que j'ai acquises, ce qui eut été le comble de mes vœux, on aurait économisé six mois d'études, plusieurs millions, et la catastrophe de Belfort ne se serait probablement pas produite.

Il n'était pas nécessaire, non plus, de faire étamer les projectiles, attendu que l'acide picrique qui est anhydre, n'attaque pas les métaux usuels directement. Il ne se forme pas de picrate de fer directement, mais seulement un picramate, s'il y a de l'eau en présence, comme on vient de le voir. Le picrate de fer ne peut se former que par double décomposition, c'est-à-dire en versant une solution d'acide picrique dans une solution d'un sel de fer dont l'acide puisse être déplacé par l'acide picrique.

Or, l'acide picrique n'attirant pas du tout l'humidité, étant fondu à 130° environ, et les obus bien secs, aucune réaction ne peut se produire.

Cependant, si on veut exagérer les précautions, il suffit de vernir l'intérieur des obus avec un vernis résistant à la température et à l'action de l'acide picrique fondu. Ce vernis est tout trouvé et je l'ai proposé sans succès. Le vernis des graveurs à l'eau forte peut donner d'excellents résultats. Le voici: Le bitume de Judée qui sert aux doreurs comme épargne, aux graveurs, à l'héliogravure, etc., ne fond que vers 160°, et ne se mélange même pas avec l'acide picrique fondu; donc aucune réaction à craindre.

Si on fait dissoudre à chaud ce bitume de Judée dans les proportions de 30 à 40 pour 100 dans de la benzine ordinaire, on obtient un excellent vernis qu'il suffit d'étaler dans l'obus et de sécher à l'étuve, pour obtenir le résultat demandé. Ce vernis, qui est très souple, peut, étant appliqué sur une plaque, permettre de fondre, sur cette plaque, l'acide picrique sans être altéré.

On vernissait les projectiles destinés à recevoir de la poudre, on peut donc vernir les obus à Mélinite.

Voilà l'histoire de la catastrophe de Belfort.

Je ne récrimine pas, je constate des faits purement et simplement, et comme cet accident est de nature à porter un grave préjudice à mon invention et à mes intérêts, j'ai le devoir et le droit de rétablir la vérité et de laisser les responsabilités à qui de droit.

Je n'entrerai pas ici dans le détail des mesures dont j'ai été l'objet pendant mon séjour à Belfort, et je me bornerai à dire qu'il m'a été impossible d'entrer dans le fort, et de voir le lieu de l'accident.

On craignait, parait-il, que je fasse des révélations, et j'ai entendu des conversations à côté de moi, par des fonctionnaires, qui ne me laissent aucun doute sur les mesures que l'on aurait prises à mon égard si j'avais « bougé ». Les ordres du général Boulanger étaient formels.

Je n'avais d'ailleurs rien à faire pour tout savoir, puisque tout, jusqu'aux expériences faites à l'hôpital par le pharmacien en chef, avec de l'acide picrique et de la potasse pour renouveler le phénomène de l'accident, se racontaient dans le café même où tout le monde de l'hôtel et les officiers se réunissaient.

Je rappellerai qu'à cette époque le général Boulanger

se faisait une réclame effrénée avec la Mélinite, dont il avait été, soi-disant, le promoteur (1).

On se souvient également de la campagne électorale faite dans le Nord, et dans laquelle on rappelait, à chaque réunion, que l'on devait la Mélinite au « brave général Boulanger ». En vérité, la Mélinite a été pour beaucoup, à cette époque, dans la popularité du général, et, bien que je ne l'aie jamais vu, qu'il ne m'ait jamais reçu, ce qui me fit dire plus tard, par le général Ferron, qui m'avait aussi promis une solution définitive : « *Le général Boulanger n'a jamais osé vous recevoir, parce qu'il avait conscience du vol qu'il vous faisait,* » je dois à la vérité de dire que le général Boulanger a donné un élan considérable à la propagation de la Mélinite, et qu'en obtenant de la Chambre le crédit de 400,000,000, il a puissamment contribué à activer l'organisation de ce moyen de défense.

Pour terminer cet historique rapide, je dirai que c'est là, à Belfort, et dans l'hôtel de l'Ancienne-Poste, que j'ai eu le malheur de rencontrer et de faire la connaissance du sieur Emile Triponé, qui s'était spontanément présenté à moi comme capitaine d'artillerie, etc. Le hasard a voulu que je prenne le même train de nuit que lui, et c'est en route qu'il me fit les premières propositions de me mettre en rapport avec la Société Armstrong. (Mars 1887.)

C'est incontestablement là une seconde catastrophe de Belfort, qui aura, j'en suis certain, des conséquences bien plus graves que la première.

1. *Evénement,* du 30 septembre 1886.

VIII

PROTESTATIONS. — MISE EN DEMEURE

Comme je l'ai dit, tant que j'ai pu croire que les fausses assertions lancées contre moi et mes travaux pouvaient servir les intérêts du pays, j'ai tout supporté stoïquement : je servais la Patrie.

Lorsque mon traité était sur le point d'expirer, on m'a fait appeler à la direction de l'artillerie pour me prier de ne pas donner suite aux propositions qui pourraient m'être faites de l'étranger, afin de laisser le gouvernement faire ses approvisionnements, et aussi de ne pas m'occuper des fournitures.

Pendant tout ce temps (du 29 décembre 1885 jusqu'à décembre 1887), je m'en suis rapporté à ces promesses, et j'ai tenu constamment au courant des offres que l'on me faisait les ministres qui se sont succédé, ainsi que le général Ladvocat, qui avait été l'auteur du premier traité si incomplet et si imparfait, et rédigé si étrangement par le colonel Deloye.

Toutefois, comme des indiscrétions graves se commettaient, je n'ai cessé de demander une solution définitive, car ce *statu quo* était vraiment trop préjudiciable pour moi, et la situation qui m'était faite par la presse trop énervante.

Voici quelques pièces qui démontreront la vérité. Les lettres avaient pour but de me convoquer à des rendez-vous où, toujours, on me renouvelait les promesses d'un traité définitif.

MINISTÈRE   *Paris, le 17 février 1886.*
DE LA GUERRE

Monsieur Turpin,

Je vous serai obligé de vouloir bien passer à mon bureau, vers trois heures de l'après-midi, le premier jour où vous serez libre.

Agréez, Monsieur, l'assurance de ma parfaite considération.

                     (Signé) Deloye.

MINISTÈRE   *Paris, le 24 septembre 1886.*
DE LA GUERRE

3ᵉ *Direction*

ARTILLERIE   A Monsieur Turpin,

Cabinet du Général Directeur

Monsieur,

Je vous serai très obligé de vouloir bien vous présenter au Ministère (bureau du Matériel de l'Artillerie) le jour que vous jugerez convenable, sauf de midi à deux heures.

Recevez, Monsieur, l'assurance de ma considération distinguée.

                   (Signé) Général Nismes.

A ce rendez-vous, le général Nismes, en présence du colonel Deloye, me demanda quelle somme je désirerais recevoir et comment la recevoir, soit par annuité, soit autrement, pour un traité définitif. En tout cas, on me demandait de conserver le silence et le secret.

Ministère de la Guerre.

3ᵉ Direction
(Artillerie.)

Cabinet
du
Général Directeur

Paris, le 24 7ᵇʳᵉ 1886

Monsieur,

Je vous serai très obligé de vouloir bien vous présenter au ministère (bureaux du matériel de l'artillerie) le jour que vous jugerez convenable sauf Dimanche. 2 ½

Recevez, Monsieur, l'assurance de ma considération distinguée.

Nimy

à Mr Turpin, 18 avenue Menelotte à Colombes.

MINISTÈRE Paris, le 4 novembre 1886.
DE LA GUERRE

MONSIEUR,
J'ai l'honneur de vous prier de vouloir bien passer à mon bureau, lundi prochain, 8 novembre, à deux heures et demie.
Dans le cas où vous vous trouveriez empêché de venir, je vous serais très obligé de m'en informer.
Recevez, Monsieur, l'assurance de ma parfaite considération.
(Signé) DELOYE.

Cette fois, il s'agissait de divers renseignements à me demander sur les fumées colorées que j'étais chargé d'étudier, et, comme je l'ai dit, sur un moyen de dévernir des plaques en fer, fonte et acier, sans les détériorer. Il s'agissait, en réalité, du dévernissage d'obus en fonte, destinés à recevoir de la Mélinite. On a vu plus haut (pages 122 et suivantes), les conséquences de ce subterfuge et de ces questions déloyalement posées.

MINISTÈRE Paris, le 18 décembre 1886.
DE LA GUERRE

MONSIEUR,
Le notaire vient de m'écrire pour me proposer comme rendez-vous, samedi ou mardi matin, à dix heures. Je lui ai répondu de compter sur nous seulement mardi, afin que j'aie le temps de vous prévenir.
Dans le cas où vous auriez quelque empêchement de vous trouver à ce rendez-vous, je vous serai obligé de vouloir bien m'en informer.
Veuillez agréer, Monsieur, l'assurance de ma considération distinguée.
(Signé) A. GAUDIN.

Il s'agissait de la remise de mon traité.

Voici maintenant une de mes lettres :

EUGÈNE TURPIN   *Colombes, le 21 février 1887.*

A Monsieur le général BLONDEL,
directeur de l'Artillerie au
ministère de la Guerre,
à Paris.

MON GÉNÉRAL,

J'ai l'honneur de vous faire parvenir ci-joint, l'article du Cri du Peuple, *qui indique les procédés de fabrication de la Mélinite, c'est-à-dire, très nettement, pour qui veut le savoir, que c'est de la fabrication de l'acide picrique qu'il s'agit ; et l'article de l'*Écho *du 5 courant, par lequel M. Barbe, député, directeur de la Société des dynamites, fait connaître, à mon grand regret, ce qu'est la Mélinite, ou à peu près* (1).

J'ose donc espérer, mon général, que vous obtiendrez de M. le Ministre de la Guerre qu'il soit répondu catégoriquement à mes propositions d'octobre et novembre derniers, au sujet de la revision de mon contrat avec l'État ; et je vous demande, au nom de l'équité, de la vérité et de la justice, de reconnaître que jusqu'à ce jour j'ai sacrifié mes intérêts et l'honneur de la découverte dans l'intérêt du Pays et des approvisionnements, bien que j'avais le droit de chercher à vendre mes brevets à l'étranger.

Veuillez me croire, mon général, votre dévoué et resp. ctueux serviteur.

                               EUG. TURPIN.

---

1. J'ai rapporté plus haut ces articles.

Voici la réponse que j'ai reçue à cette lettre :

MINISTÈRE RÉPUBLIQUE FRANÇAISE
DE LA GUERRE

3ᵉ Direction Paris, le 25 février 1887.

ARTILLERIE ET ÉQUIPAGES
MILITAIRES

Cabinet du Directeur

Monsieur,

J'ai l'honneur de vous remercier des deux articles de journaux qui étaient joints à votre lettre du 21 février courant.

Si vous voulez bien passer à mon cabinet le samedi ou le lundi de deux heures à quatre heures, je causerai volontiers de cette affaire avec vous.

Recevez, Monsieur, l'assurance de ma considération distinguée.

Le Général Directeur,
(Signé) BLONDEL

A cette entrevue, le général Blondel me demanda de nouveau de ne pas aller à l'étranger. Il m'assura que l'on m'en tiendrait compte, mais que tout serait compromis si je disais la nature de la Mélinite. « Laissez dire, conclut-il, mais si vous, vous le disiez, ce serait bien autre chose. »

Un an s'écoula de la sorte.

Enfin, je me résolus à agir et j'envoyai par exploit de maître Bazin, huissier près le Tribunal civil de la Seine, au Président de la République et aux ministres composant le cabinet (1), à la date du 26 décembre 1887, une sommation dont voici les conclusions :

1. Président de la République : Carnot.
Les ministres étaient : MM. Tirard, Finances, chef du Cabinet; géné-

Ministère
de la Guerre.
―――
3e Direction
Artillerie
et
Équipages Mᵗᵉˢ
Cabinet
du Directeur
―――

RÉPUBLIQUE FRANÇAISE.
―――
Paris, le 25 Février 1887.

Monsieur,

J'ai l'honneur de vous remercier des deux journaux qui étaient joints à votre lettre du 21 Février courant.

Si vous voulez bien passer à mon cabinet, le samedi ou le lundi de 2ʰ à 4 heures, je causerai volontiers de cette affaire avec vous.

Recevez, Monsieur, l'assurance de ma considération distinguée.

Le Général, Directeur

[signature]

A Monsieur Turpin,
18 avenue Menelotte, Colombes (Seine).

« Le requérant, tout en faisant appel aux sentiments élevés d'équité et de justice de Monsieur le Président de la République et de Messieurs les Membres du Conseil des Ministres, a l'honneur de les prier de mettre un terme à cet état de choses et à la situation intolérable qui lui est faite.

« C'est pourquoi M. Turpin requiert du Gouvernement, en la personne de son Président et des Ministres (en parlant comme il est dit ci-dessus) :

« 1° D'avoir à lui faire connaître dans le délai de huitaine, si le gouvernement entend acquérir, à titre définitif, le droit d'exploiter et de conserver exclusivement sous le nom de Mélinite, les procédés que le requérant a fait connaître aux départements de la Guerre et de la Marine sous leurs vrais noms, et pour quelle somme il entend rester maître moralement et matériellement, à titre définitif, desdits procédés ;

« 2° Dire si, au contraire, le Gouvernement entend assumer toute la responsabilité de la divulgation publique desdits procédés, et rendre audit requérant pleine et entière liberté en l'autorisant à exploiter en France et à l'étranger la Mélinite, sous le nom chimique tel que le traité a été passé, et sous le nom de baptême qui lui a été donné ultérieurement, tant au point du vue industriel que militaire ;

« 3° D'avoir, dans ce dernier cas, à faire faire les rectifications nécessaires pour annuler et annihiler les publications qui attribuent à d'autres qu'à M. Turpin le mérite de l'initiative des recherches, découverte et invention, rectifications qui doivent nécessairement être faites par le département de la Guerre, puisqu'il s'agit de plusieurs officiers et que les articles incriminés sont sortis de ce département.

« Déclarant, en outre, ledit requérant, que faute de recevoir satisfaction dans le délai indiqué, il entend se pourvoir devant qui de droit.

« Sous les plus expresses réserves au sujet du préjudice causé.

Des exemplaires de cette sommation sur papier libre furent remis, en outre, à la Commission d'enquête de la Chambre qui m'en a accusé réception, mais n'a rien fait ;

---

ral Logerot, Guerre; de Mahy, Marine; Faye, Viette, Dautresme, Loubet.

aux Ministres, à la Présidence, et à M. Floquet, président de la Chambre.

Voici l'accusé de réception de la Commission d'enquête:

CHAMBRE DES DÉPUTÉS   *Paris, le 20 janvier 1888.*

Commission d'Enquête générale
sur tous les faits
touchant à l'Administration

       Monsieur TURPIN,
        à Colombes.

J'ai l'honneur de vous annoncer que votre lettre du 9 janvier 1888, a été renvoyée à la 3ᵉ sous-Commission compétente.

Recevez, Monsieur, mes salutations empressées.

       Le Président,
      (*Signé*) V. LEYDET.

Pourquoi cette affaire n'a-t-elle pas eu de suite??

Quelle influence occulte a pu faire pression pour étouffer la vérité?

Toujours la même, on ne voulait pas que l'on sache que l'artillerie avait été dans l'obligation d'avoir recours à un civil.

DEUXIÈME PARTIE

LA TRAHISON

I

TRAHISON
VOL ET ESCROQUERIE

Après avoir épuisé, comme on l'a vu, tous les moyens en mon pouvoir pour obtenir du Gouvernement la solution qui m'avait été promise, et n'ayant pu aboutir, j'avais voulu, avant d'aller en Angleterre, mettre ma responsabilité morale à couvert, et tenter un dernier effort en envoyant, par huissier, la mise en demeure du 26 décembre 1887.

J'étais sollicité d'aller faire des expériences en Angleterre, depuis près d'un an, par ce Triponé, dont j'avais fait la triste connaissance à l'occasion de l'accident de Belfort, comme je l'ai dit, en mars 1887.

Avant d'aborder la question dans ce qu'elle a de plus délicat, il importe de prendre connaissance des articles de journaux relatifs à mes expériences de Lydd, et de voir avec quelle véhémence j'ai été attaqué, afin de bien apprécier le piège infâme qui m'a été tendu et dans lequel j'ai failli tomber.

Ce qu'il importe de remarquer, c'est surtout la concordance de ces articles qui émanent, évidemment, d'une même source: le ministère de la Guerre; et la nature des renseignements particuliers que les journalistes ont publiés et qu'ils ne pouvaient connaître par eux-mêmes.

Malgré toutes les promesses qui m'avaient été faites par les ministres qui se sont succédé, une influence occulte s'était toujours mise en travers d'une solution, et je puis dire que depuis l'arrivée du général Mathieu au ministère de la Guerre en qualité de directeur de l'artillerie, moins que jamais j'avais pu obtenir satisfaction.

Il semblerait même que tout ce qui pouvait me pousser à bout et me décider à aller à l'étranger avait été mis en œuvre. Ce fait, seul, exigerait une enquête. Quoi qu'il en soit, il faut arriver à dégager cette influence occulte, et se rendre compte si ce n'est pas par le même chemin que les documents officiels qui ont été livrés à l'étranger ont passé.

Tout fait supposer que cette influence occulte, si longtemps persistante, ne changeant pas, préparait de longue main la vente des documents officiels, et avait intérêt à ce qu'une solution définitive n'intervînt pas entre moi et l'Etat, ce qui eut renversé toutes les espérances, ruiné tous les projets et toutes les combinaisons.

Cela est d'autant plus fondé, que l'on savait qu'avec moi il n'y avait aucun tripotage à espérer, et que déjà, en plusieurs circonstances et sous des formes diverses, des ouvertures m'avaient été faites dans cette voie, sans aucun succès.

Or, ce que je veux, c'est amener le lecteur, par simple déduction des faits, à deviner la source de ces manœuvres.

Aussitôt mon traité passé avec l'Etat, la préoccupation principale a été de se débarrasser de moi. On m'a bien chargé de certaines recherches, telles que la coloration des fumées des projectiles, question que j'ai résolue aussi complètement que possible et dont je n'ai plus entendu parler après avoir communiqué au colonel Deloye, chef du bureau du matériel, mes procédés : (poudres colorées, liquides colorés, liquides vaporisables donnant des vapeurs colorées, etc,), verbalement d'abord et plus tard par copie de brevet; mais il semble que c'était surtout pour m'amuser, bien que la chose parut présenter un certain intérêt à cette époque.

On se ferait difficilement une idée des procédés administratifs employés contre ceux qui ont le malheur de s'occuper de questions techniques, lorsqu'ils n'appartiennent pas à la science officielle, ou au service fermé dont dépendent ces questions (1).

Certes, je serais injuste, si je disais que je n'ai pas rencontré des officiers absolument honnêtes et au dessus de ces questions mesquines de corps, mais, en général, ceux qui ont pu secouer la poussière de l'école et entrer résolument dans la voie pratique pour n'envisager que le but à atteindre, sont rares, et presque toujours dans l'impossibilité de prendre une décision.

Voici les articles de journaux que j'ai annoncés.

C'est le *Paris* du 22 mai 1888 qui ouvrit le feu :

« Des mots, encore des mots, rien que des mots ; mais cela est tout à fait suffisant, dans ce moment, pour l'opinion publique anglaise.

« L'impulsion est donnée : le *War Office* et l'*Amirauté* préparent leurs armements ; le public a été suffisamment travaillé ; de nombreux millions peuvent être dépensés, et ils le seront sans tarder, car l'élan y est.

« Parmi les modifications qui sont à l'étude, une des plus importantes, sinon la plus importante, et dont on garde soigneusement d'ailleurs le secret, est l'adoption de la Mélinite. Mon Dieu oui ; la Mélinite, cette même substance que la France a adopté pour charger ses obus et dont les procédés de fabrication n'auraient jamais dû être vendus à l'étranger. Cette vente est en train de se faire, m'assure-t-on. Voici la chose ; je la donne telle qu'on me la raconte, avec le désir qu'elle puisse être démentie, ce dont je doute :

« Il paraît que lorsque M. Turpin, l'inventeur de la Mélinite, fit adopter cette substance par le ministre de la guerre, qui était alors le général Boulanger, ce dernier n'acheta les procédés de fabrication, c'est-à-dire le secret,

---

1. Pour s'en rendre compte, j'engage le lecteur à parcourir la brochure de M. Picard sur un nouveau fusil qu'il avait présenté ; ou dans Louis Figuier (*Merveilles de la Science*) les chapitres qui se rapportent à l'artillerie et aux poudres, et enfin l'ouvrage de M. Victor Meunier : *Scènes et types du monde savant*.

que pour dix mois ou un an. Ce laps de temps écoulé, ses intermédiaires ont cherché à placer la Mélinite à l'étranger. On l'a offerte à l'Angleterre depuis assez longtemps déjà.

« Mais, comme ici le vent n'est pas en ce moment aux choses françaises, qu'on ne croit pas à nos inventions (ah! si la Mélinite avait été d'invention allemande, on eût tout fait pour s'en procurer le secret!), le Comité d'artillerie anglais affectait de n'ajouter qu'une valeur très relative à cet explosif, qui, après l'accident de Belfort, fut même considéré par lui comme étant impossible à adopter à cause de sa manipulation trop dangereuse. Mais les intermédiaires sont généralement entêtés dans leurs entreprises. Ceux-ci cherchèrent à persuader aux Anglais qu'il fallait tout au moins faire des expériences, *et comme ils ont leur entrée libre aux ministères de la Marine et de la Guerre, en France, même dans les ateliers d'artillerie, dans les manufactures d'armes, dans les arsenaux, ils purent se procurer (chose étrange autant que grave) les rapports officiels sur des expériences faites en France avec la Mélinite et les montrer à qui de droit* (1).

« Les négociations ont été longues; elles commencèrent, si je suis bien informé, dès les premiers mois de 1887; mais ce n'est qu'en décembre de la même année que ces négociations prirent une tournure sérieuse.

« Le gouvernement anglais n'a pas négocié directement; cela s'est fait avec la maison Armstrong, son intermédiaire obligé. Depuis le commencement de cette année les choses ont marché rapidement, grâce à la persévérance et aux insistances des intermédiaires français, et, aujourd'hui, la solution serait proche, si même les contrats ne sont pas déjà signés.

« C'est qu'en effet, des expériences ont été faites, d'abord le 3 mai, à Silloth on Tyne, dans le polygone même de la maison Armstrong, de compte à demi avec le gouvernement anglais.

« Ces expériences ont donné des résultats remarquables et en présence desquels le War office et l'Amirauté ont fait exécuter de nouveaux essais, le 11 de ce mois, à Lydd, près de Folkestone. On attachait une grande importance à ces essais, car le Comité d'ordonnance et les principales autorités de la guerre et de la marine y assistèrent. Les résultats ont été aussi satisfaisants que la première fois.

---

1. Il est important de remarquer cette mention des rapports officiels dont je n'avais la moindre connaissance.

« Malheureusement ce n'est pas tout. On connaît les attaches de la maison Armstrong avec le gouvernement italien; il y a de fortes présomptions de croire que le secret de fabrication de la Mélinite, s'il est vendu, sera utilisé pour le compte de l'Italie autant que pour celui de l'Angleterre. Le gouvernement italien était tenu au courant des négociations depuis le jour où elles devenaient sérieuses et il y prenait un très vif intérêt. Il paraît même que le ministre de la marine d'Italie avait envoyé à Londres un officier distingué pour suivre les essais de Silloth, ce qui d'ailleurs fut impossible.

« Je n'ai pas un mot à ajouter, sinon que j'ai mis une discrétion absolue dans mon récit; maintenant, *caveant consules!* Les Anglais vont sans doute tout transformer et changer dans leur armement jusqu'au fusil. »

A son tour le *Matin* entra en lice le 9 juin 1888. Son correspondant à Londres lui télégraphiait par fil spécial :

Je vous ai télégraphié, il y a deux jours, que M. Turpin, le Français qui a inventé la Mélinite employée dans la nouvelle artillerie française, vendait son brevet à la maison Armstrong. Un télégramme de l'Agence Reuter, publié par tous les journaux de Londres d'hier, dit qu'un journal français déclare qu'il est inexact que l'explosif dont le brevet a été vendu à sir William Armstrong soit la Mélinite.

Ce journal assure, dit-on, que M. Turpin n'a pas inventé la Mélinite, mais un autre explosif nommé la Panclastite et qui est probablement celui dont il a vendu le brevet à sir William Armstrong.

Je crois qu'au sujet de ces deux mots : Mélinite et Panclastite, la bonne foi du journal français en question a été surprise. Dans sa dénégation, il reconnaît en quelque sorte que le brevet d'un explosif a été vendu par M. Turpin à sir William. Eh bien! je maintiens que l'explosif vendu est la Mélinite.

Ce n'est pas seulement avec M. Armstrong qu'on a essayé de négocier cette vente, mais d'autres négociations avaient été entamées dans ce même but avec la maison Matheson et Cie, de Lombard-street. Les offres faites avaient été déclinées le 18 mai dernier. Eh bien! dans ces négociations, il avait été question uniquement de brevets pour la Mélinite française. Je puis ajouter que la maison Armstrong n'a accepté d'acheter le brevet que lorsqu'elle aura eu une opinion favorable du War Office et quelques hautes autorités militaires sur les résultats des magnifiques expériences faites en Angleterre.

Toute cette affaire a été placée devant mes yeux et d'une façon si précise qu'il ne peut exister aucune confusion entre la Mélinite et la Panclastite. Les intermédiaires, qui de concert avec M. Turpin ont conduit les négociations, *sont bien connus au ministère de la Guerre à Paris, où on peut les rencontrer fréquemment.*

Ce n'est pas mon affaire de citer des noms, mais de relater des faits, et je pourrais entrer dans des détails plus longs et plus topiques si je ne craignais pas d'aller au-delà de la discrétion professionnelle.

L'affaire, comme on me l'a dit, il y a deux jours, est au point suivant : la maison Armstrong avait accepté d'acheter le brevet de l'explosif de M. Turpin pour trente mille livres sterling, mais cette acceptation n'était que conditionnelle. Il était nécessaire, avant que l'affaire fût entièrement conclue, de s'assurer si les brevets étaient valables et exploitables en Angleterre et peut être ailleurs. En conséquence, aucun contrat définitif n'a été signé jusqu'à présent (1).

Pendant le cours de cette polémique, j'ai été interviewé par un journaliste du *Temps*, M. Mayet, auquel j'ai donné à peu près les explications suivantes :

L'un de nos collaborateurs s'est rendu, hier, à Colombes, où demeure M. Turpin. Il habite au n° 18 de l'avenue Menelotte, le long du chemin de fer, près des champs, une maison entourée d'un parc assez vaste, où il peut, sans trop ennuyer ses voisins, casser de vieux rails à coups d'explosif.

— Je devine l'objet de votre visite, nous dit-il. Certains journaux m'attaquent parce que j'ai vendu le secret de la composition de la Mélinite. Vous voulez savoir si c'est vrai. La vérité est, en effet, que je suis en pourparlers avec la maison Armstrong au sujet de cette affaire. Des expériences ont eu lieu en Angleterre, devant des officiers de l'amirauté, avec des obus chargés à la Mélinite. Je ne vois pas pour quelle raison on me reproche cela. Mon invention est ma propriété. Avant de partir pour l'Angleterre, j'ai prévenu le ministre de la Guerre de ce que j'allais faire ; mais les Polytechniciens qui

---

1. Il m'a été impossible de savoir qui a écrit ces articles (*Matin* et *Paris*) d'une complète précision de renseignements.

règnent au ministère se moquent parfaitement d'un inventeur...

— Que font les Polytechniciens en cette affaire?

— Les Polytechniciens! Ah! les Polytechniciens! Ils vous rendraient enragé. Vous n'avez pas idée des difficultés qu'ils ont opposées à l'usage des nouveaux explosifs. Ils sont tout puissants à la Commission des poudres et salpêtres. Il n'y a rien à faire avec eux, si l'on n'a pas passé par l'Ecole et si l'on n'appartient pas à leur franc-maçonnerie. Ils vont jusqu'à me contester l'invention de la Mélinite. Comme si ce n'était point à mes travaux qu'est due la transformation des projectiles?... C'est une histoire intéressante que celle de la Mélinite.

— N'avez-vous pas touché une indemnité du gouvernement français pour assurer à notre pays la possession exclusive de votre invention?

— J'ai, en effet, touché une indemnité; j'ai même été fait chevalier de la Légion d'honneur, mais à aucun moment il n'a été convenu que la France resterait seule en possession de mes inventions. Je voulais qu'il en fut ainsi. Je me suis épuisé en démarches, j'ai fait des expériences, cela sans résultat. Je me suis adressé au chef du gouvernement, on ne m'a même pas répondu. Dans les conversations, on me disait : « Nous ne croyons pas à votre secret. La France a la Mélinite, cela lui suffit. L'étranger en connaîtra la composition tôt ou tard; pourquoi vous acheter votre invention? Faites ce que vous voudrez. »

— Pourriez-vous préciser les circonstances à la suite desquelles vous êtes entré en négociations avec l'Angleterre?

— Oh! les choses remontent loin; mais je puis, pièces en main, vous dire quelles ont été mes relations avec le ministère de la Guerre.

Et M. Turpin quitte le salon pour revenir un moment après avec plusieurs dossiers qu'il consulte.

— J'ai d'abord, continue-t-il, découvert un explosif dont vous avez jadis parlé dans le *Temps* et auquel j'ai donné le nom de Panclastite. Je l'avais soumis, dans les carrières d'Argenteuil, à des expériences d'artillerie. J'en chargeai de petits obus et j'obtins de tels résultats que je m'en ouvris à quelqu'un qui me ménagea une entrevue avec le général Farre, alors ministre de la Guerre. Des officiers assistèrent à nos expériences, puis je n'entendis plus parler de la suite qui leur avait été donnée. Au bout de plusieurs mois, je retournai au ministère où l'on m'apprit que les Comités compétents n'avaient pas jugé à propos de s'en occuper davantage. Ma Panclastite tomba alors dans le domaine industriel; des brevets furent pris tant en France qu'à l'étranger; je publiai même une petite brochure où je relatai mes expériences, puis je me mis à la recherche d'un autre explosif. J'en découvris un, qui n'est autre que la Mélinite dont on parle tant. J'en obtins des résultats tels que j'allai m'en ouvrir secrètement à M. Maurouard, directeur des poudres et salpêtres au ministère de la Guerre. J'agissais dans une intention patriotique. Je ne pris pas de brevet. C'était en 1884. M. Maurouard fit des expériences à Sevran-Livry, en présence d'officiers d'artillerie. J'avais communiqué travaux sur travaux, et j'ai dans ces dossiers des lettres de M. Maurouard qui me félicite de ma découverte du nouvel explosif. Mais ce n'étaient que des félicitations, et je dus prendre certaines garanties pour m'assurer le bénéfice de ma découverte. L'affaire en était restée là, et les résultats de mes expériences dormaient confinés dans les cartons du bureau des poudres et salpêtres, lorsque le bruit se répandit que les Allemands venaient d'expérimenter un nouvel explosif, l'helloffite. Je me renseignai et je me convainquis que l'helloffite n'était autre chose que ma Panclastite, dont il était parlé dans ma brochure. J'avais même reçu, au moment où elle avait paru, une lettre de l'ambassadeur d'Allemagne, M. de Hohenlohe, qui me demandait d'aller le voir. J'y allai. Mais je déclinai les offres qu'il me fit. (1)

Les expériences allemandes éveillèrent l'attention du Comité d'artillerie. Le général Ladvocat, directeur de cette arme, demanda à la direction des poudres et salpêtres si elle était en mesure de lui fournir un explosif valant celui des Allemands. La direction exhiba ma Mélinite des cartons et la fit connaître au général Ladvocat. C'est alors, le 23 septembre 1885, que le ministre de la Guerre, le général Campenon, m'écrivit pour me demander les conditions dans lesquelles j'entendais traiter avec l'Etat. Des pourparlers furent engagés avec moi. Je rédigeai une brochure secrète, où je donnai tous les procédés de fabrication et de maniement de la Mélinite, le système d'amorçage et de chargement, qui constitue la partie la plus délicate de l'invention, et, le 29 décembre de la même année, je passai, avec le ministère de la Guerre, un traité aux termes duquel j'étais tenu à conserver pendant dix mois le secret de

---

1. Voyez ci-contre la lettre du prince de Hohenlohe.

**Kaiserlich
Deutsche
Botschaft**

Le Prince de Hohenlohe prie Monsieur Eugène Turpin de vouloir bien passer chez lui après-demain Jeudi entre 2 et trois heures de l'après-midi.

Paris 2 Août 1885

mon invention. Ce traité fut déposé chez M⁰ Renard, notaire, rue du Quatre-Septembre. Pendant ces dix mois, les expériences démontrèrent la valeur du nouvel explosif et des procédés de chargement. Mais, peu après le traité, le ministère dont faisait partie le général Campenon était renversé et le général Boulanger remplaçait ce dernier, en même temps que le colonel Blondel prenait la place, à la direction de l'artillerie, du général Ladvocat. Les expériences ont néanmoins continué. Il en a été fait à Chavignon. On a même chanté à cette occasion les louanges du général Boulanger, disant qu'on lui devait la Mélinite, que sais-je?

— Quel a été le rôle du général Boulanger?

— Le général Boulanger?... un farceur, répond M. Turpin. Il a simplement allumé le canon que le général Campenon et le général Ladvocat avaient chargé. Si la France est en possession de la Mélinite, c'est à moi, d'abord, et ensuite à ces deux derniers qu'on le doit. Et si l'Angleterre est sur le point de la posséder, c'est en partie au général Boulanger qu'il faut en attribuer la responsabilité.

— Comment cela?

— Jamais, pendant son passage au ministère, je n'ai pu obtenir une audience de lui. J'y avais quelque droit cependant. Le général Campenon avait la ferme intention de doter exclusivement la France de mon invention. Une fois tombé, je m'étais dit que son successeur, sur une pareille question, penserait comme lui. Je lui écrivis des lettres, mais chaque fois que je me présentais au ministère il me renvoyait à la direction des poudres. Un jour, cependant, je crus qu'il allait me recevoir. Mais une actrice de l'un des grands théâtres de Paris vint, et il la fit entrer en me faisant dire de passer « aux poudres ». Je ne l'ai jamais vu, pas même aperçu, et il serait fort en peine de dire si j'ai de la moustache ou de la barbe. Voilà la part qu'il a prise aux expériences des projectiles à Mélinite. Tous les autres ministres m'ont reçu, jusqu'au général Logerot, qui y a mis une certaine brusquerie, il est vrai, mais enfin j'ai pu le voir, lui dire de réfléchir à ce que je me proposais de faire si mon pays ne voulait pas m'acheter mon invention, mais je n'ai pas eu cet avantage avec le général Boulanger.

— Qu'est devenu votre traité?

— Le délai de dix mois expiré, j'ai reçu du ministère de la Guerre une lettre signée du capitaine Gaudin, m'invitant à le retirer de chez M. Renard, ce que j'ai fait. Non seulement pendant ces dix mois, mais pendant plus de deux ans après, j'ai gardé le secret, espérant toujours qu'on changerait d'attitude vis-à-vis de moi. Partout j'ai été évincé. « Vous êtes libre, me répétait-on. Faites-en des choux, des raves, de votre explosif. Cela vous regarde. » Voyant que tous mes efforts restaient infructueux et que les Polytechniciens de la direction des poudres ne voulaient pas m'entendre, j'ai voulu que ma situation fût nette et j'ai pris le parti d'envoyer à tous les membres du Gouvernement, au Président de la République et aux ministres, une sommation où j'ai relaté tous mes droits à la priorité de l'invention et mis le Gouvernement en demeure de déclarer dans le délai de huit jours s'il entendait acquérir à titre définitif le droit d'exploiter et de conserver mes procédés.

L'original de cette sommation a été enregistré à Paris, le 29 décembre 1887. Les copies reçues par les ministères ont été visées par les attachés du Cabinet. Celles qui ont été refusées, Finance, Instruction publique et Agriculture, ont été déposées au parquet, conformément à l'article 69 § 5 du Code de procédure civile. La mention du refus est d'ailleurs inscrite sur l'original. J'avais demandé qu'on le signifiât au Président de la République, mais il paraît que cela ne se peut pas. En dehors des copies remises sur timbre par ministère d'huissier, j'ai déposé moi-même des copies sur papier libre dans tous les ministères et j'en ai envoyé au Président de la République par l'intermédiaire du général Brugère, au président de la Chambre, au président de la Commission du budget, au président de la Commission d'enquête. Certains m'en ont accusé réception, mais aucune ouverture ne m'a été faite. Ecœuré, lassé, ne voulant pas perdre les fruits de dix années de travail au milieu des plus grands dangers, — ma vie est en péril à chaque instant, — je suis entré en négociations avec la maison Armstrong. On se disait au ministère de la Guerre que je n'avais point de polygone pour faire des expériences. On s'est trompé; j'ai fait des expériences en Angleterre; mon invention est ma propriété et j'entends en disposer comme il me plaît. Il n'y a rien à faire ici pour un inventeur s'il a contre lui les anciens élèves de l'Ecole polytechnique. Tout effort se brise contre cette franc-maçonnerie qui n'admet rien en dehors d'elle. Quand je pense qu'ils osent maintenant insinuer que je ne suis pas l'inventeur de la Mélinite! Ah! s'ils m'y forcent, je placerai toutes les pièces du procès sous les yeux du public. Je le ferai. Je suis à bout. Je dirai tout ce que j'ai fait. Je publierai ces dossiers pleins de lettres dont on ne niera point les signatures. Je suis abreuvé de dégoût; je vais plus loin, si l'on m'y contraint, je quitterai la France et j'irai travailler avec des gens plus intelligents et plus justes. Comment! après avoir doté mon pays des inventions que l'on sait, voilà que des journaux osent me comparer à Châtelain, qui vole un fusil pour le livrer à l'ennemi! Est-ce qu'on a jamais songé à dénoncer M. de Bange comme traître, parce qu'il livre des canons aux nations étrangères? Est-ce que lors de l'interpellation à la Chambre, relative aux obus de Firminy, il n'a pas été reconnu qu'il pouvait en être vendu à l'étranger? Je vis seul. Je n'aime que le travail. Je lui ai tout sacrifié : amis, famille, plaisir. Je passe la plus grande partie de ma vie dans mon laboratoire. On méconnaît mes droits, on me met dans la nécessité de tirer parti de mes travaux à l'étranger. Je suis libre et je ne vois pas vraiment, en le faisant, en quoi j'ai forfait à l'honneur.

Pendant que l'on attaquait d'un côté et que j'étais occupé à me défendre, voici ce qui se passait d'un autre côté, du côté de Triponé et de ses complices.

On verra que l'affaire était bien menée, et que tous les moyens étaient mis en œuvre.

Le 23 juin 1888, nouvel article du *Matin :*

J'ai été assez surpris de voir que, dans la conversation qu'il a eue avec un rédacteur du *Temps*, M. Turpin, après avoir avoué franchement que la nouvelle de la vente de la Mélinite à la maison Armstrong était vraie, a ajouté qu'il était encore en négociations avec cette maison, au lieu de dire que ces négociations avaient abouti et que les deux parties étaient complètement d'accord.

Telle était à cette époque la situation et l'affaire était arrangée aux conditions que je vous ai dites.

J'apprends que lorsqu'on a su que M. Turpin était en train de vendre son brevet en Angleterre, une Société de panclastite existant à Paris mit opposition à la vente du brevet, alléguant que M. Turpin n'avait aucun droit à vendre ce brevet parce qu'il l'avait déjà vendu à ladite Société de panclastite.

L'affaire entra donc dans une nouvelle phase de négociations et est restée depuis en suspens. C'est certainement pour cette raison que M. Turpin a dit au rédacteur du *Temps* que les négociations n'étaient pas terminées.

M. Turpin a été très attaqué par les journaux français

à propos de la vente de sa Mélinite; il ne m'appartient pas de le défendre, pas plus que de l'attaquer, mais je dois à la vérité de déclarer que *M. Turpin, qui est, dit-on, avant tout un homme sérieux, n'a pas à lui seul fait cette affaire.*

Des négociations ont été engagées déjà au commencement de l'année 1887 et ont été poussées activement pour le compte de M. Turpin par un certain M. X... qui est l'agent à Paris de plusieurs Sociétés anglaises et françaises bien connues, et qui, je crois, a négocié avec une importante maison de Sheffield la vente de l'invention française appelée le procédé de fabrication pour projectiles en acier chromé.

Cette affaire, si j'ai bonne mémoire, a donné lieu à une discussion intéressante au Parlement français.

Ce qu'il y a de certain, c'est que M. X... a agi constamment en faveur de M. Turpin, pendant que des négociations étaient engagées avec la maison Armstrong par l'un des directeurs de la Société.

M. Turpin semble avoir été pendant longtemps complètement étranger aux négociations; il n'a paru personnellement que neuf ou dix mois après le commencement des négociations.

La plupart des journaux français ont soutenu qu'il était impossible, quant à présent, de dire si l'explosif en question était ou non la véritable Mélinite.

M. Turpin déclarant que oui, et le ministère de la Guerre, dans diverses communications à la presse, déclarant que non, la question n'est pas résolue.

Elle est cependant de la plus haute importance, et c'est pourquoi je vous demande la permission de vous donner une petite information qui m'a amené à supposer qu'il s'agit vraiment de la Mélinite.

Tout d'abord, il n'est pas douteux maintenant, ainsi que je vous l'ai annoncé dès le commencement des négociations, que, du côté de M. Turpin et de M. X..., aussi bien que du côté du ministère de la Guerre anglais et de la maison Armstrong, il a toujours été question de la Mélinite française. L'explosif a toujours été appelé Mélinite, et cela pendant tout le cours des négociations.

Si M. Turpin n'a pas avoué franchement la chose dans sa conversation avec le rédacteur du *Temps*, le fait suivant suffira pour prouver que l'explosif à vendre est le même que celui employé dans les obus français.

Les autorités militaires anglaises ont refusé longtemps d'écouter les propositions de M. X... au sujet de la Mélinite française; elles n'y croyaient pas, l'accident de Belfort surtout les avait amenés à croire que la Mélinite française était très dangereuse parce qu'elle ne pouvait être employée pratiquement.

Elles n'eurent une meilleure idée de cet explosif que lorsqu'elles connurent, *par les rapports officiels français*, les splendides résultats obtenus dans les expériences faites à Calais le 12 et le 13 septembre 1887. Dans ces expériences on tira des obus à la Mélinite à une vitesse initiale de 596 mètres et 601 mètres, sans aucun accident.

Le War-Office et la maison Armstrong eurent alors une meilleure opinion de la Mélinite française et résolurent de faire quelques expériences qui eurent lieu, les premières en mai dernier, à Silloth-on-Tyne, dans les polygones de sir W. Armstrong; les secondes, sur une plus grande échelle, le 11 du même mois, dans le polygone de Lydd, en présence d'un Comité spécial, du Comité d'artillerie et de presque toutes les autorités du War-Office et de l'Amirauté.

Maintenant, est-il admissible que M. X..., M. Turpin et tant d'autorités techniques éminentes se soient si facilement trompés au sujet de l'explosif en question et aient considéré comme de la Mélinite un autre explosif, alors surtout qu'ils étaient au courant des résultats obtenus par les expériences efficaces françaises.

Les expériences, tant à Silloth qu'à Lydd, ont été très remarquables; les négociateurs anglais, avant de conclure l'affaire avec les industriels français, prirent l'opinion du War-Office. M. Stanhope, le secrétaire d'Etat pour la Guerre, lord Wolseley, le général Alderson et d'autres s'exprimèrent sur l'explosif en question de façon à montrer qu'ils avaient été profondément impressionnés par les résultats des expériences faites sous leurs yeux. Ils déclarèrent que la Mélinite avait une très grande valeur, surtout parce qu'elle pouvait être employée pour les obus de campagne et les obus en fonte.

C'est sur ces assurances que l'achat de l'explosif fut décidé par la maison Armstrong, vers la fin du mois de mai dernier. L'affaire était faite moyennant trente mille livres sterling, lorsque la Société de panclastite réclama ses droits sur les brevets de M. Turpin.

Il y a eu beaucoup d'informations contradictoires dans les journaux français à propos des détonateurs employés en France pour enflammer la Mélinite. Quelques journaux, y compris le *Journal des Débats*, ont assuré que M. Turpin avait inventé ce détonateur et avait vendu son invention au gouvernement français. Si cela est exact, M. Turpin saurait absolument comment était fait le détonateur français, mais n'aurait pas le droit de le vendre.

D'autres journaux ont dit, au contraire, que M. Turpin a inventé la Mélinite, mais que le détonateur qui permet de l'employer pratiquement et sans danger a été inventé par des officiers français à Bourges.

Je ne puis discuter ces opinions. Je les rappelle simplement parce que c'est un fait qui peut être allégué et qui peut aider à connaître la vérité.

Les détonateurs employés dans les expériences anglaises, à Silloth et à Lydd, n'étaient pas et ne pouvaient pas être des détonateurs venant de France à aucun degré; ils ont été fabriqués exprès à Elswick, près de Newcastle-on-Tyne, où sont situés les établissements Armstrong, d'après les indications fournies du dehors aux ingénieurs techniques d'Elswick, qui sont à même d'être très au courant de la question.

Ces détonateurs étaient-ils identiques à ceux en usage en France. Quelques personnes croient qu'ils étaient pratiquement les mêmes. Cela peut être, mais quant à moi, dans une question si délicate, je crois plus sage de n'exprimer aucune opinion et d'attendre des renseignements ultérieurs.

Autre article le 15 juillet 1888 :

Quoique le traité entre la maison Armstrong et M. Turpin ne soit pas encore signé, et cela à cause des difficultés soulevées par la Société de panclastite de Paris, M. Turpin et son ami M. Triponé (que dans ma dernière dépêche publiée il y a quelques semaines par le *Matin* je désignais sous le nom de M. X...) ont communiqué aujourd'hui (1) à l'usine Armstrong, à Elswick, les procédés de fabrication de la Mélinite, si bien que l'on peut fabriquer aujourd'hui à Elswick comme en France cet explosif.

D'importantes expériences ont été faites vendredi soir à Portsmouth pour se rendre compte des effets destructifs produits par les projectiles modernes sur les coques des navires de guerre (2).

Un vieux navire appelé la *Résistance* a servi à ces

---

1. Le 15 juillet, j'étais à Paris, je ne pouvais pas communiquer la fabrication, que je n'ai jamais montrée d'ailleurs, comme on le verra plus loin.

1. Les expériences de Portsmouth ont été faites sans moi, et sans mon autorisation.

expériences, et voici les détails que les journaux compétents donnent à ce sujet, détails qui, j'en suis sûr, intéresseront le public à Paris.

Le navire avait été placé dans la position d'une cible flottante contre laquelle, d'une plate-forme fixe, étaient lancés les différents projectiles.

Malgré le secret qui a été gardé sur ces expériences, malgré les précautions qui ont été prises par l'Amirauté pour que rien n'en transpire, je suis à même de vous assurer que tous les explosifs employés ont donné des résultats inférieurs à ceux donnés par la Mélinite, ce qui confirme entièrement tout ce que je vous ai écrit déjà sur la vente de l'explosif de MM. Turpin et Triponé à la maison Armstrong (1).

Les journaux qui parlent de ces expériences, sans entrer cependant dans les détails qu'ils ne peuvent connaitre, parlent de l'invention nouvelle comme étant celle de M. Turpin, ce qui démontre suffisamment que les négociations pendantes entre M. Turpin et la maison Armstrong ne sont plus un secret aujourd'hui.

Il n'en saurait d'ailleurs être autrement, car MM. Turpin et Triponé, qui poursuivent activement à Londres les résultats pratiques de leur affaire, n'hésitent pas à déclarer hautement qu'il est parfaitement vrai qu'ils ont vendu la Mélinite française à la Société Armstrong.

Les journaux qui parlent des expériences de Portsmouth disent que le premier lord de l'Amirauté n'y assistait pas, mais qu'un grand nombre de membres de l'Amirauté étaient présents, entre autres l'amiral Hopskins et lord Walter Kerr.

La Cocarde du 8 juin s'exprimait ainsi :

Au point de vue de la guerre prochaine, inévitable, inéluctable, la France avait gardé jusqu'ici deux incontestables supériorités; celle de son armement pour l'infanterie, celle de ses explosifs pour l'artillerie.

Le fusil Lebel, les obus à la Mélinite étaient, mieux que toutes les promesses diplomatiques, que toutes les déclarations pacifiques, les plus sûrs garants de la trêve.

L'adjudant Chatelain avait bien tenté de vendre à l'Allemagne notre arme perfectionnée; M. Turpin vient

---

1. Je prie le lecteur de noter la mention du nom de M. Triponé, tant pour ce qui précède que pour ce qui va suivre, et le rôle qui lui est justement attribué précédemment.

de vendre à l'Angleterre, demain peut-être l'alliée de l'Allemagne, le secret de la Mélinite...

A cela, on répondra sans doute que Chatelain n'était pas l'inventeur du fusil Lebel, tandis que M. Turpin est l'inventeur de la Mélinite, qu'il est strictement dans son droit commercial.

Mais Chatelain, lui, ne se proposait pas de vendre à Bismarck le brevet du fusil français ; il ne faisait que lui communiquer un renseignement, moyennant commission, ce qui n'a rien d'illicite, non plus, au point de vue commercial.

Ce qui faisait, en revanche, l'odieux de l'acte commis par Chatelain, ce n'était pas le marché en lui-même, mais le fait de vendre à l'étranger une arme qui assurait, en cas de guerre, notre supériorité.

Sous ce rapport, l'infamie de M. Turpin vaut l'infamie de Chatelain.

L'un a récolté le bagne, l'autre récoltera des écus.

Justice distributive de nos parlementaires.

La France Militaire, du 12 juin 1888, touchait du doigt la vérité :

Le *Galignani's Messenger*, journal anglo-américain, qui se publie à Paris, annonçait, il y a trois jours, que la maison Armstrong venait d'acheter à M. Turpin son brevet d'invention de la Mélinite, moyennant la somme de 750,000 francs.

Cette nouvelle, arrivant après l'affaire Chatelain, a naturellement ému l'opinion publique.

Aussitôt, quelques journaux ont publié une note d'allure officieuse disant en substance : « M. Turpin n'est nullement l'inventeur de la Mélinite.

« A vrai dire, il a proposé au ministère de la Guerre diverses matières explosibles de son invention, qui ont été rejetées par la direction des poudres et salpêtres.

« C'est pourquoi, exaspéré par ces refus, il a proposé à l'Angleterre un engin que celle-ci a acheté, mais qui ne ressemble en rien à la Mélinite.

« Le secret de cette dernière substance, payé d'ailleurs fort cher, est parfaitement gardé et aucune trahison n'est à craindre. »

Fort bien ! mais jusqu'à preuve du contraire nous n'ajouterons qu'une foi très médiocre à ce communiqué peu catégorique. Et voici les raisons sur lesquelles nous nous appuyons :

D'abord le *Matin*, qui a des attaches sérieuses en Angleterre, corrobore aujourd'hui l'information du *Galignani's Messenger*. Il va même jusqu'à insinuer que *les négociateurs de l'affaire sont bien connus au ministère de la Guerre où on peut les rencontrer fréquemment.*

Qu'est-ce à dire ? Nous trouverions-nous, par hasard, en présence d'un nouveau scandale ?

Nous n'osons pas le croire.

De plus, voici un autre fait qui mérite d'être sérieusement examiné :

Le 10 mars 1887, l'explosion de Belfort tuait une dizaine d'artilleurs employés à charger les obus à la Mélinite.

Une enquête fut ouverte — comme toujours — pour établir les responsabilités. Le savant M. Berthelot donna une explication très ingénieuse, sinon absolument plausible, et la confiance revint.

Cependant, un point très important de cette affaire est toujours resté dans l'ombre. En effet, M. Turpin serait accouru en toute hâte à Belfort pour se rendre compte, par lui-même, des causes qui avaient occasionné l'explosion. M. Turpin se disant, paraît-il, l'inventeur de la Mélinite et exhibant ses brevets, voulait prouver que la manipulation de cette substance n'offre aucun danger, sauf imprudence ou négligence de la part des artificiers. Il cherchait à dégager sa responsabilité.

On nous a même assuré que l'autorité militaire n'avait pas consenti à le laisser pénétrer sur le théâtre de l'accident, et que cette mesure, qui semble fort sage aujourd'hui, parut alors extraordinaire aux officiers de la garnison.

Tels seraient les faits à l'égard desquels nous avons observé un silence patriotique, mais qu'il est de notre devoir de signaler maintenant que l'Angleterre semble vouloir ajouter à ses nombreux négoces le trafic des secrets déjà vendus.

Nous voudrions voir démentir le bruit qui précède et nous osons espérer qu'une note énergique, cette fois, viendra rassurer le public.

Dans la *Souveraineté* du 13 juin 1888, j'étais pris à parti par M. Robert Mitchell, sous le titre : *Article de commerce :*

M. Turpin, citoyen français, a, paraît-il, inventé la Mélinite ou tout au moins un produit d'égale puissance.

Il proposa ce formidable explosif au ministre de la

Guerre, qui n'adopta qu'une partie de ses découvertes et lui fit remettre à titre de rémunération une somme plus que ronde.

Cela ne satisfit point M. Turpin, qui proposa purement et simplement à l'Angleterre le produit que la France n'estimait pas assez haut.

Au premier aspect, cette opération semble légitime et ne sort pas des usages adoptés en matière commerciale.

M. Turpin a quelque chose à vendre; la France ne veut pas y mettre le prix, l'Angleterre se montre plus généreuse : adjugé à l'Angleterre.

Rien n'est plus naturel, et cela se passe ainsi sur tous les marchés du monde.

Cependant, lorsqu'on examine de plus près, on conçoit quelques doutes sur le patriotisme de M. Turpin.

Son explosif, en effet, n'est pas destiné à demeurer inactif dans les poudrières anglaises, et certainement M. Turpin a dû se préoccuper des redoutables éventualités que nous font présager tous les discours pacifiques qui se prononcent à Berlin, à Pesth, à Vienne et même à Londres. Il sait que tous les Etats de l'Europe se préparent à la guerre, et c'est même le motif qui l'a déterminé à proposer à l'un de ces Etats un moyen expéditif de faire sauter les forteresses ennemies.

L'Angleterre augmente ses armements et les dispositions de son gouvernement à notre égard ne sont rien moins que favorables.

Sans doute nos voisins d'outre-Manche n'ont pas le moindre désir de nous chercher querelle, mais ils pensent, à tort ou à raison, que, lorsqu'éclatera l'inévitable conflagration, nous n'apporterons pas à ses ambitions orientales le concours de nos forces militaires.

M. Turpin a dû discuter cette éventualité avec M. Armstrong et M. Armstrong ne lui a pas caché le prix qu'il attachait à la possession d'une poudre brisante qui permettrait à l'Angleterre de répondre aux brutalités de la Mélinite française.

M. Turpin avait découvert « un procédé certain pour détruire les Allemands ».

En transportant son produit en Angleterre il est obligé d'en changer la qualification, car la Turpinite entre les mains des Anglais devient « un procédé pour détruire les Français. »

M. Turpin nous répondra peut-être qu'il a voulu donner la préférence à notre gouvernement, et qu'on l'a reçu comme nos gouvernants ont de tout temps accueilli ceux qui leur apportaient une invention utile, c'est-à-dire

9.

brutalement et grossièrement, et qu'en conséquence il a tiré parti de son produit au mieux de ses intérêts.

Ces raisons-là ne nous semblent pas bonnes, car nous estimons que rien au monde ne peut dégager un Français de son devoir envers la France, et nous demeurons convaincu que M. Turpin serait désespéré le jour où il apprendrait qu'un de nos forts a été détruit par une batterie anglaise munie de son explosif à lui, Turpin.

Vainement il invoque à sa décharge l'exemple d'un colonel français qui vend des canons à l'étranger, et d'un industriel français qui vend à l'Angleterre des plaques de blindage pour ses navires.

Nous n'approuvons ni le colonel ni l'industriel.

Les engins de guerre ne sont pas, à notre avis, articles de commerce, et nous voudrions qu'une loi rigoureuse assimilât, même en temps de paix, un semblable trafic à un acte de trahison.

Aucun Français ne devrait être autorisé à contribuer, par l'effort de son génie ou les ressources de son industrie, à l'armement d'un étranger, qui sera demain peut-être un ennemi, il ne faut pas que l'obus qui éclaterait au milieu de nos soldats porte une marque française et que le canon qui battrait nos murailles en brèche sorte d'une usine dirigée par des Français.

Le *Parti ouvrier* du 13 juin 1888 mêlait la politique à l'affaire, à l'instar de l'*Intransigeant*.

Il résulte clairement de la discussion engagée sur la Mélinite que le général Campenon, en 1885 (un an avant le ministère Boulanger), s'était assuré, moyennant une subvention annuelle, le droit exclusif pour la France d'employer la redoutable substance explosible présentée par M. Turpin. Il en résulte également que le général Boulanger, pendant son ministère (1886-87), refusa cette subvention à M. Turpin qui, en désespoir de cause, cherche aujourd'hui à placer son brevet à l'étranger.

Et, cependant, depuis trois ans bientôt, Boulange passe pour avoir découvert la Mélinite.

La *France* du 7 juin prétend que M. Turpin « n'a pas inventé la Mélinite, et que Boulanger a acheté fort cher son brevet au véritable inventeur », qu'elle se garde bien de nommer !

Nous disons, nous, que M. Turpin est bien l'inventeur de la Mélinite et que Boulanger n'a rien acheté du tout... Il avait ailleurs le placement des 1,300,000 francs de fonds secrets qu'il a dépensés en dix-sept mois.

Au reste, nous demandons le nom de l'inventeur anonyme dont parle la *France*. — Serait-ce M. Méline, par hasard?

Nous ajoutons que, dans cette grave affaire, il y a d'autres responsabilités encourues.

Nous voulons croire que, dans une question qui intéresse à un si haut point la défense nationale, la Chambre des représentants du peuple ne se contentera pas d'un communiqué non signé déposé dans le journal de M. Lalou, mais qu'elle ordonnera une enquête et exigera des renseignements certains.

Il serait intéressant de savoir quel est le brevet qui a été payé si cher. Je connais tous les brevets pris pour des explosifs et je n'en vois aucun qui ait pu faire l'objet d'un marché de ce genre (1).

1. Est-ce que par hasard il s'agirait du brevet d'invention(? !) de M. Audouin que nous avons examiné plus haut. Une enquête est nécessaire à ce sujet, et si ce brevet, qui ne tient pas debout par suite des antériorités et du défaut de description, a été acheté par l'Etat, cela ne peut être qu'à l'aide de manœuvres inavouables.

II

MANŒUVRES FRAUDULEUSES

Voici maintenant les dénégations qui commencent.

On lisait dans le *Parti national* du 13 juin 1888, sous la signature de M. Georges Price :

Depuis quelques jours, on parle beaucoup de la Mélinite. Ce grand émoi a été provoqué par une information d'un journal anglais, annonçant que M. Turpin, inventeur du redoutable explosif, venait de céder son brevet à la célèbre maison Armstrong. Comme il arrive souvent lorsque le patriotisme est en jeu, on a quelque peu perdu la tête, et l'on a discuté à tort et à travers. Il n'est pas inutile de mettre un peu d'ordre dans ce débat.

Le fait de la cession du brevet Turpin à la maison Armstrong étant incontesté, le litige peut se ramener à deux questions essentielles :

1° Une question de droit moral : un inventeur peut-il vendre à l'étranger un engin qui intéresse la défense ?

2° Une question de fait : M. Turpin est-il l'inventeur de la Mélinite en usage dans l'armée française ?

Traitons d'abord le premier point, et admettons que M. Turpin ait véritablement découvert la Mélinite, ce que nous discuterons plus tard, et ce qu'il affirme.

De grandes clameurs se sont élevées contre lui, et peu s'en est fallu qu'on ne lui jetât l'épithète de traître. On ne peut admettre qu'il cède son brevet aux étrangers, et l'on considère ce trafic comme un crime de lèse-patrie.

Dès le début, un dilemme se pose : ou l'invention de M. Turpin est efficace ou elle ne l'est pas. Dans le premier cas, le ministre de la Guerre doit se l'assurer. Dans le second, quel inconvénient voit-on à ce que l'étranger en hérite ?

Un industriel n'est pas un apôtre. Une découverte suppose un long travail, des frais considérables, et quelquefois, quand il s'agit des explosifs, une suite de dangers journaliers pour l'expérimentateur. Il est juste que celui-ci soit indemnisé si son invention est reconnue utile à la défense. Que si l'on juge, au contraire, qu'elle est sans intérêt, personne ne peut empêcher un industriel d'offrir à qui veut le prendre ce que son pays a dédaigné.

On oppose à M. Turpin la conduite de nos officiers, qui, sans aucun bénéfice, donnent généreusement à la France le fruit de leurs recherches. Mais nos officiers ne sont pas des industriels. Ils sont, par état, de ceux qui s'estiment suffisamment payés par un bout de ruban, par un galon, ou même par la simple et intime satisfaction du service rendu. Pour un industriel, il n'en va pas de même. Il a derrière lui des actionnaires, des commanditaires, des ouvriers, des fournisseurs. Pour lui, l'héroïsme ne saurait être obligatoire, car il est par trop gratuit, et ce serait vouloir lui demander un sacrifice surhumain que de l'obliger à garder sa découverte dans son portefeuille, alors que son gouvernement n'a pas voulu l'acquérir.

Jusqu'où vont, en pareil cas, les limites imposées au patriotisme ? Le point précis où commence la félonie, même au point de vue purement spéculatif, est malaisé à saisir. M. de Bange vend des canons à toute l'Europe, et personne ne l'appelle traître. Les aciéries de Firminy expédient leurs obus en Angleterre, et la Chambre a reconnu qu'elles en avaient le droit. Les grands chantiers construisent des cuirassés pour les marines étrangères, et nul ne leur en fait un crime.

Avec la théorie étroite et ombrageuse qui condamne M. Turpin, on arrive à cette conclusion : Christophe Colomb, qui avait soumis ses vues à sa patrie d'abord avant de les communiquer à la France, puis à l'Espagne, n'eût jamais découvert l'Amérique s'il n'avait porté à d'autres ce que son pays avait dédaigné. Et qui accusera Christophe Colomb de trahison ?

Par traité, le ministère de la Guerre s'était réservé une option de dix mois, moyennant une certaine somme d'argent. C'est-à-dire que, pendant dix mois, M. Turpin devait, après lui avoir remis tous les éléments de son invention, lui réserver exclusivement le droit de l'acquérir sur des conditions à débattre. Au bout de dix mois, le ministère n'a pas jugé à propos d'acheter le brevet. Chacune des deux parties reprenait donc sa liberté, et quand on reprend sa liberté, c'est pour en user.

Maintenant je passe au second point : M. Turpin est-il l'inventeur de la Mélinite en usage dans l'armée ?

Ici, je réponds hardiment non, et c'est avec quelque satisfaction, *car alors c'est le ministère qui se fût déloyalement conduit.*

Les explosifs ont tous de nombreux points de ressemblance. Mais l'invention proprement dite de l'explosif ne constitue qu'un des éléments du problème. Il faut encore trouver la manière de le manipuler sans danger, de le transporter, de le charger, de déterminer sa déflagration, de régler les distances auxquelles elle doit se produire, etc., etc.

Lors même que l'explosif en usage serait dû à M. Turpin, les corollaires que je viens d'indiquer auraient été résolus par nos officiers (1).

Mais je vais plus loin. Tout en ne suspectant pas la parfaite bonne foi de l'inventeur, je suis convaincu, en ce qui me concerne, qu'il se trompe en croyant que c'est son produit qui est adopté dans notre artillerie et voici sur quoi je m'appuie.

J'ai eu occasion, à une époque où il n'était pas question de cet incident, de voir un haut fonctionnaire de la direction des poudres et salpêtres. De la conversation que j'avais eue avec lui, et de l'enquête à laquelle je m'étais livré, il est nettement résulté pour moi ceci : la Mélinite est d'origine relativement très ancienne (2). Il n'y a de nouveau que son nom. Son inventeur est un de nos plus grands chimistes, et la formule de sa fabrication est restée longtemps enfouie dans les cartons du ministère. De plus, j'ai retrouvé cette formule exacte dans une publication scientifique excessivement connue — on ne s'étonnera pas que je m'abstienne de la désigner — publication dont le chapitre auquel je fais allusion remonte à seize ans. D'autres ont pu la lire comme moi peut-être, et ne l'ont pas reconnue. C'est que, dans le travail en question, elle est désignée sous son vocable scientifique, et non pas sous celui de Mélinite, qui est — bien véritablement — un nom de guerre.

Les inventeurs sont un peu comme les auteurs dramatiques. Lorsqu'un de ceux-ci a remis un manuscrit à un théâtre, et qu'on le lui a rendu, il reconnaît infailliblement son sujet dans la première pièce que joue le susdit théâtre. M. Turpin est dupe de la même illusion.

En résumé, on fait beaucoup de bruit pour fort peu de chose. Le ministère est en possession d'un explosif qui n'est pas celui de M. Turpin. Il le croit supérieur, il

---

1. C'est inexact.
2. Oui, puisque c'est l'acide picrique.

n'achète pas le brevet de cet inventeur. Mais pendant dix mois il a fait des expériences comparatives, il a donné une certaine somme à M. Turpin pour l'indemniser de cette attente. C'est parfaitement correct.

M. Turpin reste l'inventeur d'un explosif quelconque ; il le vend à qui bon lui semble, et du moment que le ministère ne l'a pas acheté, il use de son droit, qui est celui de tout le monde.

La *Lanterne*, du 12 juin 1888, écrivait :

On parle beaucoup en ce moment de la Mélinite, l'explosif utilisé maintenant dans l'armée pour les obus de rupture.

Les protestations de M. Turpin, qui se dit l'inventeur de cette poudre, ont ému à juste titre l'opinion.

On sait que M. Turpin est sur le point de traiter avec l'Angleterre pour la vente du secret de la fabrication de la Mélinite qu'il prétend avoir inventée.

Nous croyons qu'il sera intéressant pour nos lecteurs de connaître exactement la question, et puisque les Anglais peuvent être à même sous peu de connaître les grandes lignes de cette découverte, nous croyons qu'il n'y a aucun inconvénient à les révéler à des Français.

La Mélinite n'est pas, à proprement parler, une chose nouvelle.

C'est une des nombreuses formes qu'affectent les combinaisons de l'acide picrique avec un métal, combinaisons qui prennent le nom générique de poudres métalliques.

L'acide picrique forme, en effet, avec les métaux : aluminium, baryum, cadmium, mercure, potassium, argent, sodium, etc., des picrates dont le plus connu est le picrate de potasse.

Ces picrates se décomposent sous l'action d'une vive chaleur et cette décomposition instantanée produit une quantité considérable de gaz. C'est à cette propriété que les picrates doivent leur force explosible.

La Mélinite n'est qu'une variété de picrate.

Pulvérulente, presque onctueuse au toucher, jaune comme le safran, tachant les doigts et d'un goût amer très prononcé, la Mélinite est bien près des picrates de potasse ou de soude, ou pour mieux dire, des picrates de potassium ou de sodium.

Nos lecteurs comprendront pourquoi nous ne voulons pas préciser la base avec laquelle l'acide picrique est combinée.

On sait, en outre, que l'acide picrique est un dérivé de l'acide phénique, substance extraite du goudron de houille qui contient également d'autres sous-produits, comme l'aniline utilisée aujourd'hui dans la teinture, etc.

Maintenant quel fut le rôle de M. Turpin dans l'utilisation de l'explosif appelé Mélinite pour nos obus de rupture.

Jusqu'à preuve du contraire, nous croyons pouvoir affirmer que M. Turpin se borna à présenter à la direction des poudres et salpêtres un picrate particulier dont la réaction exacte n'était pas encore bien déterminée.

La Mélinite de M. Turpin présentait les graves inconvénients des autres picrates : difficulté de fabrication et surtout danger de manipulation.

Ce furent deux officiers, les capitaines Locart et Hirondart, qui, après des nombreuses recherches, parvinrent à rendre pratique la découverte de M. Turpin et rendirent utilisable le nouvel explosif.

Aujourd'hui la Mélinite se transporte, se coule, se tasse dans les cartouches et les pétards, ainsi que dans les obus, sans le moindre danger.

Lorsqu'elle n'est pas enflammée brusquement par un fulminate, elle brûle en fusant, elle ne craint ni les chocs, ni l'inflammation ordinaire.

On peut dire qu'elle ne détonne qu'à l'aide d'un autre explosif.

De plus, sa force est de beaucoup supérieure à celle de la dynamite.

Ainsi une cartouche de Mélinite de 135 grammes produit les mêmes effets qu'une cartouche de dynamite de 200 grammes.

On a beaucoup parlé et on rappelle aujourd'hui l'explosion qui eut lieu à Belfort il y a deux ans dans la poudrière.

On en a donné de nombreuses explications plus ou moins erronées.

Cette explosion était due à une cause très simple :

Les anciens obus chargés à poudre étaient enduits intérieurement d'un vernis destiné à la protéger contre les réactions qui pouvaient se produire entre l'enveloppe métallique et la poudre.

Or, ce qui était une garantie pour la poudre constitue un grand danger pour la Mélinite.

Cette substance à base d'acide phénique, c'est-à-dire d'alcool-acide, attaque le vernis et la réaction peut occasionner la décomposition de la Mélinite et, par suite, sa déflagration.

C'est ce qui s'est produit à Belfort.

Cet accident ne s'est plus jamais reproduit depuis qu'on a eu soin de rejeter pour la Mélinite les obus vernis intérieurement.

Nous croyons que M Turpin se trompe lorsqu'il croit posséder le secret de la fabrication de la Mélinite, puisque cette substance est le résultat des nombreuses recherches, des constants tâtonnements des officiers que nous avons cités plus haut.

Nous pensons en outre que si M. Turpin a fourni le thème de ces recherches, il ignore absolument les résultats définitifs auxquels on est parvenu.

Il ne pourrait donc doter l'étranger que d'une variété des picrates, comme nous le disions plus haut, c'est-à-dire d'une des nombreuses combinaisons de l'acide picrique avec les métaux et les sels basiques, et il ignorera les tours de mains qui ont rendu la Mélinite utilisable.

Et, alors même qu'on connaîtrait la fabrication précise de la Mélinite, ce ne serait encore que bien peu de chose sans la fusée utilisée pour l'inflammation.

Cette fusée inventée par les officiers de Bourges permet, en effet, d'utiliser avantageusement cet explosif en réglant à volonté la déflagration.

Par exemple, si on tire sur des ouvrages en terre, l'obus éclate lorsqu'il a pénétré au fond des revêtements. Si le coup est porté contre des substances résistantes et qu'on peut craindre des ricochets, l'obus éclate à la surface. Sur une ligne de tirailleurs, l'obus éclate au moment où il plane au-dessus de la chaîne.

En un mot, la fusée permet de faire éclater l'obus là où on le veut, au moment déterminé.

Attendons donc, avant de trop nous émouvoir, que le rôle de M. Turpin dans l'utilisation de la Mélinite ait été nettement déterminé.

Le *Gil Blas*, du 11 juin 1888, fournissait sa version :

Depuis quelques jours on racontait que M. Turpin, l'inventeur de la Mélinite, avait vendu son brevet aux Anglais. Nous n'avions pas fait mention de ce bruit, estimant, pour une foule de bonnes raisons, qu'il était inutile de répandre l'alarme sans motif ; mais le *Temps* n'a pas été du même avis et, dans un très long et très diffus article, ce grave journal a lancé dans la circulation une extraordinaire collection de vérités prudhommesques et d'invraisemblables racontars. Bien entendu, le *Temps* n'a pas poursuivi d'autre but que de décocher un trait empoisonné à l'adresse du général Boulanger. Ce détail nous importe peu ; nous tenons à rétablir, pour le reste, l'exacte histoire de la Mélinite et de M. Turpin, son inventeur.

M. Turpin ne dissimule point qu'il est en train de négocier avec le gouvernement anglais. Il joint à cette naïve affirmation quelques anecdotes qui seraient extrêmement intéressantes, si elles étaient authentiques. C'est ainsi qu'il accuse le général Boulanger de l'avoir constamment éconduit. Parbleu ! quand le général Boulanger est devenu ministre de la Guerre, la fabrication des obus explosifs était déjà très avancée ; on avait acheté le brevet de M. Turpin pour une période de dix mois ; si l'inventeur revenait rue Saint-Dominique, c'est qu'il voulait imposer au ministre des conditions autrement onéreuses ; et ces conditions, ce n'est pas seulement le ministre qui les repoussait, mais aussi M. Maurouard, directeur des poudres et salpêtres, et le général Nismes, directeur de l'artillerie. Que l'on use de toutes les armes loyales pour combattre le général Boulanger, soit ; mais que l'on se serve des arguments fournis par un Français qui traite avec l'étranger, voilà vraiment qui semble incroyable. Continuons.

M. Turpin déclare qu'il a découvert la Mélinite ; ce n'est pas vrai. Jusqu'à présent nous avons refusé de publier les renseignements que nous possédions ; l'heure est venue de s'expliquer franchement. La Mélinite est un explosif composé de collodion et d'acide picrique ; trois journaux allemands en ont donné la formule très exacte. *Cet explosif, M. Turpin l'a préparé de telle sorte qu'il se prête aux manipulations.*

Depuis deux ans, on charge des obus avec de la Mélinite sans qu'il soit survenu d'autre accident que celui de Belfort et cet accident, qui eut de si terribles suites, fut provoqué par l'imprudence d'un sous-officier. Mais ce n'est pas tout d'avoir rendu la Mélinite à peu près insensible ; *il fallait encore fabriquer la capsule dont l'inflammation déterminera l'explosion au moment favorable. Cela, ce n'est point M. Turpin qui l'a découvert, mais bien les officiers d'artillerie de Bourges.* Ces officiers n'ont point fait de bruit ; ils ne se sont prêtés à aucun interview ; ils ont fait leur devoir, pas davantage.

M. Turpin est le propriétaire de la Mélinite. *Je le défie bien de vendre à personne le secret de la fabrication des obus à Mélinite,* car ce secret M. Turpin ne le possède pas. Voilà la vérité. Qu'il plaise maintenant à M. Turpin d'accuser les Polytechniciens, c'est son affaire.

Nos lecteurs n'hésiteront pas entre cet inventeur français, qui cherche à vendre à l'étranger un secret de la défense nationale, et les officiers désintéressés qu'il outrage à loisir. Le gouvernement français a payé cent mille francs le brevet de la Mélinite pour une période de dix mois. Le traité est expiré, M. Turpin a le droit absolu de vendre son procédé ; il a d'autant plus ce droit que le ministère de la Guerre se refuse absolument à faire de nouveaux sacrifices pécuniaires, le directeur de l'artillerie et le directeur des poudres et salpêtres estimant qu'il n'y a pas le moindre intérêt à dissimuler la composition de la Mélinite. Faites de la Mélinite, mes bons amis ; nous verrons comment vous l'emploierez.

C'est le général Ladvocat qui a poussé jadis les premières études ; quand le général Boulanger devint ministre de la Guerre, il pria le général Ladvocat de continuer à surveiller ces essais, tant que son successeur, le général Nismes, ne serait pas parfaitement au courant. Le général Ladvocat, qui fut, bientôt après, nommé commandant de l'artillerie du 3e corps d'armée, accepta volontiers cette mission, et les capitaines Locart et Hirondart poursuivirent leurs recherches au polygone et dans les ateliers de Bourges. Le ministre fit tout son possible pour activer les travaux ; voilà l'exacte vérité.

M. Turpin a la Mélinite ; *il n'a pas les obus à Mélinite.* Il a dit, d'après le *Temps* : « Je suis abreuvé de dégoût ; je vais plus loin : si l'on m'y contraint, je quitterai la France, et j'irai travailler avec des gens plus intelligents et plus justes. » Partez, monsieur, on ne vous retient pas. Nos officiers, *qui ont inventé les obus à Mélinite.* n'ont point demandé de récompense. Ce sont des patriotes, ceux-là ! (1)

Je ne discuterai pas ici les appréciations diverses des journalistes qui ont écrit ces articles. Examinons cependant la raison d'être des milliers d'articles qui ont paru, et dont on vient d'avoir quelques échantillons. Tout d'abord de deux choses l'une : ou je suis l'inventeur de la Mélinite, et on sait ce qu'il faut entendre par là, ou je ne le suis pas.

Si je suis l'inventeur de la Mélinite pourquoi et de quel droit m'attaque-t-on et veut-on me faire du tort?

---

1. Article signé Séverac.

Même en vendant à l'étranger mes procédés, je ne fais que mettre à profit la liberté que non seulement on m'a rendue, mais que l'on m'a *imposée*, ainsi que le faisait remarquer le *Gil-Blas*. Le général Ladvocat et le colonel Deloye, qui, lui, est resté au ministère de la Guerre, pendant que les directeurs et les ministres se succédaient, m'avaient fait ressortir, lors de mon traité, tous les avantages que je tirerais de mon invention à l'étranger, en pouvant dire que mes procédés étaient adoptés par l'Etat français. Cela a été l'un des considérants mis en avant pour ne m'accorder qu'une somme en disproportion avec l'importance industrielle de l'invention. C'est donc en violation de mes droits et du traité passé entre moi et l'Etat, que ces articles, semi-officiels, ont été lancés. C'est d'autant plus en violation de mes droits et de la vérité que le lecteur sait maintenant exactement ce que c'est que la Mélinite, et que l'Etat n'est que concessionnaire d'une licence de mon brevet pour la France. Même si l'Etat avait voulu acheter tous mes droits, comme je le lui proposais patriotiquement en le laissant libre de me donner une indemnité fixée par lui, mais raisonnable, j'aurais encore le droit de réclamer l'honneur de l'invention. Le colonel Deloye, qui est le dépositaire de mon traité, était plus au courant que qui que ce soit de cette affaire, et était à même de fournir des renseignements précis. Or, il n'est douteux pour personne, qu'une invention de cette nature devait rester à la France, ne fut-ce que moralement.

Si je ne suis pas l'inventeur de la Mélinite, de quel droit encore veut-on m'empêcher de vendre mes inventions et de gagner honorablement ma vie ? Je sais bien que par des manœuvres fort habiles, sinon peu recommandables, surtout lorsqu'elles émanent d'officiers supérieurs qui détiennent les secrets de la défense nationale, on a toujours voulu maintenir l'équivoque sur le mot « Mélinite ». Ce nom donné au début pour cacher le mot « acide picrique » trop connu, a été retourné contre moi. On a profité de mon patriotique silence, on a fait appel à mes sentiments loyaux et généreux, pour « me mettre dedans ». On dit, comme on vient de le lire : La Mélinite, mais ce n'est pas l'invention de M. Turpin, etc.

Eh bien ! cette simple allégation, si elle était fondée, constituerait une trahison, puisqu'elle aurait eu pour résultat et pour but de faire connaître que le produit que j'avais à vendre n'était pas celui de l'Etat, et alors c'était provoquer des recherches dans une autre voie, la vraie, si je n'étais pas l'inventeur. Dans quel but sinon un but mercantile ? En effet, en vendant une fausse Mélinite à l'étranger, je ne faisais aucun tort à personne, et, bien au contraire, je sauvais la vraie Mélinite ? L'intérêt de l'Etat était donc de ne rien dire et de ne fournir aucun renseignement. La violence que l'on a mise à m'attaquer démontre, au contraire, que je suis bien l'inventeur.

Mais ces contestations n'avaient-elles pas un autre but ?

Hélas ! oui, et un but criminel. C'est pourquoi les articles semi-officiels ne sont pas clairs, pas précis, et que l'on ne sait d'où ils émanent absolument. C'est bien du ministère, mais qui a donné ces renseignements ?

Les journalistes seuls pourraient le dire.

En tout cas, il importe de dégager, dès maintenant, vers quel but tendaient ces articles émanés de « Hauts Fonctionnaires » du ministère :

Faire accroire que je n'étais pas l'inventeur de l'explosif employé par l'artillerie. On sait combien cela est faux, quels que soient les prétendus perfectionnements apportés avec l'acide crésylique, la crésilite ou l'émilite ! ! ? et que j'appelle avec raison et justice : « imperfectionnements ».

Essayer d'affirmer et de démontrer que je n'étais pas l'inventeur des nouveaux obus en acier embouti, de grande capacité, comme le dernier article de journal que nous venons de citer le dit. En principe, cette question est en dehors de mon invention, attendu que je n'avais pas à m'occuper si l'obus aurait la forme d'une carafe ou d'une bouteille, sans que mes droits cessassent pour cela d'exister le moins du monde, ou d'être connexes avec ceux de qui ferait ces obus nouveaux (inventeur ou constructeur), puisque ces obus sont disposés pour mon explosif et mon système d'amorçage et ne diffèrent que par leurs dimensions, ce qui ne constitue pas une invention. Si l'artillerie a cru devoir créer un nouveau type d'obus, en raison de l'excellence de mes procédés, je l'en félicite, mais cela ne regardait personne, à moins que l'on ne voulût les vendre à l'étranger. Ce qui est. En tout cas, les journalistes ignoraient ces détails et s'ils les ont publiés, c'est à titre de réclame, en jouant le rôle de dupe, et en servant des intérêts inavouables. En fait, je suis absolument l'inventeur de l'obus à Mélinite, et encore plus, l'inventeur de l'obus sans détonateur ni fusée.

Faire accroire que je n'étais pas l'inventeur du détonateur ni de la fusée. Je ne me suis jamais occupé de la fusée pour plusieurs raisons : parce que la fusée ne joue, dans mon invention, que le rôle d'une allumette, et que chaque artillerie possède la sienne. Quant au détonateur et au système d'amorçage, c'est précisément là l'une des principales parties de mon invention, et si l'artillerie a cru devoir apporter quelques modifications (bonnes ou mauvaises) à ce système et seulement dans le mode de construction, c'est encore son affaire, et, comme pour les obus, on ne devait pas publier ces renseignements à moins de vouloir exciter les convoitises pour vendre à l'étranger en fraude de mes droits et à meilleur prix.

Là encore, les journalistes ne pouvaient et ne devaient rien savoir.

Il résulte donc nettement de ce qui précède :

1° Que l'on a voulu me déposséder de mes inventions, moralement et matériellement.

2° Que l'on s'est livré à une série de publications absolument commerciales, en concurrence avec moi, et en tous points contraires aux intérêts de l'État.

Nous allons voir que c'est bien la vérité, et que le but de ces articles était de vendre, à ma place et sur mon dos, les secrets de l'État à l'étranger, en m'effaçant le plus possible de l'invention, ou en me faisant supporter la responsabilité de cette trahison, d'où ces épithètes de traître, etc., que l'on a lues plus haut.

Avant d'aller plus loin, voici un article qui servira à démontrer, une fois de plus, ce que l'on voulait faire, et combien la vérité a été faussée.

On s'est beaucoup occupé, ces jours derniers, de la Mélinite, de M. Turpin et de ses négociations avec la maison Armstrong.

Les interviews se sont succédé, nombreux, se sont croisés et se sont contredits..... naturellement.

Les diverses cloches sonnant à toute volée, sur des timbres discordants, tant au domicile de l'inventeur qu'au ministère de la Guerre, ont produit un charivari, une cacophonie, tels que l'on ne sait plus à qui entendre.

Le *Voltaire* a simplement publié, dans un précédent numéro, une note exposant les faits, sans prendre parti.

Nous avons voulu, en effet, procéder, avant toute chose, à une enquête sérieuse dont les résultats certains peuvent être aujourd'hui livrés au public.

M. Turpin est évidemment un inventeur de mérite; il a découvert plusieurs explosifs, entre autres celui auquel a été donné le nom de Mélinite (1); mais, ce qui est indiscutable, c'est que, s'il a découvert l'explosif, il n'a pas trouvé la manière de s'en servir.

Il n'est pas inutile de rappeler ici la conversation que l'un de nos collaborateurs eut, en octobre 1886, avec l'amiral Aube, alors ministre de la Marine.

L'amiral lui montrant trois plaques d'acier qui avaient servi à des expériences de tir comparé, disait : « Comparez les effets produits sur la première à l'aide du fulmicoton, sur la seconde à l'aide de la dynamite et sur la troisième avec une matière bien plus puissante, la Mélinite, dont on trouvera à bref délai la manipulation aussi facile que celle de la poudre (2). »

Or, c'est en décembre 1885 que M. Turpin passa, avec la direction des poudres et salpêtres, un traité aux termes duquel il était tenu de conserver, pendant dix mois, le secret de l'invention de son explosif, encore imparfaite.

1. Je n'ai pas découvert l'acide picrique dit « Mélinite », puisqu'il a été découvert en 1788; mais j'ai découvert, bien au contraire, le moyen de s'en servir, ses qualités, ses propriétés, son amorçage et enfin la loi qui permet de l'employer ainsi que ses congénères.

2. En 1886, au mois d'octobre, c'est moi qui avais fait les expériences

C'est donc pendant le cours de l'année 1886 que nos ingénieurs ont cherché et trouvé, à la suite de longues et pénibles études, les procédés de maniement, d'amorçage et de chargement.

de plaques, chez moi, à Colombes, en présence des officiers de marine suivants, officiers d'ordonnance de l'amiral Aube :

M. Campion, son gendre, lieutenant de vaisseau;

M. Bonnefin, lieutenant de vaisseau, inventeur d'un nouvel obus à réaction;

M. Pailhès, lieutenant de vaisseau;

M. Villegente, lieutenant de vaisseau.

Voici une lettre et quelques dépêches télégraphiques relatives à ces expériences :

MINISTÈRE   *6 juillet 1886.*
DE LA MARINE
   et des colonies

—

Cabinet du Ministre

        MON CHER MONSIEUR TURPIN,

—

Nous vous prions de vouloir bien faire l'acquisition, pour les expériences qui nous restent à faire, de trois ou quatre plaques semblables à celles qui nous ont servi hier (épaisseur 11 m/m) pour la nitroglycérine et la panclastite. Naturellement tous les frais d'achat et de transport à Colombes seront payés par nous.

Considérations distinguées.

Signé : PAILHÈS.

P.-S. — *Nous vous ferons connaître, comme c'est convenu, le jour où nous reviendrons vous voir. Ce sera dès que le coton-poudre nous aura été remis.*

De Rochefort, n° 933. — *Mots 23.* — *Dépôt le 23 juin 1886, à 2 h. 25.* — *Campion actuellement en mission officielle à Rochefort, demande si vous ne pourriez remettre votre rendez-vous à mardi prochain.*

                                           BONNEFIN.

M. Turpin, chimiste, 18, avenue Ménelotte, Colombes (Seine).

De Paris n° 90092. — *Mots 11.* — *Dépôt le 25 juin 1886 à 10 h. 50 matin.* — *Impossible aller aujourd'hui, préviendrons pour plus tard.*

                                           VILLEGENTE.

Turpin, 18, avenue Ménelotte, Colombes (Seine).

De Paris, n° 16192. — *Mots 13.* — *Dépôt le 1ᵉʳ juillet 1886, 4 h. 56 soir.* *Quand voulez-vous avoir les plaques.*

                                           BONNEFIN.

Turpin, 18, avenue Ménelotte, Colombes (Seine).

J'ai fait ultérieurement des expériences devant M. Leblond, profes-

Des expériences préliminaires eurent lieu à Bourges, et l'administration de la rue Saint-Dominique eut le tort — car c'est de là que vient tout le mal — d'y admettre M. Turpin (1).

Les résultats ne furent pas définitifs, il est vrai, mais ils parurent assez sérieux à M. Turpin pour que celui-ci ne perdit pas une minute pour adresser de continuelles demandes d'argent au ministère de la Guerre.

On a donné à cet inventeur, atteint (ou feignant de l'être) du délire de la persécution, la croix de la Légion d'honneur, puis des sommes importantes à plusieurs reprises et dont le total peut être estimé à un million environ.

M. Turpin ne se montra pas satisfait et persista à assiéger de ses constantes réclamations le ministre et les directeurs, à tel point qu'un jour, enfin, à bout de patience, on lui dit. sinon dans la forme, au moins dans le fond : « En voilà assez ! allez vous...promener ! » (2)

Et M. Turpin, furieux, de crier sur tous les toits que ces Polytechniciens l'ont berné, l'ont volé et qu'il va

---

seur à l'école de pyrotechnie de Toulon, auquel j'ai démontré, contre ses prévisions, l'explosibilité du fulmicoton mouillé sous le choc.

Les expériences que j'ai faites portaient sur tous les explosifs connus et ont duré une quinzaine de jours, au moins.

Il s'agissait d'une recherche absolument spéciale (obus-torpille d'un nouveau genre) et des effets comparatifs des explosifs.

Les plaques rondes, percées au centre, que l'amiral Aube montra au rédacteur du *Voltaire*, M. F. Roussel, avaient été percées avec un cylindre de fulmicoton imprégné à saturation d'une Panclastite spéciale. Comme l'a dit l'amiral Aube, ce n'est malheureusement pas pratique. Les autres plaques avaient subi l'explosion de la Mélinite, etc.

1. Je n'ai jamais été à Bourges, et j'ai poussé les scrupules si loin, que j'ai refusé à l'amiral Aube, qui me le proposait, de prendre la direction du polygone du Hoc, au Hâvre, pour y diriger les expériences, tant que ma situation ne serait pas tranchée avec l'Etat. L'amiral Aube qui était d'avis, et m'avait manifesté le désir que cette affaire soit terminée à bref délai et qu'une indemnité raisonnable me fut accordée, puisqu'on voulait conserver la Mélinite à la France, m'avait même affirmé que la question serait tranchée sous quelques jours si je voulais,, rappeler par lettre ma situation.

On verra plus loin comment et pourquoi j'ai résolu de ne pas écrire, à la suite d'une entrevue avec M. Maurouard.

2. L'allégation par laquelle j'aurais reçu UN MILLION est absolument ridicule et odieuse, et jamais je n'ai adressé de demandes d'argent.

Je n'ai reçu que la somme qui est mentionnée dans le traité et, depuis comme avant, je n'ai pas reçu un sou, bien que pour les recherches dont on m'avait chargé, j'aie dépensé en frais d'installation et de laboratoire, depuis cinq ans, plus de 60,000 francs.

porter à l'étranger, à la maison Armstrong, par exemple, son explosif et ses procédés de maniement, d'amorçage et de chargement, procédés qui ne lui appartiennent pas.

M. Turpin a-t-il donc réellement l'intention de vendre à l'étranger, outre son explosif, qu'on lui a chèrement payé, des procédés dont il a appris le secret ?

Voilà le fait brutal.

Je sais bien que M. Turpin n'en sera pas démesurément grandi ; l'opinion publique pourrait se laisser prendre, pourtant, à ces doléances, clamées sur un ton suraigu aux quatre coins de l'horizon.

Il fallait donc déchirer tous les voiles, montrer la vérité toute nue — et c'est ce que nous venons de faire.

Si le marché Turpin-Armstrong aboutissait, il est évident que les ingénieurs anglais — tout aussi habiles que les nôtres — pourraient, dans un temps plus ou moins long, trouver eux aussi la solution du problème résolu par les ingénieurs français.

Heureusement pour la France, nous avons trois années d'avance sur tous nos rivaux, et d'ores et déjà nous possédons dans nos poudreries et dans nos arsenaux un matériel de fabrication, une expérience de cette fabrication et un approvisionnement de munitions chargées à la Mélinite tel que nos excellents amis d'outre-Manche ou d'ailleurs auront bien de la peine, je ne dis pas à nous dépasser, mais même à nous rejoindre (1).

Libre, d'ailleurs, à M. Turpin, de se faire naturaliser Anglais. Mais pourquoi donc ne s'est-il pas déjà coiffé du fez musulman, puisque (ce dont il ne s'est pas vanté) il a également offert son invention à la Sublime-Porte, qui d'ailleurs, lui a préféré la bolite, foudroyante substance — paraît-il — découverte par un Suédois ? (2)

Il aurait peut-être, au Séraskiérat (3), touché la forte somme qu'il a vainement réclamée, ces temps derniers, à notre ministère de la Guerre.

---

1. Si la France a trois ans d'avance sur les autres nations, en admettant qu'elle n'ait que cela, c'est à moi, et à moi seul, à mes sacrifices, à mon abnégation, à ma confiance et à ma discrétion qu'on le doit. Voilà la vérité, car ce que j'écris aujourd'hui, j'étais en droit de le faire en novembre 1886.

2. Ce n'est pas la bolite, qu'il faut dire, mais la bellite, composée de dinitrobenzine et de nitrate d'ammoniaque, connue depuis 1871, qui se décompose en vingt-quatre heures par l'humidité de l'air, et qui n'a jamais reçu la plus petite application.

3. Je n'ai jamais rien proposé à la **Turquie**.

III

LE SIEUR ÉMILE TRIPONÉ

On a vu, par tout ce qui précède, combien j'étais désireux de conserver la Mélinite à la France. On se souvient également que c'est sur les propositions réitérées du sieur Triponé, dont j'avais fait connaissance à Belfort et après avoir prévenu le général Mathieu, directeur de l'artillerie, et les membres du Gouvernement, que je me suis décidé à aller en Angleterre.

C'est maintenant le moment de faire connaître ce qu'est le sieur Triponé et comment j'ai accepté ses services et ses propositions.

Le sieur Émile Triponé est natif de Belfort et il a, dans cette ville, une partie de sa famille.

Représentant de plusieurs maisons anglaises et françaises, son bureau à Paris est situé 35, rue de Rome, au rez-de-chaussée, avec six fenêtres donnant sur la rue de Stockholm, en face la grille de la gare Saint-Lazare, rue de Rome.

Son personnel était alors composé de trois parents à lui : MM. Feuvrier père, dessinateur, etc., Feuvrier fils, expéditionnaire, Octave Marie, comptable; plus, un garçon de bureau. C'est donc en famille que les affaires se passaient chez lui.

Triponé s'est présenté à moi comme un ardent patriote, mais comprenant ma situation il m'engagea à tirer parti de ma liberté et de mes inventions. Il s'est présenté à moi comme Alsacien, capitaine d'artillerie de la territoriale à Belfort, chevalier de la Légion d'honneur, fournisseur, de père en fils, des départements de la Guerre et de la Marine à Paris, etc.

Ayant contrôlé ces qualités en quelque sorte officielles et les ayant reconnues vraies, j'étais donc fondé à croire que M. Triponé était un honnête homme, ou que tout au moins il ne ferait rien contre la France. Bien qu'il eut la réputation d'un esbrouffeur, d'un faiseur, et que sa position de fortune fut très précaire malgré son étalage, je ne pensais pas qu'il put devenir le marchand des secrets nationaux.

J'appris ultérieurement qu'il était représentant et ami de MM. Greenwood et Batley, de Leeds, et que pour cette maison il avait vendu, depuis vingt ans, un nombre considérable de machines-outils pour nos arsenaux. Il paraît que la France n'est pas en état de fournir des tours, des fraiseuses, des raboteuses, etc., à nos arsenaux.

D'autre part, c'était un vieil ami de M. Vavasseur, l'inventeur des affûts hydrauliques, et il était son représentant en France. M. Canet, des Forges et Chantiers de la Méditerranée, construisait ces affûts pour le gouvernement français, et Triponé touchait les primes sur lesquelles il avait sa commission.

M. Vavasseur étant aujourd'hui l'un des directeurs de la Société Armstrong de Newcastle, c'est par l'intermédiaire de ce M. Vavasseur que Triponé était en rapport avec cette Société dont il est devenu l'agent en France, *depuis l'affaire de la Mélinite.*

On voit ainsi, de suite, toute la filière de cette combinaison.

Comme fournisseur du département de la Guerre et comme capitaine de la territoriale, Triponé était depuis de longues années en rapport avec la direction de l'artillerie, et fort au courant des us et coutumes de l'administration et de la manière de faire les affaires avec les fonctionnaires. Il connaissait particulièrement, par exemple, le colonel Deloye, chef du bureau du matériel de l'artillerie, pour lequel il avait négocié un brevet à l'étranger pour une question de harnachement.

Il connaissait également le général Ladvocat, ancien directeur de l'artillerie, son voisin de campagne à Neuilly-sur-Seine, où Triponé a son habitation, 36 *bis*, boulevard d'Argenson, etc.

Je n'entrerai pas ici dans des détails relatifs à la moralité de cet individu, car les faits se chargeront de le montrer sous son véritable jour. Je me bornerai à dire que, comme tous les faiseurs, c'est un vil et infâme calomniateur, ne respectant personne, pas même ses amis ni ses protecteurs. Que ce soit du général Ladvocat, de Cacheux, de Canet, du général Sébert, de Vavasseur, etc., qu'il parle, c'est toujours avec mépris ou jalousie, soit qu'il s'agisse de leur fortune, soit qu'il s'agisse de leur moralité. Il ne parle pas seulement : il écrit. J'ai de ses lettres.

Si pour ses amis il est ainsi, je me demande ce qu'il a dû être pour moi qu'il avait l'intention de tromper.

Le genre d'affaires de ce sieur Triponé, indépendamment de ses représentations plus ou moins lucratives, me paraît consister surtout en une agence d'espionnage fort bien organisée et d'autant plus dangereuse que, jusqu'à preuve du contraire, je tiens cet individu pour complètement couvert par des hommes influents et des fonctionnaires, car, bien que ce soit un vil faiseur, il ne se serait pas engagé dans une affaire aussi grave, s'il ne s'était pas senti soutenu et à l'abri des poursuites.

Les longues relations qu'il a eues avec des fonctionnaires, ses entrées libres dans les ministères, les arsenaux, les manufactures d'armes, etc., ainsi que d'ailleurs les journaux le *Matin* et *Paris* l'ont fait remarquer, comme on l'a vu plus haut, aussi bien que les nombreux documents secrets qu'il a livrés, prouvent surabondamment qu'il est à même de fournir tous les renseignements, plans, rapports, etc., relatifs à la défense nationale.

Son parent Feuvrier père est chargé, chez lui, de calquer des dessins ou de tirer des bleus de tous les plans que Triponé peut se procurer.

C'est donc un petit commerce parfaitement organisé et une sorte d'agence d'espionnage *quasi*-officielle.

C'est incroyable, invraisemblable, mais c'est ainsi, comme on va le voir.

En revanche, il paraît que lui-même fournit des renseignements sur les expériences qui se font en Angleterre. C'est ainsi qu'il s'est empressé de faire connaître les merveilleux résultats obtenus à Portsmouth avec des obus chargés de Mélinite, *sans détonateur ni fusée*, et dont je suis l'inventeur, ce qu'il y a de plus drôle, et que j'ai proposés en France. Ce système remonte, en principe, à mes études et expériences faites en 1884 avec la Commission de Saint-Thomas-d'Aquin. (1)

Le monstrueux dans tout cela, c'est qu'au ministère de la Guerre on a fait un très grand accueil à Triponé, lorsqu'il a communiqué les résultats merveilleux obtenus avec mon invention, en Angleterre, sans mon autorisation, tandis que moi je n'ai pu obtenir satisfaction (2). Nul n'est prophète en son pays, hélas !

Le sieur Triponé est donc un Monsieur bien coté en raison des services qu'il rend !

Si j'avais une circulaire à rédiger pour cette honorable maison, je la rédigerais ainsi :

---

1. Dans ma notice sur mes l'anclastites qui a été publiée en 1882, j'ai appelé l'attention sur ce système, ce qui a provoqué les études de la Commission de Saint-Thomas-d'Aquin.

2. J'ai, à ce sujet, une lettre édifiante de M. de Freycinet en personne.

AGENCE INTERNATIONALE D'ESPIONNAGE
ÉMILE TRIPONÉ
Chevalier de la Légion d'honneur, capitaine d'artillerie de la territoriale
NATIF DE BELFORT
Ancien Membre de la Ligue des PATRIOTES, etc.

35, rue de Rome, PARIS

MONSIEUR,

J'ai l'honneur de vous informer que mes hautes relations ainsi que ma longue expérience en affaires d'espionnage, me mettent à même de vous fournir et de vous procurer tous les renseignements que vous pourriez désirer relativement à la défense nationale de la France.

Pour vous donner une idée de mes moyens d'action, je vous indiquerai, à titre de référence et de renseignements, les principales affaires que j'ai réalisées dans ces derniers temps, à l'aide de mes..... collaborateurs.

Vente à la Société Firth de Sheffield, des procédés de fabrication des obus en acier chromé (obus de rupture français).

Vente de la Mélinite à la Société Armstrong. Cette vente, faite, il est vrai, en fraude des droits et sur le dos de l'inventeur, était accompagnée de la livraison de nombreuses pièces officielles telles que:

Détonateur de Bourges, nouvelle fusée R. F., rapports des Commissions de Bourges, Calais, etc.; etc.; et de l'organisation, d'après les plans français, de la fabrication des obus en acier embouti, de l'outillage, etc., etc.

Cette affaire pour laquelle les commandes se chiffrent déjà à plus de TRENTE MILLIONS pour différents États, vous démontre l'importance de nos négociations et la valeur de nos relations.

Je vous prie de remarquer que la sécurité la plus absolue est garantie, attendu que nous avons su intéresser et nous attacher des personnages assez puissants et assez influents, pour pouvoir jouir, en toute tranquillité, de nos petits bénéfices, et procéder paisiblement à nos négociations.

Nous avons toujours en cartons, à l'abri des curieux, des plans, rapports et pièces officielles à votre disposition.

Nous nous chargeons aussi, dans nos opérations de brigandage et de tripotages internationales, de vous fournir des documents relatifs aux expériences étrangères, faites à Lydd et à Portsmouth, notamment.

Nous sommes à même de vous faire livrer dans le port que vous voudrez bien nous faire l'extrême honneur de nous indiquer, tel vaisseau cuirassé, ou telle quantité de torpilleurs, en activité de service, que vous voudrez bien nous commander.

Toutefois, nous vous rappelons que pour éviter simplement les plaisanteries plus ou moins agréables que quelques pointus de journalistes pourraient faire, vous devrez, aussitôt les navires entrés dans le port indiqué, faire courir le bruit de leur naufrage, et rapatrier, ou mieux, faire disparaître les hommes d'équipage qui pourraient voir clair; et enfin, débaptiser lesdits cuirassés ou torpilleurs. Ce sont là les seules précautions à prendre (pour la forme), car nous savons pertinemment que l'administration supérieure est aussi désireuse que nous d'éviter tout scandale. Nous en avons eu assez avec les affaires Kaulla, Wilson, Thibaudin, Caffarel, Boulanger, le Panama, les Métaux, le Comptoir d'escompte, les Gaspillages de la marine, etc., etc.

Quant aux prix, ce sont toujours les prix les plus doux, et pour vous citer un exemple, nous vous dirons qu'un cuirassé de 1er rang, par exemple, qui a coûté 10 années de construction et 18 millions environ, vous sera livré, en bon état, pour 5 à 6 millions, plus les épingles pour le commandant spécial qui vous le livrera. S'il y avait quelque chose à réparer, vous pourriez le ramener dans l'un de nos arsenaux (sous son nouveau nom), où on le réparerait, toutes affaires cessantes et à titre gracieux.

Nous espérons, d'ici peu, pouvoir vous livrer des batteries toutes prêtes, des armes et munitions, obus, gargousses, poudre sans fumée, etc. Toutefois, nous croyons devoir vous dire que nos arrangements, à ce sujet, ne sont pas encore terminés complétement.

En ce qui concerne les livraisons de troupes, nous sommes dans l'impossibilité d'y satisfaire pour le moment, attendu que les hommes, en général, ne seraient pas disposés à se laisser faire. C'est là, évidemment, un inconvénient que nous n'avions pas prévu.

Veuillez agréer, etc.

(A signer) E. TRIPONÉ.

Devise : *Célérité, discrétion*

IV

NÉGOCIATIONS ANGLAISES

Depuis notre rencontre à Belfort, le sieur Triponé ne cessait de me solliciter d'aller en Angleterre. Espérant toujours arriver à une solution en France, ainsi qu'on me l'avait promis, je retardai ce voyage jusqu'à la dernière limite.

Pendant un an, patientant toujours, j'ai mis sous les yeux du général Ladvocat et du général Ferron les offres qui m'étaient faites. Maintes fois j'ai vu le général Mathieu, directeur de l'artillerie. Je l'ai même fait solliciter, dans l'intérêt du Pays, par M. Rampont, questeur du Sénat, qui s'était mis généreusement à ma disposition. Il m'écrivait l'avoir vu « samedi dans l'après-midi », et s'être « assez longuement entretenu de l'affaire ». M. Rampont ajoutait qu'il « reverrait le général dans le courant de la semaine et qu'il était satisfait de cette première entrevue. »

Ces démarches n'eurent d'ailleurs aucun succès.

C'est alors que je me décidai à essayer de tirer parti, légitimement, de mes travaux en Angleterre sous les auspices de Triponé.

La situation et l'honorabilité apparente du sieur Triponé me donnaient lieu de croire qu'il manœuvrerait toujours en vue de sauvegarder les intérêts de notre pays. C'est ce qu'il me déclarait, et les lettres qu'il me communiqua affichaient cette intention loyale. Or, comme il parle l'anglais et comme je ne le parle pas, j'étais bien obligé, en matière de conversation, de m'en rapporter à cet honorable capitaine d'artillerie

Voici ce que m'écrivait Triponé avant mon départ :

Paris, le 6 mai 1887.

Monsieur Eugène Turpin, à Colombes.

Le but de la présente est pour vous dire qu'on a reçu l'avis à l'Amirauté anglaise que M. BERTHELOT *aurait déconseillé, après l'accident de Belfort, l'emploi de la Mélinite pour le chargement des obus, et que notre gouvernement aurait arrêté la fabrication de votre explosif. Il aurait commandé de suite 400 tonnes de poudre coton, à l'état de pulpe.*

M. Vavasseur me demande ce qu'il y a de vrai dans ce racontar ?

Pour moi je n'ai rien entendu de semblable.

Je pars encore ce soir pour le camp de Châlons, pour des expériences, et à mon retour j'aviserai pour vous voir.

Bien à vous.
(Signé) E. Triponé.

Il se faisait bien alors des achats de coton-poudre en Angleterre, à Stowmarket, par l'intermédiaire de M. Vanderbyl, de Londres, 3, Great Winchester Street, au prix de 6 francs le kil. et 3 0/0 de commission en plus, mais ils avaient un tout autre but, puisque c'était, ainsi que tout le monde le sait aujourd'hui, pour fabriquer la poudre sans fumée. Le service des poudres ayant été dans l'incapacité de fabriquer le coton-poudre nécessaire pour cette fabrication, on a été obligé d'en acheter effectivement 400,000 kil. à l'étranger.

Cette petite remarque était nécessaire pour expliquer le sens de la lettre de Triponé, dans laquelle on remarquera, en outre, qu'il avait libre accès aux expériences du camp de Châlons. On peut se demander comment et pourquoi?

Saint-Aubin-sur-Mer, le 21 août 1887.

Monsieur Turpin,

Voici la réponse traduite que je viens seulement de recevoir de M. J. Vavasseur :

« Veuillez demander à M. Turpin s'il est prêt à venir à Londres avec de sa Mélinite, et d'en faire l'essai, par exemple, dans un canon de six pouces = 152 m/m 4, à une vitesse de 2,000 pieds, c'est-à-dire de 600 à 610 mètres par seconde.

« Dans l'affirmative, quelles sont la longueur, l'épaisseur et la forme intérieure qu'on désire qu'il donne à l'obus ?

« Tout le monde ici est très sceptique quant à la possibilité de tirer la Mélinite dans de longs projectiles et à de grandes vitesses.

« Si M. Turpin peut m'envoyer une section de l'obus qu'il recommande indiquant l'espace occupé par la charge explosive, cela me facilitera beaucoup de décider notre gouvernement à prendre une décision.

« Pouvez-vous aussi me faire savoir si vos obus à Mélinite sont tirés dans vos canons déjà en service et aux mêmes charges que celles prévues pour les obus ordinaires ?

« Dans l'affirmative, quel est le pas de rayure desdits canons ?

« Enfin, pensez-vous qu'un pas faisant un tour en 25 ou 30 calibres soit suffisant pour permettre à un projectile de 4 à 5 calibres de longueur de toujours conserver sa pointe en avant en frappant le but ? »

Veuillez réfléchir à ces diverses questions et me faire savoir si vous êtes à même d'y répondre. Je me propose d'aller en Angleterre dans la première huitaine du mois prochain, et le mieux serait que vous vinssiez vous-même vous mettre en rapport avec M. Vavasseur qui pourrait, par exemple, nous donner rendez-vous à l'une des séances du Conseil d'administration de la

Compagnie Armstrong, ce qui avancerait bien les choses et nous permettrait certainement d'arriver à une entente avec elle, et, par contre-coup, avec le gouvernement anglais.

Vous recevrez la présente par mon bureau à Paris, etc.

(Signé) TRIPONÉ.

Je n'ai pas consenti, à cette époque, à aller en Angleterre, et j'ai remis copie de cette lettre au général Ladvocat, le 9 octobre 1887, avec d'autres pièces, alors que le général Ladvocat commandait l'artillerie du 3ᵉ corps à Versailles (1).

Je répondis à cette lettre que la forme et la capacité des projectiles m'inquiétaient fort peu, et que je n'avais pas plus à m'en occuper que de la rayure des canons. Tous les projectiles sont bons, ajoutai-je, et je m'engage à démontrer que la Mélinite peut supporter le choc de la décharge du canon, capable d'imprimer au projectile, qui en est chargé, une vitesse initiale de 600 à 800 mètres et au delà.

Paris, le 26 novembre 1887.

Monsieur TURPIN, à Colombes.

Relativement aux intentions de M. Vavasseur, et, par suite, de la Compagnie Armstrong, au sujet de la Mélinite, elles ont été sincères, et je vous répète que je connais trop l'esprit de M. Vavasseur, qui est mon ami, pour douter un instant de l'intérêt qu'il a manifesté un moment à prendre votre produit en mains, pour l'Angleterre. Mais vous voudrez bien reconnaître que vos

---

1. J'avais eu l'occasion de revoir le général Ladvocat, parce qu'il avait été le premier contractant avec moi, au début de cette affaire, et parcequ'il m'avait absolument promis de me faire obtenir une solution par le général Ferron, son camarade de promotion. La somme avait même été fixée à un million environ, mais on voulait une chose : c'était que je renonçasse à l'honneur de l'invention. N'y avait-il pas aussi une autre condition ?

réticences et vos atermoiements pour prendre une décision (1) *ont dû singulièrement refroidir ses premières dispositions. Je n'admets donc pas que les torts soient de son côté.*

Avez-vous entendu parler de cette nouvelle poudre que notre marine vient d'essayer, et avec laquelle on a obtenu une vitesse de 800 mètres, avec un canon de 16 centimètres, dont le projectile pèse 45 kil. et cela seulement avec une charge de 11 kil. 500, pression 2,400 kilos. On aurait même atteint, paraît-il, une vitesse de près de 1,100 mètres, mais avec une pression trop forte ? (2).

Bien à vous,
(Signé) E. Triponé.

Un mois après cette lettre, j'adressai au gouvernement la requête dont j'ai donné plus haut les conclusions, avant d'aller en Angleterre faire quelques expériences, mais cela seulement encore *cinq mois après.*

Paris, le 2 février 1888.

Monsieur Turpin, à Colombes.

J'ai une lettre de M. Vavasseur, par laquelle il m'annonce qu'il est rentré définitivement à Londres, et qu'il est nécessaire qu'il soumette au Conseil d'administration de la Compagnie Armstrong une lettre émanant de vous,

---

1. J'avais, on le voit, toujours refusé de donner des renseignements sur la Mélinite, et je ralentissais le plus possible toutes les négociations, bien que je fusse libre, espérant toujours arriver à une solution en France, à la réalisation des promesses qui m'avaient été faites et qui eussent été réalisées, si j'avais répondu aux avances que l'on me faisait.

2. Tandis que je n'avais avec Triponé que des rapports industriels et pour mes propres inventions, on voit, par cette lettre, que lui ne s'occupait que d'une chose : savoir ce qui se passait dans les polygones de l'État. Qui a pu, dès cette époque, lui donner des renseignements si précis sur des expériences absolument nouvelles et encore secrètes aujourd'hui au sujet de la poudre sans fumée. Son agence de renseignements se ramifiait partout.

et dans laquelle vous aurez à spécifier la nature des essais que vous désirez faire avec votre Mélinite, à titre de premiers renseignements et de base à une entente.

Au sujet des trois compagnies, « Roburite », « Flameless » et « Smokeless », il m'annonce, en outre, que deux d'entre elles ne sont que des escroqueries (Swindles), et que vous pourrez vous-même vous en assurer, si vous avez quelqu'un à Londres qui soit à même de se renseigner sur le dessous des cartes de ce genre d'entreprises.

Votre bien dévoué,
(Signé) E. Triponé.

Paris, le 17 février 1888.

Monsieur Turpin, à Colombes.

M. Vavasseur m'a écrit de nouveau et nous donne rendez-vous pour lundi matin à dix heures. Il a écrit au capitaine Noble, lui demandant d'être à Londres lundi ou mercredi, attendu que nous irons mardi à Schœburyness voir le tir d'obus de rupture (1).

Il m'explique que s'il a insisté pour un programme écrit, c'est que le War-Office exige, avant d'étudier une question, d'avoir des propositions écrites.

Pour la bonne règle, et comme nous n'avons encore eu ensemble QUE DES CONVERSATIONS *sur ma collaboration pour lancer votre affaire en Angleterre, je vous serai fort obligé, à première occasion, de me confirmer, par lettre, que vous m'avez confié la négociation des pourparlers que j'ai déjà entamée avec M. Vavasseur et par contre-coup avec la maison Armstrong, et qu'à défaut d'entente avec cette maison vous me maintenez*

---

1. Les expériences que l'on devait aller voir à Schœburyness, étaient des expériences d'obus en acier chromé pour la rupture de blindages. J'ai appris ultérieurement que ce procédé d'obus en acier chromé, inventé en France, avait été vendu par M. Triponé à la Société Firth de Sheffield, dont il est le représentant.

C'est donc un véritable métier que fait ce Triponé de porter à l'étranger nos secrets d'Etat ou les procédés industriels de la France.

votre confiance pour m'aboucher avec d'autres maisons anglaises.

Enfin, que vous m'accorderez une Commission d'au moins 10 pour 100 sur toutes les sommes que vous pourrez toucher pour l'exploitation de votre brevet en Angleterre, laissant à votre appréciation d'AUGMENTER la susdite commission si l'importance des traités que je vous ferai faire le comporte.

Votre bien dévoué,
(Signé) E. TRIPONÉ.

Voici ma réponse :

Colombes, le 18 février 1888.

Monsieur TRIPONÉ, Paris.

En possession de votre honorée d'hier, je m'empresse d'y répondre conformément à votre désir.

Je m'engage par la présente à vous payer, à titre de commission, la somme de 10 pour 100, respectivement en espèces, actions ou autres valeurs, sur les sommes, espèces, actions ou autres valeurs, que je pourrais recevoir par suite du succès des négociations engagées par votre entremise au sujet de la vente de mon brevet anglais ou de tous mes brevets pour la Mélinite, avec MM. Vavasseur et Armstrong de Londres.

Comme il m'est impossible de me lier les mains pour un temps quelconque j'entends, toutefois, conserver ma liberté d'action pleine et entière. Si, dans le cas d'insuccès avec MM. Vavasseur-Armstrong, vous avez ultérieurement d'autres vues ou affaires, nous en causerons à ce moment et nous verrons ce qu'il y aura à faire.

La charge réglementaire du canon de 90 $^{m/m}$ pour le tir à maxima de tous les projectiles, étant de 1 kil. 900, on n'a pas à craindre l'éclatement dans les conditions défectueuses de chargement que l'on a essayées et qui ne peuvent se produire accidentellement en aucun cas. Il *est certain que le vide laissé au culot doit occasionner un choc terrible.*

Recevez mes salutations,

EUG. TURPIN.

Ce dernier paragraphe est important à noter. En effet, Triponé m'avait remis une note écrite de sa main, par laquelle il m'informait qu'il avait appris que dans des expériences faites avec la Mélinite, on avait essayé de la tirer sous une charge de poudre plus forte (2 kil. 000) que la charge réglementaire (1 kil. 900) des canons de 90, m/m, tout en ayant eu le soin de laisser dans l'obus un vide entre le culot et la charge de Mélinite. Dans ces conditions extrêmement dangereuses, la matière aurait fait explosion sous le choc du départ et sous l'action de l'enrochement, tassement violent de l'explosif au fond de l'obus.

Cela démontre la délicatesse du problème, et je dois dire que jamais il n'y a eu d'explosion prématurée de la Mélinite, si ce n'est par suite d'expériences spéciales et volontaires dans les tirs exécutés, comme c'est ici le cas.

J'ai su plus tard que ces renseignements avaient été copiés par Triponé, dans les rapports officiels de la Commission de Calais, qu'il a livrés et communiqués A MON INSU à la Société Armstrong. J'ai vu beaucoup plus tard ces pièces à Newcastle, pour la première fois, avec les plans et autres rapports dont je parlerai plus loin.

J'ai tout lieu de croire que la note que Triponé m'avait communiquée n'était qu'une amorce.

Après ces échanges de lettres qui démontrent bien que jusque-là j'avais poussé les choses très mollement, et n'ayant reçu aucune réponse à la sommation que j'avais envoyée aux membres du Gouvernement, je me rendis à Londres avec Triponé, pour me rendre un peu compte de ce que l'on voulait faire.

Je vis à Londres MM. Noble et Vavasseur dans le bureau de celui-ci où l'entrevue a duré une heure, au plus, et où quelques pourparlers ont été seulement échangés, en anglais, par l'intermédiaire de Triponé.

De retour à Paris, vers fin février 1888, j'allai, quelques jours après, voir le général Logerot, ministre de la Guerre, pour le prévenir de ce qui se passait et de mes intentions. Mais comme les questions d'Etat et de défense nationale sont apparemment les dernières dont on s'occupe au ministère de la Guerre, et passent, sans doute, après les questions de principe et d'esprit de corps, le général Logerot, ministre de la Guerre, se borna à me reprocher ma sommation et à me dire brutalement : « Je n'ai pas de solution à vous donner. »

Ecœuré, je laissai aller les choses.

Le 2 mars, après avoir vu Triponé, j'écrivis la lettre suivante, qui fut recopiée par Triponé, sans que je pusse, alors, en deviner la cause, puisque rien, à première vue, n'avait été changé dans le sens de ma lettre. C'est cette copie de Triponé, faite chez lui, à la hâte, et de sa main, que j'ai signée et qui a été envoyée (1). Je ne me suis expliqué qu'en suite le but infâme de Triponé et, là déjà, on trouve la preuve de ses projets de trahison et de l'intention arrêtée de m'engager dans cette affaire, par le simple fait de cette copie. En effet, dans ma lettre, je n'avais pas parlé du détonateur, puisqu'à ce moment il n'en était pas question et que je comptais employer en secret mon système comme je l'entendrais, pour les quelques coups de canon que j'avais à tirer, pour démontrer la puissance et l'insensibilité de la matière. Au contraire, Triponé récrivit de sa main cette longue lettre, pour y ajouter seulement le mot *détonateur*. Il voulait donc, dès cette époque, me mettre sur le dos la livraison du détonateur de Bourges.

1. Je possède dans un copie-lettres, *et à sa date*, le texte de la rédaction que j'avais préparée et que Triponé modifia comme il vient d'être dit. Je possède aussi en copie authentique la rédaction de Triponé.

Paris, le 2 mars 1888.

« Messieurs Sir W.-G. ARMSTRONG, MITCHELL ET C°,
à Elswick Works, Newcastle on Tyne.

MESSIEURS,

Comme suite aux pourparlers que j'ai eu l'honneur d'avoir le 22 février écoulé avec MM. Noble et Vavasseur, directeur de votre Société, j'ai l'avantage de vous informer que je me tiens à votre disposition pour exécuter les expériences de Mélinite, conformément au programme projeté par M. Noble, lors de la susdite entrevue.

En conséquence, veuillez me confirmer, par lettre, l'entente préalable ci-après :

Les expériences de Mélinite seront faites dans cette première série, à titre d'information et par suite sans engagement pour aucune des deux parties. Elles auront lieu aux frais, risques et périls de la Société Armstrong, sans que M. Turpin n'ait rien à supporter desdits frais, risques et périls que ceux qui lui sont personnels.

Le programme de cette première série d'expériences devra être arrêté d'un commun accord, et la Société Armstrong devra préalablement soumettre à l'assentiment de M. Turpin la nomenclature de ces diverses expériences en indiquant le nombre de projectiles à tirer dans chaque cas, ainsi que le calibre du canon employé, le poids de la charge et la nature de la poudre, et enfin la vitesse de tir.

Les expériences seront faites en secret autant que possible, et les résultats obtenus seront consignés, après chaque séance de tir, dans un procès-verbal signé par les deux parties et en double expédition, dont une sera remise à M. Turpin.

La divulgation ou la publication, sous une forme quelconque, des expériences effectuées et des résultats obtenus, appartiendront exclusivement à M. Turpin, qui seul pourra s'en prévaloir s'il le juge à propos.

Cette première série d'expériences devra avoir reçu un commencement d'exécution d'ici le 15 avril prochain, ou sinon, passé ce délai, un nouvel assentiment de M. Turpin serait obligatoire.

Ce n'est qu'après cette première série d'expériences que les parties s'entendront, s'il y a lieu, sur les moyens et conditions d'entente définitive pour l'exploitation de la Mélinite et des engins (obus, gaine, DÉTONATEURS, etc.), *qui s'y rattachent, pour tous les pays où M. Turpin a été ou pourra être breveté.*

Dans le cas de non entente définitive entre les parties, chacune recouvrera sa liberté, mais la Société Armstrong s'engage dès maintenant, et d'une façon absolue, à ne faire aucun usage, directement ou indirectement, *des procédés qui seront révélés et expérimentés par M. Turpin.*

Fait double pour être exécuté de bonne foi par les parties.

(Signé) EUG. TURPIN.

Peu de jours après j'apprenais que l'entente était faite sur les bases de ma lettre.

Le Creusot, 19 mars 1888.

Cher Monsieur TURPIN,

Une lettre de M. Vavasseur, datée du 15 courant, me parvient au Creusot, et comme je ne serai de retour à Paris que mercredi, ce n'est guère que jeudi que je pourrai vous en donner connaissance.

Par cette lettre M. Vavasseur m'annonce que la Compagnie Armstrong accepte les termes de votre lettre du 2 courant, mais que, après en avoir référé avec le War-Office, ce dernier demande que les essais aient lieu à l'un de ses polygones et que, parmi les membres appelés à y assister, Sir F. Abel en fasse partie. A cause des vacances de Pâques, M. Vavasseur demande que le délai pour commencer les expériences soit étendu jusqu'au 1er mai prochain.

J'espère que vous n'aurez aucune objection à ces quelques modifications de détail.

A la hâte, je vous serre la main.
(Signé) E. TRIPONÉ.

Voici d'ailleurs le programme tel qu'il a été à peu près exécuté, et qu'il m'a été communiqué par Triponé. Ce sont les seules expériences qui j'aie faites et autorisées :

« Emile Triponé, 35, rue de Rome, Paris,

Traduction de Triponé du projet d'expérience avec obus chargés à la Mélinite

« Londres, le 29 mars 1888.

« — Un tir préliminaire aura lieu à Silloth, près Carlisle, avec un canon de 4 pouces (100 m/m) et un canon de six pouces (150 m/m).

« — On tirera avec chaque canon 20 obus ordinaires en fonte, armés seulement de fusée. (Ce tir n'a pas eu lieu).

« — On tirera 20 obus armés seulement de détonateurs, sans Mélinite.

« — Les essais seront continués à Lydd avec un canon de six pouces et l'on tirera :

« 1° 25 obus en fonte chargés de Mélinite, mais sans fusée ni détonateur (bouchon plein). Ce tir aura lieu dans la mer. (A été exécuté).

« 2° 2 obus en acier fondu chargés de Mélinite.

« 2 obus en acier fondu chargés de poudre-coton.

« 2 obus en acier fondu chargés de poudre spéciale?

« 2 obus en fonte de fer chargés de Mélinite.

« Ces 8 obus seront enterrés dans un mélange de terre glaise et de sable avec mise à feu électrique, afin de comparer les entonnoirs produits par ces explosifs.

« 3° Même tir de 8 obus seront tirés avec la charge de poudre maximum, contre un épaulement de même nature de terrain et à une portée convenable.

« 4° 3 obus en acier chargés de Mélinite.

« 3 obus en acier chargés de poudre-coton seront tirés contre une construction blindée. »

EUGÈNE TURPIN   Colombes, le 3 avril 1888.
—

        Monsieur Vavasseur, Esq.,
    de la maison Armstrong, Mitchell et Ce,
        Bear Lane, Southwark St.
              London, S. E.

   Monsieur,

   M. Triponé m'a transmis les plans des obus que nous devons tirer.

   Je ne vois aucune objection à faire à la forme de ces projectiles qui me conviennent parfaitement.

   J'ai reçu aussi la liste des expériences projetées à laquelle je n'ai rien à dire. Toutefois les projectiles qui seront tirés contre les blindages seront-ils de même forme ou est-ce que ce seront des projectiles de rupture capables de percer les plaques avant d'éclater.

   J'ai l'avantage de vous envoyer par colis-postal le modèle d'obturateur porte-amorce qu'il faut monter sur les grands projectiles 6 inch. Si on doit faire éclater des projectiles de 4 inch il faudrait à mon avis faire réduire les dimensions de cet obturateur qui serait un peu long pour cet obus. <u>*Le pas de vis intérieur devra être disposé de façon à recevoir la fusée ANGLAISE laquelle doit résister aux vitesses de tir que nous voulons atteindre.*</u>

   <u>*Il faudrait me procurer aussi une bassine à double fond en cuivre rouge et la partie concave bien étamée avec de l'étain pur.*</u> *Cette bassine doit avoir une contenance de 25 litres environ...*

   En somme, ce qu'il me faut c'est une bassine analogue à celles en usage dans les fabriques de produits chimiques et chez les confiseurs. Il me faudra aussi une ou deux pochettes de 2 à 3 litres, pour verser à la main le produit de la bassine. Ces pochettes en cuivre rouge devront aussi être étamées. — La bassine devra être montée à 65 centimètres du sol environ afin que le chargement soit plus commode. Eviter autant que possible la présence du fer dans la tuyauterie et dans la bassine. La bassine doit être chauffée à 140° environ, soit par la vapeur d'eau soit avec de l'huile et par circulation. Dans tous les cas, il est bon d'avoir dans les deux bassines (la bassine et le double fond) un gros thermomètre centigrade afin de surveiller la température...

<u>*Il faudrait aussi un appareil permettant de chauffer les projectiles à 110°, environ, au moment du chargement...*</u>

Vous voudrez bien aussi avoir quelques kilos de plombagine, une brosse, etc.

. . . .

(Signé) Eug. Turpin.

Ces préliminaires une fois établis, j'allai à Newcastle, dans les premiers jours de mai, avec Triponé, en nous arrêtant à Londres et à Sheffield, où il avait affaire. A Sheffield, nous rencontrâmes M. Bouvard, directeur du Creusot; puis M. Audebert, également du Creusot, vint retrouver Triponé à Newcastle pour visiter les ateliers Armstrong.

Après le départ de ces Messieurs, Triponé eut une conférence particulière avec le capitaine Noble, le directeur de la Société Armstrong, dans son cabinet. A son retour, dans le bureau de l'un des ingénieurs, M. Marjoribanks, où je l'attendais, Triponé me dit, en présence de cet ingénieur qui avait assisté à la conférence secrète, que je n'avais pas à m'occuper du détonateur, attendu que l'on en avait un dont on était sûr, et, ajouta M. Marjoribanks, « comme il s'agit de ne pas faire éclater un canon qui nous coûte 2,000 livres, nous voulons nous servir de ce dont nous sommes sûrs ». En outre, ajouta Triponé, vous n'avez rien à craindre pour votre secret, car M. Marjoribanks et le capitaine Noble jurent de ne jamais rien révéler de votre invention, si vous ne traitez pas.

M. Marjoribanks m'ayant lui-même, séance tenante, renouvelé cette promesse (1), je ne fis plus d'objections et me bornai à faire remarquer que le but principal de *l'expérience* était de prouver que la charge de l'obus résistait au choc du départ. Et que, comme les projectiles devaient être tirés presque en totalité SANS DÉTONATEUR NI FUSÉE, MAIS SEULEMENT AVEC UN BOUCHON PLEIN, j'avais peu à me préoccuper de cette question.

Le détonateur qui m'a été présenté et annoncé alors comme un détonateur anglais, ainsi que Triponé l'a déclaré lui-même, ultérieurement, au général Ladvocat, devait être essayé à Silloth, et en place de coton-poudre sec, je devais mettre, dans le tube, de l'acide picrique en poudre, suivant mon système.

Ces expériences eurent lieu à Lydd, au bord de la mer, près de Folkestone, en mai 1888. Le chargement des obus fut fait dans une petite maison, complètement isolée et au milieu d'une plaine de gros galets, formant le champ du petit polygone, pour la construction duquel on avait été obligé d'apporter de la terre de très loin.

Les préparatifs ayant été très précipités je n'avais qu'une petite bassine en cuivre à double fond, analogue à celles qui sont en usage dans l'industrie, et un mandrin, mal exécuté à la hâte, qui nous a obligé de percer l'emplacement des gaines avec une mèche en forme de tarière dans la masse d'acide picrique fondu.

Mon but et mes intérêts me conseillaient d'ailleurs,

---

1. Malgré ce serment solennel, c'est M. Marjoribanks qui a chargé les obus qui ont servi aux expériences de Portsmouth, ultérieurement à son serment, avec les appareils construits sur les plans officiels français, livrés par le sieur Triponé. M. Marjoribanks a, dans d'autres occasions, exposé ma méthode de charger les obus. Et c'est en ce M. Marjoribanks que le capitaine Noble, me garantissant son honorabilité, m'engageait à avoir une confiance absolue, car il appartenait à une famille si *respectable* et avait pour frère un colonel des horse-guards.

tant qu'un traité définitif n'était pas conclu, d'en montrer le moins possible, ce que je fis, en laissant croire que j'employais du soufre, de la paraffine, etc., dont j'avais fait provision, car, au fond, j'espérais toujours pouvoir ne pas donner suite à cette affaire et conserver, en fait et en droit, la Mélinite à la France. Mais c'était bien peine perdue, car Triponé était là, et, soutenu par ses acolytes de Paris, rien ne pouvait échapper de mes secrets.

Pendant le cours de ces expériences qui ont duré deux jours, c'était un vrai plaisir et un vrai scandale à la fois, de voir et d'entendre Triponé parler de questions techniques dont il ne connaît pas un mot. Ce paysan mal dégrossi, sorte de gros maquignon ou de palefrenier endimanché, parlant tantôt anglais, tantôt français, suant, soufflant, s'efforçait d'expliquer des choses dont il ne connaît pas la première lettre et prétendait se donner des airs d'importance en sa qualité de « capitaine d'artillerie » de la territoriale. Le capitaine Triponé!! CHEZ NOUS, DANS L'ARTILLERIE, NOUS FAISONS COMME CELA, NOUS FAISONS CECI, CELA, ETC., DISAIT-IL, » comme si le grade de capitaine de la territoriale lui donnait l'autorité d'un technicien.

Et, comme tous les moyens sont bons pour les gens indélicats, il s'amusait à écrire le nom du général Boulanger sur les silhouettes en bois que l'on avait placées sur la construction blindée pour voir l'effet des éclats, et dans le but de plaire aux Anglais. C'était très drôle, paraît-il, et nos bons amis les Anglais riaient fort, par esprit de revanche, car, peu de temps auparavant, Boulanger étant ministre, avait dit, au sujet de l'affaire des Hébrides, que l'Angleterre n'était pas assez forte pour que l'on ait à se préoccuper d'elle. Ce qui est bien vrai.

Ces expériences terminées, je me disposais à rentrer à Paris, lorsque, à Londres, M. Vavasseur, l'ami de Triponé, me retint dans le but de signer un contrat. Le capitaine Noble qui avait vu lord Armstrong, — ils sont les deux principaux directeurs de cette Société, — me fit part, après conférence avec Triponé et Vavasseur, d'une offre de 30,000 livres sterling, soit 750,000 francs pour mes brevets.

Voici la copie des conditions qui avaient été convenues et acceptées aussitôt les expériences faites.

CONVENTIONS ÉTABLIES
ENTRE
M. TURPIN ET LA SOCIÉTÉ ARMSTRONG

« London ordnance Works

« Bear Lane, Southwark street, London, S. E.
« Sir W. Armstrong Mitchell et C°
« Elswick Works (Newcastle on Tyne).

16 mai 1888.

« 1° M. Eugène Turpin, d'une part,
« 2° Et la Société Armstrong, d'autre part :
« M. Eugène Turpin cède à la Société Armstrong tous ses droits et brevets, SAUF LE BREVET ALLEMAND, relatifs à l'application de l'acide picrique aux usages civils et militaires, surnommé « Mélinite », aux conditions suivantes :

« 1° La Société Armstrong payera à M. Turpin la somme de trente mille livres sterling (liv. sterl. 30,000) en espèces et comptant.

« 2° Sur toutes les primes que les gouvernements paieront à la Société Armstrong, même dans les pays où M. Turpin n'a pas de brevet, pour avoir le droit de faire usage de la Mélinite, cinquante pour cent (50 pour 0/0) seront attribués à M. Turpin, et les autres cinquante pour cent resteront acquis à la Société Armstrong.

« 3° Sur toutes les fournitures faites par la Société Armstrong, se rapportant directement ou indirectement à la Mélinite, une redevance de cinq pour cent sera payée à M. Turpin pendant toute la durée de l'exploitation.

« 4° Dans le cas où certains gouvernements ne voudraient pas payer une prime pour droit d'usage et préféreraient donner une commande plus importante, dix pour cent sur les fournitures seraient réservés à M. Turpin, dans ces cas spéciaux »

Convaincu que l'affaire était loyale, j'acceptai en printipe, et je rentrai à Paris en attendant que le traité fut rédigé.

A peine étais-je rentré que tous les journaux se mirent à conter cette affaire dans les termes que l'on a lus plus haut, puis, quelque jours après mon retour, je recevais la lettre suivante de Triponé:

Paris, le 2 juin 1888.

Mon cher Monsieur Turpin,

J'ai ce matin une lettre d'hier de M. Vavasseur m'annonçant que tous les directeurs de la maison Armstrong ont nommé avant-hier une sous-commission composée de :

Lord Armstrong,
Captain Noble,
Colonel Dyer,
et M. Vavasseur,

pour arrêter les termes du traité à intervenir avec vous, dès que le rapport de leur agent de brevets leur sera parvenu, et cela afin de ne pas nécessiter une nouvelle convocation de tout le Conseil d'administration, qui a donné pleins pouvoirs auxdits directeurs.

Bien à vous,
(Signé) E. Triponé.

Très ému des articles publiés par les journaux, et obligé de retourner à Londres, j'écrivis à Triponé que rien n'étant fait, je reverrais le ministre de la Guerre à Paris, ainsi que M. Weil, du journal le *Temps*, me l'avait conseillé en sa présence, lors de la publication de ma réponse dans ce journal, aux attaques de la Presse. M. de Freycinet était, me disait-on alors, disposé à me donner satisfaction pour que les négociations Armstrong en restassent là.

Triponé, qui m'avait absolument déconseillé de donner suite à cette idée, m'écrivit à ce propos et au sujet des articles de journaux la lettre suivante:

TELEGRAPHIC ADDRESS "ZIGZAG LONDON"
London Ordnance Works.
Bear Lane, Southwark Street.
London, S.E.
16 Mai — 1888. —

Conventions établies entre :
1° M. Eugène Turpin, d'une part
2° et La Société Armstrong, d'autre part

Monsieur Eug. Turpin cède à la Société Armstrong tous ses droits et brevets, sauf le brevet Allemand, relatif à l'application de l'acide picrique aux usages civils et militaires surnommé "Mélinite", aux conditions suivantes :

— 1° La Société Armstrong paiera à M. Turpin, la somme de trente mille livres sterling (£ 30.000) en espèces et comptant.

— 2° Sur toutes les primes que les gouvernements paieront à la Société Armstrong, même dans les pays où M. Turpin n'a pas de brevet, pour avoir le droit de faire usage de la Mélinite

Cinquante pour cent (50%) seront attribués à Mʳ Turpin et les autres cinquante pour cent resteront acquis à la Société Armstrong.

— 3° Sur toutes les fournitures faites par la Société Armstrong se rapportant directement ou indirectement à la Mélinite, une redevance de cinq pour cent, sera payée à Mʳ Turpin, pendant toute la durée de l'exploitation

— 4° Dans le cas où certains gouvernements ne voudraient pas payer une prime pour droit d'usage et préféreraient donner une commande plus importante, dix pour cent, sur les fournitures seraient réservés à Mʳ Turpin, dans ces cas spéciaux.

Paris, le 12 juin 1888.

Mon cher Monsieur Turpin,

J'ai bien reçu votre amicale du 9, mais elle a été délivrée seulement hier matin à Neuilly, et MON AVIS, C'EST QUE VOUS DEVEZ ATTENDRE QU'ON VOUS APPELLE AU MINISTÈRE, SI TOUTEFOIS ON JUGE A PROPOS DE LE FAIRE, CE DONT JE DOUTE, CAR ON CHERCHE MAINTENANT A DONNER LE CHANGE ET A FAUSSER L'OPINION PUBLIQUE, *pour lui faire accroire que ce qu'on emploie maintenant n'est plus ce que vous avez proposé.*

Or, il ne vous est pas possible d'entamer une polémique pour expliquer, urbi et orbi, *qu'on joue sur les mots, et que ce qui est vrai, en ce qui concerne le détonateur, est radicalement faux en ce qui concerne l'explosif.*

On le sait bien en haut lieu, puisque j'ai dit au GÉNÉRAL LADVOCAT *que le détonateur que vous avez employé à Silloth et à Lydd a donné toute satisfaction,* ET QUE PEU VOUS IMPORTE COMMENT CELUI DE L'ARTILLERIE EST CONSTRUIT.

Mais après la boulette qu'ils ont commise et dont ils se repentent évidemment depuis qu'ils savent que vous avez pu vous passer de leur détonateur, il faut bien leur laisser cette planche de salut pour se justifier devant le pays, nous sommes si gobeurs en France.

M. Vavasseur sait à quoi s'en tenir sur toute cette comédie et c'est à lui à éclairer le War-Office.

(*Signé*) E. Triponé.

Cette lettre est des plus importantes, et démontre trois choses parfaitement nettes :

D'abord Triponé était convaincu que le ministère de la Guerre persistait, ou plutôt que l'influence occulte persistait, malgré le désir du ministre, à refuser une entente avec moi.

Puis Triponé était mieux au courant que moi du détonateur officiel, et il continuait, lui-même, cette polémique des journaux, par laquelle on cherchait surtout à prouver que je n'étais pas l'inventeur du détonateur ni des obus. Et il faut remarquer ici, que détonateur et obus étaient les seules choses qui intéressaient la Société Armstrong, puisque, comme je l'ai su depuis, cette Société n'a jamais fabriqué et ne fabrique pas les explosifs, mais seulement le matériel métallique de guerre. J'ai, d'ailleurs, été complètement trompé à ce sujet par Triponé et M. Vavasseur qui, dès le début, et sur mes observations, m'avaient affirmé que la Société Armstrong fabriquerait la Mélinite.

Nous voyons, en outre, dans cette lettre, cette singulière déclaration que le général Ladvocat était parfaitement au courant de ce qui se passait.

Le but de Triponé et de ses acolytes était donc de donner à ce détonateur officiel et aux obus en acier embouti une importance considérable, ridicule et exagérée, dans un but mercantile, bien qu'en fait je sois le réel inventeur du principe et du système.

J'ajouterai ici que ce fameux détonateur anglais de Silloth et de Lydd, qui a donné de si bons résultats, n'était autre que le détonateur de Bourges, qu'il avait déjà livré au capitaine Noble, avec une foule de documents officiels dont je parlerai plus loin.

Ayant reçu cette lettre, je restai à Londres encore quelque temps, attendant la rédaction du traité et, aussi, que les revendications de la Société la Panclastite, sur mes brevets, fussent tranchées.

Au fond, toutes ces contestations n'étaient, pour la Société Arsmtrong, que des prétextes à temporiser pour m'amener à accepter les conditions que l'on connaîtra plus loin, et qui ont été causes de la rupture de nos négociations en dernier lieu.

Ce n'était donc point les contestations de propriété de mon invention par la Société la Panclastite qui arrêtait la conclusion de notre contrat. Bien au contraire, le capi-

EMILE TRIPONÉ
35 RUE DE ROME 35
Près de la Gare St Lazare

Paris, le 12 Juin 1888.

Mon cher Monsieur Turpin,

J'ai bien reçu votre amicale du 9, mais elle a été délivrée seulement hier matin à Neuilly, — Et mon avis, c'est que vf devez attendre qu'on vous appelle au Ministère, si toutefois on juge à propos de le faire, ce dont je doute, car on cherche maintenant à donner le change, et à fausser l'opinion publique, pour lui faire accroire que ce qu'on emploie maintenant n'est plus ce que vf avez proposé.

Or, il ne vous est pas possible d'entamer une polémique pour expliquer, urbi et orbi, qu'on joue sur les mots. Et que ce qui est vrai en ce qui concerne le détonateur est radicalement faux en ce qui concerne l'explosif.

On le sait bien en haut lieu, puisque j'ai dit au Général Ladvocat que le détonateur que *j'ai* employé à Lillette et à hyd* a donné toute satisfaction et que peu vous importe comment celui de l'Artillerie est construit. — mais, après la boulette qu'ils ont commise ne doivent ils se repentent évidemment depuis qu'ils savent que *j'ai* pu *j'ai* passer de leur détonateur, il faut ainsi bien leur laisser cette planche de salut *pour* se justifier devant le pays, nous sommes si gobeurs en France !

Mr. Vavassem sait à quoi s'en tenir sur toute cette comédie et c'est à lui à éclairer le War Office ; — enfin les expériences de hyd* ont parlé, et il serait incompréhensible qu'on attachât l'importance aux racontars de nos journaux ; — je *j'* remets ci-inclus 2 extraits du Gaulois et de la Lanterne, et ce dernier est vraiment étonnant d'audace, — c'est du Boulanger tout pur !

J'attends de vos nouvelles avant d'écrire à nouveau à Mr. Vavassem.

Bien à vous E. Turpin

Je *j'* rappelle que Mr. Arthur Greenwood peut être au Great Northern Hôtel, — je l'ai avisé que j'enverrai à Londres par courrier de ce jour à Leeds...

taine Noble avait proposé de déposer dans une banque une partie de la somme à me payer pour parer aux prétendus droits de la Société la Panclastite. Plus tard, il fut même admis qu'il n'y avait pas lieu de tenir compte de ces revendications. En revanche, les difficultés qu'on soulevait n'avaient d'autre but que de me faire endosser la responsabilité de la livraison à la Société Armstrong, des documents officiels calqués par les soins de Triponé.

C'est justement lors de ce nouveau voyage de juin que j'appris que Triponé avait livré antérieurement une partie des plans et rapports officiels de Paris à la Société Armstrong, et que, me disait-on, il avait reçu, donnant donnant, un chèque d'une valeur considérable pour cette livraison.

N'avais-je d'ailleurs pas entendu avec surprise Triponé demander à son ami Greenwood, à Royal-hôtel, où nous étions descendus, ce qu'il devait faire de tout son argent, et cela cyniquement, devant moi, alors que peu avant il était, à ma connaissance, dans une situation très précaire.

Cela m'expliquait l'attitude de Triponé en présence d'une proposition qui m'avait été faite par MM. Mathieson et Bailay, par l'intermédiaire de M. Hird. Cette attitude n'avait pas été celle du courtier qui voit sa commission lui échapper, car cette commission il devait la toucher quand même.

Au moment où la proposition Mathieson m'avait été soumise, sur la demande de Triponé, j'avais étendu à cette affaire, par une lettre du 22 avril 1888, la commission de 10 pour 100 pour me servir d'intermédiaire, me fournir les renseignements nécessaires et me faciliter un traité avec quelque maison que ce fut, dans le cas où je ne traiterais pas avec la maison Armstrong, conformément au désir qu'il m'avait déjà exprimé dans sa lettre du 17 février 1888.

Il résulte nettement de toute la correspondance que j'ai entre les mains, que Triponé était parfaitement au courant de la négociation suivie, par l'intermédiaire de

M. Hird, avec MM. Bailay et Mathieson. Il avait assisté à mon entrevue avec M. Mathieson, dans laquelle il me servait d'interprète, et désireux de témoigner son dévouement à la Société Armstrong, il avait eu l'indélicatesse de mettre M. Vavasseur au courant de mes pourparlers. Qu'était-il résulté de cette communication officieuse à la Société Armstrong ? Je n'en sais rien, mais ce qui résulte encore de la correspondance que j'ai entre les mains, c'est que Triponé épousa si bien les intérêts de cette Société, qu'il employa tout son zèle à paralyser les efforts de M. Hird.

Il alla jusqu'à m'écrire que les propositions Mathieson n'étaient, ni plus ni moins, qu'une escroquerie.

M. Hird ne s'y trompa pas ; quand il vit avorter les pourparlers, il me déclara que si l'affaire avait manqué, c'était la faute de Triponé.

Et quel intérêt majeur avait Triponé à se faire ainsi le défenseur et l'avocat des intérêts de la maison Armstrong ? Tout en s'assurant pour l'avenir une situation fructueuse, il visait, en m'amenant à poser ma signature au bas du contrat, qu'on rêvait à Elswick comme rue de Rome, à décharger ses épaules de la lourde responsabilité du vol des documents dont j'eusse dès lors endossé les conséquences.

Ce n'est qu'aujourd'hui, qu'éclairé par une connaissance plus complète de tout le rôle de Triponé dans cette machination, je puis me rendre compte du péril que j'ai couru.

Fort heureusement, je flairai le danger, et, ne voulant pas suivre plus longtemps ces négociations équivoques, pressentant un dessous de cartes très malpropre, très ému en outre des articles de journaux qui pleuvaient sur moi dru comme grêle, je me décidai à demander au ministère de la Guerre, à Paris, ce que je devais faire.

V

INCIDENT CANET

A ce moment même je recevais de M. Gustave Canet, ingénieur s'occupant de l'artillerie à la Société des Forges et Chantiers de la Méditerranée et ami de Triponé, la lettre suivante :

| SOCIÉTÉ ANONYME
DES
FORGES ET CHANTIERS
de la
MÉDITERRANÉE | DIRECTION DE L'ARTILLERIE
3, rue Vignon.

Paris, le 16 juin 1888. |

CHER MONSIEUR TU... ,

J'ai toujours pensé que vous aviez engagé des pourparlers avec la maison Armstrong avec l'idée d'amener notre Gouvernement à vous allouer pour vos travaux sur la Mélinite, une somme plus considérable que celle que vous avez reçue.

On m'affirme que vous avez très sérieusement l'intention de vendre vos procédés en Angleterre.

J'espère qu'il n'en est rien, car il serait très malheureux pour notre pays si l'Allemagne et l'Italie pouvaient acheter un explosif qui nous donnerait un avantage énorme en cas de guerre contre ces puissances.

Il me semble que votre devoir de Français,

dans les circonstances présentes, est d'essayer encore une fois d'arriver à une entente avec les ministères de la Guerre et de la Marine : l'opinion publique est maintenant trop émue pour qu'ils ne fassent rien en votre faveur, et on ne pourrait douter de votre patriotisme si, après tout le bruit qui s'est fait autour de votre nom, vous offrez de nouveau la préférence à votre pays.

Je comprends très bien que vous ne vouliez plus discuter vous-même cette affaire avec le ministre, je serais très heureux de m'en charger et de faire tous mes efforts pour empêcher ainsi les ennemis de la France d'obtenir la Mélinite.

Je ne veux, pour le concours que je vous offre, absolument aucune rémunération (1), je m'estimerai suffisamment récompensé si je réussis à conserver la Mélinite à notre pays.

Bien à vous.
(Signé) G. CANET.

Au reçu de cette lettre, je télégraphiai à Canet la dépêche suivante :

Londres, 18 juin 1888, 11 h. matin.

CANET, 3, rue Vignon, Paris.
Que Gouvernement fasse connaître propositions immédiatement, répondrai de suite.

TURPIN.

1. On verra au chapitre de l'Ecole polytechnique ce qu'il faut penser des grands airs de désintéressement et de patriotisme de M. Canet.

Je recevais, le lendemain, cette nouvelle lettre de M. Canet:

Paris, le 18 juin 1888.

Cher Monsieur Turpin,

En réponse à vos deux télégrammes de ce jour je m'empresse de vous informer que je n'ai pas mission de vous faire des propositions, comme vous semblez le supposer, je suis simplement poussé par l'ardent désir de ne pas voir tomber le secret de la Mélinite entre les mains des Allemands et des Italiens, et je vous propose d'essayer de conserver à la France le monopole de cette substance, comme le réclame l'opinion publique, pour cela il est indispensable que vous me fassiez savoir:

1° Si rien dans le secret n'a encore transpiré en Angleterre et dans ce cas:

2° Quelle est la somme que vous demanderiez au Gouvernement pour conserver le secret de vos procédés à la France.

Vous comprendrez que je ne pourrais faire aucune démarche au ministère, si on se doute chez Armstrong de la composition de la Mélinite.

Bien à vous.
(Signé) G. Canet.

On sait ce que pouvait connaître la Société Armstrong, et quels étaient ses engagements vis-à-vis de moi. Certes rien n'avait été compromis par moi, surtout si on se souvient des communications et indiscrétions faites par M. Berthelot, par M. Barbe, cet étrange député qui armait l'Italie avec la poudre sans fumée, et par MM. Picard et Guinon, de Lyon, qui ont gagné plus d'un million en contrefaisant mes brevets à fournir l'État, et qui faisaient publier dans le *Cri du peuple* du 8 janvier 1887, comme on l'a vu plus haut, le procédé de fabrication de la Mélinite. Mais alors même que le secret eut été encore absolu, à cette époque, les résultats eussent été les mêmes, car je suis persuadé que certains personnages de la direction de l'artillerie auraient continué, comme ils l'ont fait depuis, à s'opposer à toute entente entre moi et l'État.

VI

AVERTISSEMENT À M. DE FREYCINET

Ce que j'avais appris pendant mon séjour à Londres, me poussa à adresser à M. de Freycinet la dépêche suivante recommandée :

Londres, 30 juin 1888. Registered 855. Ludgate hill.
Freycinet, 14, rue Saint-Dominique, Paris.
On me presse, je n'ai encore rien signé, mais on connaît procédé acide. Que faut-il faire ?
Répondez de suite Dekeyser's hôtel.

TURPIN.

Le lendemain matin, à huit heures, je recevais à mon hôtel la visite de M. Roustan, capitaine de vaisseau, attaché à l'ambassade de France à Londres, qui me dit avoir reçu une dépêche chiffrée de M. de Freycinet, par laquelle on me conseillait d'aller de suite, à Paris, pour m'entendre avec lui.

M. Roustan avait mission de savoir ce que la Société Armstrong savait au sujet de la Mélinite. Je lui expliquai que j'avais communiqué mes brevets à la maison Armstrong; il m'interrogea au sujet du détonateur. Je me tins sur la réserve me promettant d'être plus explicite à Paris.

Le lendemain je passai la Manche et je fus avisé, chez moi, par un officier d'ordonnance du ministre, qui ne voulut pas donner son nom ni sa carte, que M. de Freycinet m'attendrait, le lendemain 3 juillet, à deux heures.

Dans cette audience j'exposai la situation telle qu'elle était à M. de Freycinet ainsi qu'au général Mathieu, directeur de l'artillerie.

Ils comprirent parfaitement toute la portée de mes indications. J'ajoutai qu'il me paraissait possible d'arrêter les choses, si on le voulait, en limitant le traité à l'Angleterre.

Il fut convenu absolument, entre M. de Freycinet et moi, que je retournerais en Angleterre pour limiter à ce pays l'exploitation de la Mélinite et qu'en compensation une indemnité importante me serait accordée par le ministère de la Guerre pour me dédommager de la perte que ma renonciation à un traité plus étendu me causerait.

Je repartis pour Londres le lendemain et de là pour Portsmouth où, en présence de Triponé, je déclarai au capitaine Noble, que nous avions trouvé à l'Arsenal, jouant au lawn-tennis, mes intentions formellement arrêtées de ne pas aller plus loin.

Il fut convenu — et le capitaine Noble, chef de la Société Armstrong, engagea sa parole d'honneur — que le gouvernement anglais seul pourrait faire usage de la Mélinite, et que l'on en changerait le nom. La Société Armstrong ne devait plus s'en occuper.

Quelques jours après, j'apprenais qu'un amiral avait proposé de donner le nom de Lyddite à la matière, du nom de Lydd, où on avait fait les premières expériences.

De retour à Londres, j'écrivais une lettre *recommandée* à M. de Freycinet (14 juillet), par laquelle je l'informai de ces choses et lui rappelai ses promesses.

Voici la copie de cette lettre :

Londres, le 14 juillet 1888.

A Monsieur le Ministre de la Guerre,
à Paris.

Monsieur le Ministre,

Je reviens de Portsmouth et j'ai l'honneur de vous informer que, conformément aux désirs que vous m'avez exprimés et à la promesse que je vous ai faite lors de l'entrevue que nous avons eue le 6 courant à Paris, en présence de M. le Directeur de l'Artillerie, il a été décidé d'un commun accord entre moi, le gouvernement anglais (1) et la maison Armstrong, que mon explosif serait désormais appelé « Lyddite » du nom du polygone de Lydd, où les premières expériences officielles ont eu lieu dans ce pays avec mon explosif.

C'est sous le nom de « Lyddite » qu'a été établi le programme officiel de la nouvelle série d'expériences commencée le 13 à Portsmouth, et comme je vous en avais avisé.

Si les journaux anglais, comme je le vois, en essayant de rendre compte à tort et à travers desdites expériences, continuent à se servir du mot Mélinite, c'est faute d'avoir eu des renseignements précis et connaissance du programme officiel.

Je profite de cette occasion, Monsieur le Ministre, pour vous informer également que suivant nos pourparlers, j'ai limité la négociation de mon brevet que vous connaissez au gouvernement anglais et que la Société Armstrong consent parfaitement à ne fabriquer que pour son gouvernement et à ne dévoiler à qui que ce soit les procédés dont elle a eu connaissance par suite des négociations que j'avais entamées avec elle.

Je crois donc, Monsieur le Ministre, avoir répondu à tous vos désirs et notamment à celui de conserver à votre département et au pays la désignation de Mélinite que l'on a jugé à propos de donner à mon explosif.

Dans l'espoir, Monsieur le Ministre, que vous prendrez en haute considération les sacrifices que je fais en cette circonstance, moralement et pécuniairement comme vous me l'avez promis, et je vous prie de me croire,

Votre très respectueux serviteur,

(Signé) EUG. TURPIN.

P.-S. — *Si vous le jugez à propos, vous pourriez*

---

1. Par l'intermédiaire du capitaine Noble, puisque je ne suis jamais allé au War-Office, comme je l'ai déjà dit.

donc, Monsieur le Ministre, mais avec la plus grande discrétion, faire publier que les expériences qui se poursuivent en Angleterre ne sont pas faites avec la Mélinite, mais avec la Lyddite.

La poudre sans fumée est de Duttonhoffer; elle a été payée, dit-on, 2,500,000 francs, a donné 14 tonnes; vitesse: 2,000, charge 42 à 45 grains (1).

Une fois rentré à Paris, je vis le général Mathieu, qui me parut parfaitement au courant de tout ce qui s'était passé en Angleterre, et notamment de la livraison des plans dont les journaux, d'ailleurs, avaient déjà parlé (2).

Après avoir vu le ministre de la Guerre, M. de Freycinet, et le général Mathieu, directeur de l'artillerie, comme je l'ai dit plus haut, j'attendis paisiblement la décision qui m'avait été promise, une fois de plus, ET QUE J'ATTENDS ENCORE.

1. Le ministre de la Guerre m'avait questionné au sujet des expériences qui se poursuivaient en Angleterre avec une poudre sans fumée.
2. Voyez les articles des journaux *Paris* et le *Matin*; *Paris* du 22 mai; le *Matin*, des 9, 10, 23 juin, et 15 juillet 1888, cités plus haut.

VII

REPRISE DES NÉGOCIATIONS ANGLAISES PAR TRIPONÉ

Les choses en étaient là, lorsque je reçus de Triponé, en octobre suivant, la lettre dont voici la copie :

*Kilverstone Hall, Thetford, Norfolk,
le 17 octobre 1888.*

Mon cher Monsieur Turpin,

Je viens de chasser deux jours de suite dans la propriété, dont M. Vavasseur a loué la chasse, et nous avons tué pour 4 fusils :
114 faisans,
34 perdrix,
19 lièvres,
11 lapins,
―――
178

Je n'ai jamais rien vu de pareil, vous en jugerez par les résultats de l'année dernière où on a tué : 1,121 perdrix, 611 faisans, 415 lièvres, 201 lapins et 47 divers, soit 2,398 pièces.

Demain matin, je pars pour Londres avec M. Vavasseur, et nous irons ensemble au War-Office et à l'Admiralty. Vous aurez donc de mes nouvelles par un prochain courrier et de toute façon il faut vous préparer à venir nous rejoindre la semaine prochaine.

Le capitaine Noble m'a écrit, m'engageant à aller le voir à Elswick, nous irons ensemble depuis Leeds.

L'un des tireurs de lundi était le capitaine de vaisseau Drury, attaché au War Office et gendre de Whitehead. Il s'est chargé de colporter au War-Office (ministère de la Guerre) bien de mes renseignements et de préparer le terrain avant notre visite de demain.

Bien à vous.
(Signé) E. Triponé.

M. Triponé s'était fait inviter, en effet, avec sa femme, à passer un mois en Angleterre chez M. et Mme Vavasseur.

C'est pendant ce mois que de nouvelles combinaisons ont été menées à bonne fin avec son ami Vavasseur, et que le restant des plans a été livré.

Le lendemain nouvelle lettre :

London, 18 octobre 1888.

Mon cher Monsieur Turpin,

Je sors avec M. Vavasseur du War-Office où nous avons vu le général Alderson, directeur de l'artillerie; et de l'Amirauté, où nous avons vu le capitaine de vaisseau Fisher, directeur de l'artillerie navale.

Le général nous a dit qu'il faisait préparer pour vous une copie des expériences faites avec votre explosif « la Lyddite », et que très certainement une décision serait prise prochainement par le War-Office.

Je repars demain pour Kilverstone.

Bien à vous.
(Signé) E. Triponé.

Je n'ai jamais rien reçu du War-Office, ni décision, ni apport. Tout cela n'était donc qu'une duperie.

Voici une autre lettre de Triponé :

Leeds, le 26 octobre 1883,

Monsieur Turpin,

J'ai vu le capitaine Noble mercredi, après midi, et, en ce qui le concerne, je puis dire que j'ai eu une longue conversation avec lui et M. Vavasseur.

Relativement à la Lyddite (Mélinite) il m'a été confirmé qu'elle était pratiquement adoptée pour la défense des côtes. Reste la question de service à bord qui ne sera tranchée qu'après la dernière série d'expériences projetées sur la résistance, et du succès de ces dernières expériences dépendra la récompense que le gouvernement anglais vous accordera.

Cette récompense, d'après le capitaine Noble et M. Vavasseur, ne pourra pas être inférieure à liv. st. 15,000, et se montera, en cas d'adoption complète par l'Admiralty et le War Office, peut-être à liv. st. 25,000.

En ce qui concerne Elswick, j'aurai des propositions a vous faire, mais je ne tiens pas a vous les formuler par écrit avant de savoir si elles vous conviendront (1).

Il paraît que sir Frédérick Abel et le général Mailland sont très désireux de se passer de vous, etc.

Ayez confiance, vous avez affaire a d'honnêtes industriels, a de mes amis personnels, et votre intérêt est de ne plus perdre de temps.

Amitiés, etc.
(Signé) Triponé.

Triponé m'écrivait de nouveau le 31 octobre. Il reparlait des propositions qu'il avait à me faire et dont il venait, disait-il, de demander la confirmation par écrit. Je vous le répète, ajoutait-il, je ne tiens pas

---

1. Que signifie cette phrase? Pourquoi Triponé ne voulait-il pas formuler ses propositions par écrit? Le lecteur le devine.

Extraits

Lettre de Triponé du 16 Novembre 1888.

Le but de la présente est aussi pour vous prévenir que j'ai eu la confirmation avant-hier, de ce que je t'ai déjà annoncé, à savoir que l'on charge maintenant les obus de siège avec de la Crésilite, et que la Mélinite ne sert que pour le détonateur.

Lettre de Triponé du 26 Octobre 1888.

En ce qui concerne Schmidt, j'aurai des propositions à faire, mais je ne tiens pas à les formuler par écrit, avant de savoir si elles vous conviendront.

Lettre du 31 Octobre 1888

… les propositions que j'ai à faire, et dont je viens de demander la confirmation par écrit, ont précisément pour but de tourner la difficulté.

Mais je le répète, je ne tiens pas à les préciser moi-même par écrit, car les paroles volent et les écrits restent et peuvent tomber entre d'autres mains que les vôtres.

A LES PRÉCISER MOI-MÊME PAR ÉCRIT, CAR LES PAROLES VOLENT ET LES ÉCRITS RESTENT ET PEUVENT TOMBER EN D'AUTRES MAINS QUE LES VÔTRES.

TOUT CE QUE JE PUIS VOUS DIRE C'EST QUE SI ELSWICK (ARMSTRONG) AVAIENT LES INTENTIONS QUE LAISSE PERCER VOTRE LETTRE, ILS NE VIENDRAIENT PAS VOUS PROPOSER CE QUE JE COMPTE VOUS METTRE SOUS LES YEUX A MON RETOUR.

Ne comprenant rien à cette reprise des négociations, je me résolus à partir immédiatement pour l'Angleterre, sans attendre les communications que Triponé m'annonçait. Comme j'arrivais, Triponé partait pour Paris avec sa femme. Je vis alors M. Vavasseur qui m'emmena à Newcastle. Là, le dimanche, il me conduisit aux offices, au Temple, et, au retour, il me fit de nouvelles propositions au Station-Hôtel, où nous étions descendus. Du ton embarrassé d'un honnête homme qui vous propose administrativement une affaire peu propre et qui lui répugne, il me soumit le libellé de ces fameuses propositions *que Triponé ne tenait pas à me faire connaître par écrit, sans savoir si je les accepterais*. Cette fois on y faisait entrer le détail des pièces officielles livrées par Triponé et notamment le fameux détonateur. Je refusai ma signature et protestai de mes regrets de la conduite de Triponé que M. Vavasseur fut forcé de blâmer, *me déclarant que pour sa part il n'aurait jamais agi de même*. Je consentis seulement à écrire sous sa dictée, à titre de renseignement, les propositions suivantes :

Modifications aux premières Conventions

ENTRE M. TURPIN ET LA SOCIÉTÉ ARMSTRONG

1° L'indemnité, estimée à vingt-cinq mille livres sterling (liv. st. 25,000), que le gouvernement anglais se propose d'accorder pour l'emploi de la « Mélinite », appartiendra en entier à M. Turpin, sans aucun partage avec la Société

— 2° La Société Armstrong donnera 50 pour 100 à M. Turpin sur toutes les primes que les gouvernements payeront pour avoir le droit de se servir de la Mélinite.

— 3° Ladite Société payera une redevance de 5 pour 100 à M. Turpin, sur toutes les fournitures se rattachant directement ou indirectement à l'emploi de la Mélinite.

— 4° Dans le cas où les gouvernements préféreraient donner une commande plus forte pour ne pas payer de prime, la redevance payée à M. Turpin, dans ce dernier cas, serait de 10 pour 100.

— 5° La Société Armstrong garantit, dès maintenant, à M. Turpin, sur cette redevance de 5 ou 10 pour 100, une somme de dix mille livres sterling (liv. st. 10,000) payable :

A. Cinq mille livres comptant ;
B. Cinq mille livres en cinq ans à raison de mille livres par an.

— 6° M. Turpin recevra, en outre, pendant cinq ans, une somme de quatre cents livres sterling (liv. st. 400) pour sa participation à la Société comme conseil, et il devra se tenir à la disposition de la Société pour fournir tous renseignements et procéder aux expériences.

Dans ces conventions j'avais soin, on le voit, de m'en tenir à la Mélinite.

Mais de quelle exploitation s'agissait-il pour la Société Armstrong ? M. Vavasseur ne me l'avait pas dissimulé. De l'exploitation des obus français, du détonateur officiel, de la fusée R. F. et de tous les autres documents officiels livrés par Triponé, puisque la Société Armstrong fabrique des projectiles mais ne fabrique pas d'explosifs. Je reçus à Newcastle une lettre de Triponé qui avait pour but évident de faire pression sur moi et de m'amener, par crainte de voir toute l'affaire m'échapper, à consentir à signer les propositions que j'avais refusées.

Voici le texte de cette lettre :

Paris, le 16 novembre 1888.

Mon cher Monsieur Turpin,

Le but de la présente est pour vous prévenir que j'ai eu la confirmation avant-hier, de ce que je vous ai déjà annoncé, à savoir, que l'on charge maintenant les obus de siège avec de la CRÉSILITE, et que la Mélinite ne sert que *pour le détonateur.*

Les raisons qui font préférer la crésilite, c'est qu'elle coûte moins cher, paraît-il, que les approvisionnements en sont plus faciles, qu'elle fond à une plus basse température et que son pouvoir explosif est tout aussi puissant que la Mélinite.

JE ME DEMANDE S'IL EST PRUDENT, POUR VOUS, DE TRAINER VOTRE AFFAIRE EN LONGUEUR AVEC ELSWICK, ET S'IL NE VAUDRAIT PAS MIEUX SACRIFIER UNE PARTIE DE VOS ESPÉRANCES QUE DE RISQUER DE DONNER PRISE SUR VOUS AVEC CE NOUVEL EXPLOSIF QUE VOUS N'AVEZ PEUT-ÊTRE AUCUN DROIT DE REVENDIQUER DANS VOS BREVETS.

Pour vous mettre à l'abri de tout imprévu, ne pourriez-vous pas rattacher, par un nouveau brevet, la Crésilite à votre affaire Mélinite, car il est à craindre que sir F. Abel ne soit au courant de ce changement, puisqu'il est venu dernièrement en France et que NOS ADMINISTRATEURS SACHANT, PEUT-ÊTRE, QUE RIEN N'EST ENCORE CONVENU ENTRE VOUS ET LE WAR-OFFICE, NE CHERCHENT A VOUS NUIRE EN DIVULGANT AU GOUVERNEMENT ANGLAIS, LE REMPLACEMENT DE LA MÉLINITE PAR LA CRÉSILITE, OU TOUT AU MOINS EN LEUR DONNANT DES PREUVES QUE CE N'EST PLUS AVEC VOTRE EXPLOSIF QU'ON CHARGE LES OBUS.

La Crésilite fond entre 60 et 70°

Bien à vous.
E. TRIPONÉ.

Je retournai plusieurs fois à Newcastle sous prétexte d'y essayer une poudre de mon invention et je ne tardai pas à connaître exactement, sinon tout, au moins une partie de ce que Triponé avait livré depuis l'interruption de mes premières négociations.

Je ne puis entrer dans certains détails, mais je sais qu'à la suite de mes protestations véhémentes, on décida qu'un accident se produirait dans l'usine au moment où tous les ouvriers seraient partis et à la place même où je serais posté pour attendre le passage du capitaine Noble.

M. Vavasseur n'était pas à Newcastle ce jour-là. Par un hasard providentiel je changeai instinctivement de place et l'accident ne se produisit pas.

Récapitulons un peu.

Le ministère de la Guerre à Paris n'avait pris aucune disposition pour réaliser les promesses qui m'avaient été faites par le ministre, M. de Freycinet, en présence du général Mathieu, directeur de l'artillerie, bien que dans les circonstances présentes ce fut de toute nécessité. Dans cet espace de quatre mois, Triponé ne fut nullement inquiété, on ne fit au Ministère aucune enquête.

Quant à la Société Armstrong, elle fit tranquillement construire à Elswick, dans son usine, un vaste bâtiment empiétant sur la Tyne faute de place, pour y fabriquer, SUR LES PLANS FRANÇAIS, les nouveaux obus à Mélinite en acier embouti, dont elle ne connaissait pas le moins du monde la construction ainsi qu'on l'a vu par les lettres de M. Vavasseur (1).

Ce bâtiment, long de 150 mètres et large de 30 mètres environ, devait être garni de machines-outils, presses, etc., dont la plupart devaient être construites au Creusot, d'après les plans français, et par l'entremise de M. Triponé.

Les mêmes presses à emboutir les obus français en acier, qui ont servi en France, sont prêtes et installées depuis longtemps chez Armstrong.

C'est un ingénieur de la société Armstrong, M. Donn, qui m'a donné, pendant son voyage à l'Exposition de Paris, tous ces renseignements sur la provenance de l'outillage, en me priant, au nom de Triponé, de ne pas publier les faits dont il est coupable.

De même que l'on venait de mener une campagne infâme contre moi au sujet des obus et du détonateur,

---

1. Voyez la lettre de M. Vavasseur page 184.

on commençait alors, en effet, et comme on l'a vu plus haut, à mener une nouvelle campagne au sujet de l'explosif, afin de me voler complètement l'honneur et le fruit de mes travaux, ou de me contraindre à accepter la responsabilité des plans volés.

Ainsi, par l'intermédiaire de ce Triponé, je me trouvais EN CONCURRENCE AVEC LES DOCUMENTS OFFICIELS DU MINISTÈRE DE LA GUERRE FRANÇAIS, EXPLOITÉS A L'ÉTRANGER ET CONTRE LA FRANCE..

On voulait donc de moi une association forcée à ces actes de trahison dont j'aurais eu seul toute la responsabilité devant le pays.

La lutte n'était plus possible, et il est certain que, dans ces conditions, la Société Armstrong se moquait bien de moi, car elle était singulièrement plus forte, ayant tous les documents officiels de Paris en mains, pour obtenir des commandes des gouvernements étrangers, qu'avec mes brevets et mes propres appréciations. C'est là ce qui établit la différence entre les deux négociations en train : La mienne et celle de Triponé.

Tout ce que l'on voulait de moi, c'était ma signature pour me mettre l'affaire sur le dos, comme on avait déjà commencé à le faire.

Lorsque j'ai vu M. de Freycinet et le général Mathieu, à Paris, en juillet, et alors que l'affaire était parfaitement limitée à l'Angleterre, ce dernier a insinué devant moi : « Sans doute, nous devons une indemnité à M. Turpin mais il faut voir si la maison Armstrong ne continuera pas cette affaire, malgré ses promesses !!? » (1)

Or, la Société Armstrong n'a repris cette affaire que sur les instances de Triponé, et parce que celui ci était assuré de l'impunité, comme on en aura la preuve.

M. Vavasseur, au mois de novembre, ne m'a d'ailleurs pas laissé le moindre doute à cet égard.

Comme je lui demandais ce qui s'était passé depuis notre arrangement de juillet, et pourquoi la Société voulait passer outre nos conventions, il me répondit en français : « Bien des choses, Triponé a arrangé tout cela à Paris, vous n'avez pas à craindre que l'on vous ennuie, car il est très fort, et il a tout derrière lui. »

N'ayant pas accepté de m'associer à ces manœuvres, je ne tardai pas à voir, en effet, que le gouvernement anglais lui-même, mis au courant de tout le système par Triponé, ne tenait plus compte de moi, et Triponé lui-même a dit et répété, en maintes circonstances, ce n'est pas la Mélinite Turpin, mais la Mélinite du gouvernement français qui sera adoptée. D'ailleurs, la Mélinite c'est tout le système, les obus, le détonateur, etc. (1).

Etant encore à Newcastle, où je suis resté deux ou trois jours, en novembre, j'ai eu l'occasion de rencontrer au fumoir de l'hôtel (Station-Hôtel), seul endroit où on puisse rester le soir dans cette ville si triste, surtout en hiver, un officier de marine autrichien, M. Rousseau, qui est attaché à l'ambassade d'Autriche à Londres. En causant de choses et d'autres, j'appris qu'il était à Newcastle pour traiter avec la maison Armstrong une affaire d'obus à Mélinite et que d'autres officiers étrangers y étaient aussi dans ce but. Je vis en effet un Chinois et un Italien.

Je m'empressai de démentir que la Société Armstrong fut en possession de quoi que ce soit à ce sujet, et je déclarai que je n'avais aucun traité avec cette Société. Ce qui était vrai.

Je pris des renseignements sur tous les faits et gestes de Triponé, et par M. Marjoribanks j'obtins à peu près la nomenclature des pièces officielles livrées par Triponé, en feignant d'acquiescer à cette livraison.

1. Comme je reprochais plus tard à Triponé sa conduite infâme à mon égard et vis-à-vis du pays, il eut le cynisme de me répondre avec dédain, devant sa femme :

« — Vous êtes bien difficile, bien exigeant, pour une poudre que vous apportez. C'est moi qui apporte toute l'affaire, puisque la Compagnie Armstrong n'exploitera que les obus, le détonateur, la fusée et les appareils et ne fera pas l'explosif. » — « Oui, lui répondis-je, vous apportez les documents volés dans les cartons du ministère de Paris, et vous trahissez de la façon la plus ignoble votre pays et les intérêts que je vous ai confiés. »

Furieux et indigné d'une telle manière de faire, je revins à Londres, et je résolus de prendre d'autres informations.

Étant allé à l'ambassade d'Italie (Grosvenor square, 18, à Londres), je vis un chargé d'affaires, M. X., auquel je fis part de mon étonnement de ce que le gouvernement italien avait donné une importante commande d'obus à Mélinite à la maison Armstrong (1). Et j'ajoutai, que cette Société était dans l'impossibilité de livrer la Mélinite puisqu'elle n'en avait pas le secret et que je n'avais aucun traité avec elle.

M. X. me répondit :

— Nous savons que vous n'avez pas de traité, mais nous savons aussi que la Société Armstrong peut nous fournir la Mélinite, et comme nous voulons absolument des obus à Mélinite tels qu'ils sont faits en France, je sais qu'une très importante commande a été donnée.

— C'est possible, dis-je, mais si on vous livre les obus, on vous livrera un explosif quelconque ou défectueux, car la Société Armstrong n'a pas le secret, je vous le répète, et de plus, elle n'a pas de chimiste s'occupant de cette question.

— Ce que vous me dites est si grave que je vais télégraphier de suite à Rome, et si vous restez ici encore quelques jours, venez demain ; je vous dirai ce qu'il en est.

— Non, je ne reste pas à Londres et je rentre à Paris. Mais en tout cas et quelles que soient les fournitures que la Société Armstrong vous fasse à ce sujet, je proteste, parce qu'elle n'en a pas le droit.

---

1. Le capitaine de vaisseau de Mirabello a suivi ces négociations.
La terrible catastrophe qui vient de se produire à Rome a prouvé nettement la présence de Mélinite dans les poudrières italiennes. L'*Evénement*, du 25 avril 1891, a raconté que, suivant un officier supérieur du corps d'état-major général italien, le général Maffei aurait signalé à plusieurs reprises, et même devant le Parlement, le danger qu'il y avait d'avoir dans la même poudrière des cartouches de poudre ordinaire et de la MÉLINITE.

— Hélas! me répondit M. X., on met en prison un malheureux qui vole un pain, mais Armstrong qui vous vole peut-être cinquante millions, on ne lui dira rien. Quant à nous, gouvernement, comme on nous offre des obus français, qu'on nous le prouve et que nous en voulons, nous acceptons. Tâchez de vous défendre contre Armstrong. Mais malgré tout, je vous écrirai un mot à Paris (1).

Le lendemain soir j'étais de retour à Paris, le cœur brisé, malade de l'indignation que j'éprouvais de l'immensité et de la lâcheté de cette trahison.

Cependant, j'écrivis encore à Rome, pour déclarer que la Société Armstrong n'avait aucun traité avec moi, et plusieurs fois j'ai mis opposition aux négociations avec Armstrong, ayant des brevets en Italie.

Mais que pouvaient faire mes assertions devant les pièces officielles que la Société Armstrong possédait? Rien!

Comme je n'avais rien dit chez Armstrong ni à Vavasseur de ce que je savais au sujet des fournitures, je reçus, en réponse aux propositions discutées avec ce dernier, la lettre suivante :

London Ordnance Works,
Bear Lane, Southwark Street.
London. S. E.

Sir *W. G. Armstrong, Mittchel et C° Limited, 30 novembre 1888.*

Monsieur Eugène TURPIN,
à Colombes (Seine), France.

Nous avons l'honneur de vous informer que nous acceptons les bases de la proposition que vous et M. Vavasseur avez discutée hier.

1. M. X... a tenu parole, voici sa lettre.

Londres, le 11 décembre 1888.

CHER MONSIEUR,

Je vous prie de vouloir bien excuser le retard que j'ai mis à vous écrire, et de vouloir bien me faire savoir si vous avez l'intention

TELEGRAPHIC ADDRESS "ZIGZAG LONDON"

London Ordnance Works.
Bear Lane. Southwark Street.
London, S.E.
30 Nov.re 1888

Monsieur Eugène Turpin
à Colombes
(Seine)
France

Nous avons l'honneur de vous informer que nous acceptons les bases de la proposition que vous et M. Vavasseur avez discutée hier. Puisqu'il nous paraît qu'il n'y a eu désaccord à craindre sur les détails, et sachant que vous êtes desireux d'éviter plus de perte de temps, nous allons faire immédiatement des propositions à plusieurs gouvernements étrangers relativement à l'emploi de votre explosif.

Veuillez agréer cher Monsieur nos salutations empressées.

SIR W. G. ARMSTRONG, MITCHELL & CO, Limited

Navasseur, Director

Puisqu'il nous paraît qu'il n'y a un désaccord à craindre sur les détails, et sachant que vous étiez désireux d'éviter plus de perte de temps, nous allons faire immédiatement des propositions à plusieurs gouvernements étrangers relativement à l'emploi de votre explosif.

Veuillez agréer, cher Monsieur, nos salutations empressées.

Sir W. G. Armstrong, Mitchell et C° Limited.
(Signé) J. VAVASSEUR, *directeur.*

Rentré à Paris, j'allai voir de suite Triponé, pour lui reprocher sa manière de faire et lui demander des explications sur le motif qui lui avait fait livrer les plans officiels et passer outre mes ordres.

Bien entendu, il commença par nier, mais devant les preuves morales et matérielles, il fut obligé d'avouer. De là, rupture violente entre nous.

Voici la lettre qu'il m'adressait à Colombes quelques heures plus tard.

Paris, le 10 décembre 1888.

Monsieur TURPIN, à Colombes,

Monsieur,

Voulant épuiser à votre égard les procédés de franchise que je m'étais fait un devoir d'avoir avec vous, du jour où vous m'avez demandé de vous assister auprès de la maison Armstrong, franchise dont je croyais être en droit d'être payé de retour de votre part, je viens vous informer que, par courrier de ce jour, j'avise M. Vavasseur de ce qui s'est passé entre nous ce matin, ainsi que de l'insinuation infâme que vous avez eu l'audace de me lancer, ce qui a comblé la mesure de

de retourner prochainement à Londres. Un de mes amis, qui sera ici dans quelques semaines, a été chargé de recevoir les communications que vous voudrez bien lui faire.

Veuillez agréer, cher Monsieur, l'assurance de ma considération la plus distinguée.

(Signé) X. »

patience dont je m'étais armé, depuis que je savais que je ne pourrais plus compter sur votre sincérité.

Je rends compte également à M. Vavasseur du dernier entretien que j'ai eu AVEC M. LE GÉNÉRAL LADVOCAT, *et des motifs qui m'ont poussé à lui faire connaître les conditions que vous avez discutées en dernier lieu avec lui.*

Ces Messieurs apprécieront votre conduite à mon égard, après tout ce que j'ai fait pour vous, et à moins d'excuses complètes de votre part, je déclare à M. Vavasseur que je ne veux plus avoir aucun rapport avec vous.

J'ai l'honneur de vous saluer.

(*Signé*) E. TRIPONÉ.

Cette lettre, assez jésuitique, est un peu l'histoire des filous qui, en se sauvant, crient aux voleurs!!

Il ne s'agissait pas d'une insinuation infâme, mais bien d'une accusation précise pour des faits évidemment infâmes. Triponé qui sait si bien tirer des bleus photographiques et prendre les calques des plans officiels, mais qui s'imagine étourdiment que la photographie n'a été inventée que pour son usage, triomphait de l'apparente naïveté que j'ai eue de lui rendre une de ses lettres, un tout petit billet, ces quatre lignes d'écriture qui suffisent à faire pendre un homme.

Vavasseur n'avait-il pas été enchanté, Triponé, que vous fussiez arrivé à reconstituer le détonateur officiel avec la signature du général Boulanger?

Si vous cherchiez un peu dans vos souvenirs de Londres, voire même dans un copie-lettres précieusement dissimulé? Mais non, vous avez la mémoire ingrate!

Voyons, Triponé, rappelez-vous la chanson du *P'tit bleu* :

> Vive le p'tit bleu, le p'tit bleu,
> Ça vous émoustille un peu.

Ce souvenir ne vous émoustille-t-il pas?

Je ne sais ce que veut dire ce merveilleux Triponé

EMILE TRIPONÈ
55 RUE DE ROME 55
Près de la Gare St Lazare

Paris le 10 Xbre 1888

Monsieur,

Voulant épuiser à votre égard les procédés de franchise que je m'étais fait un devoir d'avoir envers vous, du jour où vous m'avez demandé de vous assister auprès de la Maison Armstrong, — franchise dont je croyais être en droit d'être payé de retour de votre part, — je viens vous informer que, par courrier de ce jour, j'avise M. Vavasseur de ce qui s'est passé entre nous ce matin, ainsi que de l'insinuation infâme que vous avez eu l'audace de me lancer, ce qui a comblé la mesure de patience dont je m'étais armé. Depuis que je savais que je ne pouvais plus compter sur votre sincérité.

Je rends compte également à M.

Vavasseur du dernier entretien que
j'ai eu avec Mr le Général Laurent
et des motifs qui m'ont poussé à
lui faire connaître les conditions que
vous aviez discutées en dernier lieu
avec lui.

Ces Messieurs apprécieront votre
conduite à mon égard, après tout ce
que j'ai fait pour vous, et à
moins d'excuses complètes de votre
part, je déclare à M. Vavasseur
que je ne veux plus avoir aucun
rapport avec vous.

   J'ai l'honneur de vous s...

      E. Turpin

à Monsieur E. Turpin
   à Colombes.

par: depuis que je savais que je ne pouvais pas compter sur votre sincérité. — C'est certainement « complicité » qu'il a voulu dire, et pour cela, il n'a jamais pu y compter. Il oublie qu'il était à mon service.

Après tout ce que j'ai fait pour vous, etc., dit-il encore. — Qu'est-ce que cela veut dire, sinon qu'il aurait livré les plans en question pour m'aider à conclure cette affaire? Dame! quand on veut faire des choses pareilles on prévient les gens, trop zélé Triponé!

C'est, d'ailleurs, un homme fort dévoué que Triponé. N'a-t-il pas dit une fois, à propos de cette négociation, *qu'il n'avait pas mesuré à la Compagnie Armstrong tout son dévouement dans cette occurrence.*

Joli dévouement que celui qui consiste à voler et livrer des plans secrets.

Je ne demandais rien de tout cela à M. Triponé, qui n'avait qu'à se tenir dans ses fonctions d'intermédiaire, et à rester honnête homme, s'il l'était avant, pour gagner une petite fortune sans aller chercher midi à quatorze heures, et vouloir faire une affaire sur mon dos en trahissant odieusement la France.

En réponse aux lettres de la Société Armstrong, voici ce que j'écrivis :

EUGÈNE TURPIN *Colombes, le 5 décembre 1888.*

    Sir W.-G. Armstrong, Mitchell et C⁰,
    à Londres.

Messieurs,

En réponse à votre honorée du 30 écoulé, j'ai l'honneur de vous rappeler que les propositions qui m'ont été soumises d'Elswick, par M. Vavasseur et au sujet desquelles vous m'écrivez, N'ONT PAS ÉTÉ ACCEPTÉES DE MA PART, MAIS SEULEMENT NOTÉES ET DISCUTÉES.

Jusqu'à ce qu'un traité définitif ait été conclu

entre nous, je vous prie de surseoir à tout démarche auprès des gouvernements étrangers, attendu qu'il m'est impossible, dans la situation actuelle, D'ACQUIESCER *à ces propositions.*

Veuillez recevoir, Messieurs, l'expression de mes sentiments distingués.

(*Signé*) Turpin.

C'est par une lettre du 23 janvier 1889, que j'avais adressée au général Ladvocat un dossier relatif à ce que j'appelais, dès cette date, l'affaire Triponé.

Quelques jours après, pour bien marquer à M. Vavasseur la situation d'esprit dans laquelle je me trouvais, je lui adressai purement et simplement sous enveloppe deux articles de journaux relatifs à la condamnation du traître Blondeau et à un procès qui se jugeait alors contre des personnages accusés d'avoir abusé de la confiance d'un chimiste. M. Vavasseur me pressa de lui expliquer cet envoi, ce qui motiva la réponse suivante :

EUGÈNE TURPIN   *Colombes, le 5 mars 1889.*

Monsieur J. Vavasseur, Esq. à Londres.

Je ne vous ai rien écrit, parce que je n'avais rien à vous dire, mais vous comprendrez facilement et vous vous rappellerez combien j'avais raison de protester contre la remise de certaines pièces par M. Triponé.

Rappelez-vous que, en chemin de fer, en revenant de Newcastle ensemble, je vous ai manifesté mes regrets à ce sujet et vous ai déclaré ne pas approuver cela, *d'autant plus que je n'en avais nullement besoin.*

J'ai exprimé la même chose à M. Marjoribanks encore la dernière fois que je suis allé à Newcastle, quand j'ai appris que M. Triponé avait donné beaucoup de dessins, DÉGORGEOIR, FUSÉE, etc.

Je ne rechercherai pas, quant à présent, quel intérêt pouvait avoir M. Triponé à tant faire ressortir qu'il était EN POSSESSION DE DOCUMENTS SECRETS *et à les communiquer, car son rôle d'intermédiaire lui interdisait d'entrer dans les détails techniques et d'aller, en quelque sorte, sur mes brisées, pour démontrer qu'il en savait plus long ou aussi long que moi sur mes inventions . . . .*

La conduite de M. Triponé est d'autant plus regrettable qu'elle a eu pour résultat, au sujet de ses communications, de rompre mes relations avec lui et de me mettre aujourd'hui en état de légitime défense pour sauvegarder mes intérêts.

Les journaux n'ont pas manqué, déjà, de lui reprocher sa conduite, comme vous le savez, et je ne doute pas que les choses empireront quand on saura que vous avez livré à l'Italie, etc., de grandes quantités de projectiles sur les modèles français. C'est alors que des complications sérieuses auront lieu et que Triponé, comme officier d'artillerie, peut avoir une rude responsabilité à porter.

Je m'en lave les mains, et je vous prie d'agréer mes salutations distinguées.

EUG. TURPIN.

A la hâte.

P.-S. — *Certes si j'avais su que tout cela tourne de la sorte, je n'aurais jamais mis les pieds en Angleterre, car depuis un an j'en suis malade; ma santé et mon esprit sont gravement altérés et affectés, et je n'avais pas besoin d'aller dépenser de l'argent pour me créer des soucis et des chagrins, et voir toutes mes espérances s'écrouler et me voir dépouiller de mes travaux.*

Dans TROIS longues lettres, semblables, que j'ai adressées avec recommandation et avis de réception, dont j'ai LES TROIS REÇUS entre les mains, aux principaux personnages de la Société Armstrong, le 13 MARS 1889, savoir : Au siège de la Société à Londres; à M. Rendel, Great George street (nominativement); à la Société Armstrong à Londres (nominativement à M. Vavasseur); à la Société Armstrong elle-même, à Newcastle on Tyne (Elswick Works).

Je protestai de la manière suivante contre les agissements de Triponé :

Bien que je considère que M. Émile Triponé, votre représentant aujourd'hui et mon introducteur auprès de vous dans cette affaire, ait agi très légèrement EN VOUS LIVRANT DES PLANS ET RAPPORTS OFFICIELS DU GOUVERNEMENT FRANÇAIS, JE NE PUIS ET JE NE VEUX CEPENDANT, ET EN AUCUN CAS, ACQUIESCER A CE FAIT.

J'AI D'AILLEURS DÉJA EU L'OCCASION DE VOUS LE DIRE ET DE PROTESTER CONTRE CES FAITS A PLUSIEURS REPRISES.

Dans une lettre très violente que j'écrivais à M. Vavasseur le 23 mars 1889, et dans laquelle je lui reprochais vivement les malhonnêtes procédés de la Société Armstrong, voici quelques passages relatifs à la trahison de Triponé :

C'EST SUR VOTRE BUREAU QUE TRIPONÉ A EXPOSÉ LES DESSINS OFFICIELS QU'IL AVAIT FAIT VOLER A PARIS. C'EST AVEC VOS CRAYONS ET VOS GOMMES A EFFACER QU'IL A CHANGÉ LE MOT MÉLINITE EN LYDDITE, MALGRÉ MON ÉTONNEMENT ET MES PROTESTATIONS.

C'EST EN REVENANT DE NEWCASTLE, ALORS QUE TRIPONÉ AVAIT DÉJA REMIS D'AUTRES PLANS A MON INSU, QUE JE VOUS AI DIT QUE JE VOULAIS RESTER ÉTRANGER A CELA, QUE JE NE L'APPROUVAIS PAS ET QUE JE NE L'AURAIS PAS FAIT.

VOUS ÉTIEZ DE CET AVIS.

On verra un peu plus loin la réponse que le capitaine

Noble, le principal directeur de la Société Armstrong, fit à mes lettres.

Vers cette époque et quelques jours après ma rupture avec la Société Armstrong et le traître Triponé, voici ce qui était publié dans les journaux.

L'Italie achète et commande, commande et achète, sans trêve ni repos : c'est la maison Armstrong qui est la grande pourvoyeuse, celle qui a acheté à M. T..., par l'intermédiaire d'un autre M. T..., deux Français (!!!), la Mélinite adoptée aujourd'hui définitivement par le War-Office et très probablement aussi par... l'Italie, car c'est inévitable.

Au sujet de cette affaire, on me raconte une plaisante histoire, s'il pouvait y avoir un côté plaisant dans une pareille lâcheté. Les deux malheureux qui ont vendu le secret de l'explosif français, et leur honneur avec, sont sur le point d'être complètement refaits. La Mélinite est devenue la Lyddite, parce que les expériences, conduites par le premier T..., l'inventeur, avaient été faites à Lydd. Il n'y a aucun doute que les deux substances n'en font qu'une; cela a été publié par tous les journaux anglais.

Mais ce qui n'est pas connu, c'est que les deux T..., après avoir bien expliqué tous les détails de la manipulation à la maison Armstrong et aux officiers du War-Office; après s'être employés de la meilleur grâce du monde à ne leur laisser rien ignorer de ce qui constituait une supériorité pour la défense de la France; après avoir pris leur parti de perdre l'estime non seulement de leurs concitoyens, mais encore des personnes avec lesquelles ils ont traité ou cru traiter, les deux T... n'ont pas encore touché un sou!!!.

La transaction, paraît-il, menace de ne pas être belle pour ces deux messieurs... Tout perdre, même l'argent, peut-être? Avoir cru vendre un explosif et n'avoir vendu que son patriotisme (1)!

Il est maintenant facile de comprendre le but de cet article.

Quand j'ai refusé de traiter avec la Société Armstrong, on a cru utile, pour couvrir Triponé, de faire dire que

---

1. *Paris*, du 7 janvier 1889.

lui, non plus que moi, n'avait rien reçu, et qu'il était une pauvre victime !

Or, cela est absolument faux, car *depuis sa trahison, Triponé a été nommé représentant de la Société Armstrong avec payement de frais extraordinaires de représentation. Et c'est sous cette rubrique qu'il a été payé par une majoration, ou plutôt par des appointements disproportionnés et exagérés, avec le rôle qu'il remplit, indépendamment des sommes qu'il a pu recevoir directement.*

Toutes ces finasseries-là sont cousues de fil blanc.

En tout cas, cet article démontrait une chose, c'est la profonde malhonnêteté de la Société Armstrong et du gouvernement anglais à mon égard.

VIII

COMPLICITÉ OFFICIELLE

Sur ces entrefaites, aussitôt mon arrivée à Paris, j'allai voir M. de Freycinet, ministre de la Guerre, pour savoir s'il était enfin décidé à donner suite aux promesses qu'il m'avait faites en juillet précédent, et mettre définitivement un terme à cet état de choses.

J'espérais aussi le décider, en lui révélant tous les faits, à agir diplomatiquement pour rentrer en possession des plans, car il n'est pas admissible qu'un Etat comme la France baisse pavillon devant un industriel malhonnête, et soit à la merci de la Société Armstrong. Il était facile, en effet, d'arrêter les entreprises de cette Société : il y avait plusieurs moyens pour cela.

M. de Freycinet, qui était très disposé à une solution définitive, me manifesta le désir que la chose fut traitée par un intermédiaire. Il me parla de M. Canet, mais je lui proposai M. le général Ladvocat, puisque j'avais traité avec lui en premier lieu.

Le général Ladvocat, appelé par le ministre, consentit à être officiellement l'intermédiaire dans cette affaire. Pour mon compte, je le laissai libre de conduire la chose comme il l'entendrait. Aussitôt en rapport avec M. le général Ladvocat, commandant l'artillerie des forts et de la place de Paris, et dont les bureaux et le cabinet sont à l'Hôtel des Invalides, je lui fis part de tout ce que je savais.

Le général Ladvocat, à mon grand étonnement, fit

part à Triponé de mes communications. Je le lui reprochai aussitôt dans les termes suivants :

EUGÈNE TURPIN   *Colombes, le 11 décembre 1888.*

Monsieur le Général LADVOCAT, à Paris.

MONSIEUR LE GÉNÉRAL,

Je regrette vivement que vous ayez dit à M. Triponé que je vous avais vu vendredi et que je vous avais prié de ne pas le mêler à mes affaires. — Le résultat de cette indiscrétion, malgré votre promesse et la ligne de conduite que je vous avais fait connaître pour rattraper moralement et matériellement la Mélinite, a été une rupture violente entre moi et Triponé avec qui je ne veux plus avoir aucun rapport.

Vous devez être fixé, maintenant, et je vous apprends que par une lettre ridicule, de ce matin, il m'informe que par le courrier d'hier il rend compte à Vavasseur, directeur d'Armstrong, de l'entretien qu'il a eu avec vous, de sorte qu'il annonce que je suis en raport avec vous et le Gouvernement.

. . . .

Voilà pourquoi je vous demandais le plus grand secret qui était convenu avec M. de Freycinet.

En conseillant à Triponé d'aller voir le ministre et en lui manifestant le désir de voir à son passage à Paris le capitaine Noble (1), *vous avez eu tort, et sans le savoir vous servez la cause de la maison Armstrong, qui ne demande que plaies et bosses, pour prouver qu'elle est à*

---

1. En effet, le capitaine Noble, directeur de la Société Armstrong, appelé à Rome, vit à son passage à Paris Triponé. On peut trouver la trace de ce passage en 1888, à Saint-James Hôtel, rue Saint-Honoré.

> *même de fournir la Mélinite, tandis que depuis six mois je sacrifie mes intérêts et mon amour-propre pour conserver ce produit à la France, etc.*
>
> Eug. Turpin.

Le général Ladvocat, malgré les dispositions favorables du ministre, laissa les choses en l'état. Je ne pus obtenir aucune solution.

Sans y insister davantage, il me suffira de dire que, ne répondant pas aux avances fort flatteuses et personnelles qui me furent faites par certains, parce que j'aime assez que les choses dissemblables viennent séparément, je n'ai pas été plus heureux qu'auparavant.

Le général Ladvocat qui, au début, avait paru fort étonné de mes révélations, et qui a dû en conférer pendant plus de deux mois avec le ministre et la direction de l'artillerie, n'a pu faire autrement que de communiquer les pièces qu'il avait en mains. De ce fait, j'avais donc porté à la connaissance de l'autorité militaire, conformément à la loi sur l'espionnage, les faits délictueux commis par Triponé, avec pièces et preuves à l'appui. Loin de poursuivre M. Triponé, on a trouvé à redire à ce que j'avais essayé d'empêcher l'affaire italienne de se conclure avec Armstrong, et ce fut l'éloge de cette Société que je dus entendre.

C'est presque invraisemblable, c'est incroyable, et cependant cela est. J'ai cru, je le jure, en mourir de chagrin et de honte.

Après plusieurs lettres relatives aux négociations proprement dites et que j'ai adressées au général Ladvocat, notamment le 20 décembre 1888 et le 3 janvier 1889; dans une lettre en date du 21 janvier 1889, voici ce que je disais en lui envoyant le dossier dont je viens de parler.

EUGÈNE TURPIN *Colombes, le 24 janvier 1889.*

Monsieur le général LADVOCAT, commandant l'artillerie des forts et de la place de Paris, aux Invalides, Paris.

MONSIEUR LE GÉNÉRAL,

Ayant bien voulu consentir à être l'intermédiaire entre moi et M. le ministre de la Guerre, à titre officiel, pour arriver à une solution au sujet de mes brevets pour l'acide picrique, j'ai l'honneur de vous adresser ci-joint deux dossiers relatifs aux questions que nous avons traitées dans nos différentes entrevues.

L'un de ces dossiers est relatif à la « Lyddite » (1) *« Mélinite », l'autre à la poudre sans fumée de mon invention. — Vous trouverez dans ces dossiers, Monsieur le général, toutes les pièces qui sont nécessaires et relatives à un historique complet, et qui vous permettront, sans doute, de vous former une opinion exacte.....*

Quant aux communications faites par M. Triponé et dont j'ai eu l'honneur de vous entretenir, *je laisse à votre haute appréciation la suite qu'il importe d'y donner, mais je tiens, dès maintenant, à en décliner toute solidarité et responsabilité, conformément aux articles 2, 3, 10, etc., de la loi sur l'espionnage du 18 avril 1886.*

Le dossier Lyddite contient :

Vingt et une lettres et notes relatives à M. Triponé et à l'affaire Armstrong; *(copies et extraits).*

Une lettre de mon agent de Brevet.

Une lettre de M. Fossoya.

Trois dessins des obus Armstrong que j'ai tirés (grandeur naturelle).

---

1. On sait que Lyddite et Mélinite signifient acide picrique.

Deux articles de journaux.
Une lettre (copie), que j'ai adressée à Armstrong.

. . . .

Veuillez agréer, etc.

EUG. TURPIN.

Le dossier relatif à ma poudre sans fumée m'a été renvoyé par lettre recommandée, tandis que l'autre dossier, relatif à la Mélinite et à la trahison de Triponé, est resté dans les mains du général Ladvocat (1).

Voici les lettres de convocation que j'ai reçues du général Ladvocat, relatives aux négociations en cours, ainsi qu'au sujet de la trahison de Triponé :

Paris, le 11 décembre 1888.

Monsieur TURPIN, à Colombes.

MONSIEUR,

Le général me charge de vous prier de vouloir bien passer à son cabinet, aux Invalides, aujourd'hui ou demain vers cinq heures, si cela vous est possible.

Veuillez agréer l'assurance de mes sentiments empressés et bien cordiaux.

(Signé) MICHAUT.

---

1. Voici la lettre qui accompagnait ce renvoi :

Paris, le 25 février 1889.

Monsieur Turpin, à Colombes.

MONSIEUR,

Le général me charge de vous adresser à titre de renvoi le dossier ci-joint, relatif à une poudre sans fumée.

Cordialement à vous.
(Signé) MICHAUT.

Paris, le 26 décembre 1888.

Monsieur Turpin, à Colombes.

Monsieur,

Le général me charge de vous prier de vouloir bien passer à son cabinet, aux Invalides, demain 27, ou après-demain, entre cinq et six heures.

Cordialement à vous.
(Signé) Michaut.

Paris, le 10 janvier 1889.

Monsieur Turpin, à Colombes.

Monsieur,

Le général me charge de vous prier de vouloir bien passer à son cabinet, aux Invalides, samedi 12 courant vers quatre ou cinq heures.

Veuillez agréer l'assurance de mes sentiments bien cordiaux.

(Signé) Michaut.

Paris, le 14 janvier 1889.

Monsieur Turpin, à Colombes.

Monsieur,

Le général me charge de vous prier de vouloir bien passer à son cabinet, aux Invalides, mercredi 16 courant, à quatre heures.

Veuillez agréer l'assurance de mes sentiments bien cordiaux.

(Signé) Michaut.

Paris, le 28 janvier 1889.

Monsieur TURPIN, à Colombes.

Monsieur,
Le général me charge de vous prier de passer à son cabinet, aux Invalides, demain 29 courant, vers cinq heures, si vous êtes libre.
Avec l'assurance de mes sentiments bien cordiaux.
(Signé) MICHAUT.

J'avais donc fait, comme on le voit, tout ce que je devais et tout ce que je pouvais faire pour atteindre les coupables.

Je considère, d'ailleurs, que, dans cette grave affaire, les personnalités, la camaraderie, les égards, les considérations et même la reconnaissance doivent disparaître devant la recherche de la vérité et des complices de Triponé. Il s'agit, ici, d'une question de salut, de vie ou de mort pour le pays. Aussi, je n'hésite pas, et je n'hésiterai pas à faire connaître tout ce que je sais et tout ce qui peut concourir à la découverte et au châtiment DE TOUS les coupables. C'est le seul moyen d'éviter dans l'avenir le renouvellement de faits aussi monstrueux et qui déshonorent l'armée et la France aux yeux de l'étranger, où on exploite ouvertement ces trahisons, en en faisant connaître l'origine par la communication des copies des pièces officielles. Il n'y a malheureusement rien de surprenant à ce que des trahisons se produisent par ces temps de corruption, à chaque instant nous en sommes les tristes témoins. L'affaire de Nancy, avec Bonnet, cet ancien officier qui faisait, de l'espionnage, presque une profession, en est encore un douloureux exemple; mais, ce qu'il y aurait d'incompréhensible, et ce qui pourrait avoir les conséquences les plus funestes dans l'avenir, ce serait que les traîtres ne fussent pas punis.

La loi sur l'espionnage n'est pas assez sévère, tout le monde est d'accord là-dessus, mais, telle qu'elle est, il faudrait au moins l'appliquer. Il est assez difficile, du reste, de s'expliquer pourquoi en matière de trahison on a établi une différence entre le temps de paix et le temps de guerre. La trahison commise en temps de paix est pour servir en temps de guerre, c'est certain. Or, elle est d'autant plus grave, au contraire, qu'elle permet à l'ennemi de se préparer de longue main à en faire bon usage.

Raisonnablement, il n'y a donc aucune différence à établir, en matière d'espionnage ou de trahison, entre le temps de paix et le temps de guerre (1).

Une nation qui, comme l'Italie ou l'Allemagne, se montre ouvertement hostile à la France, et qui fait des efforts surhumains pour se procurer nos moyens de défense, est bien près d'être un ennemi. En tout cas, le misérable, officier ou civil, qui lui livre directement ou indirectement nos moyens de défense ou les secrets de notre armement, n'en est pas moins coupable, et engage positivement l'étranger à nous faire la guerre.

Lorsque je remis au général Ladvocat le dossier des pièces et dessins relatifs à la trahison de Triponé et de

---

1. On pourrait donc, et on devrait toujours appliquer les articles 76, 77, 79, 80, 81 et 82 du Code pénal.
Les articles 81 et 82, entre autres, sont ainsi conçus :
« 81. — Tout fonctionnaire public, tout agent, tout préposé du gouvernement chargé à raison de ses fonctions, du dépôt des plans de fortifications, arsenaux, ports ou rades, qui aura livré ces plans ou l'un de ces plans à l'ennemi ou aux agents de l'ennemi, sera puni de MORT. Il sera puni de la détention, s'il a livré.....
« 82. — Toute autre personne qui, étant parvenue, par fraude, corruption ou violence, à soustraire lesdits plans, les aura livrés, ou à l'ennemi ou aux agents d'une puissance étrangère, sera punie comme le fonctionnaire ou agent mentionné dans l'article précédent, et selon les distinctions qui y sont établies. »
L'article 76 pourrait même, en bien des cas, être appliqué à l'espionnage :
« Quiconque aura pratiqué des machinations ou entretenu des intelligences avec les puissances étrangères ou leurs agents, pour les engager à commettre des hostilités ou à entreprendre la guerre contre la France ou pour leur en procurer les moyens, sera puni de mort. »
Livrer des plans et les secrets de notre armement c'est bien, il me semble, procurer les moyens de nous faire la guerre.
Quoi qu'il en soit, si la loi n'existe pas, il importe de la faire au plus tôt, ou de développer la loi sur l'espionnage.

ses complices, j'ai observé, comme je l'ai dit plus haut, qu'il paraissait fort indigné au début, mais, peu après, dans les entrevues suivantes, il en fut tout autrement.

Que s'était-il passé au ministère de la Guerre? On me reprochait, en quelque sorte, d'avoir rompu avec Armstrong, que le général qualifiait de « puissance inattaquable ».

En maintes circonstances j'ai revu et entretenu à nouveau le général Ladvocat de cette affaire, pour lui demander une solution et pour savoir où en étaient les poursuites contre Triponé; il m'a été impossible de rien obtenir.

« Vous ne devez pas être content, me dit-il, nous comprenons cela. »

Loin de chercher à arrêter les entreprises de Triponé, on semblait heureux de la réussite de ses agissements et de ses négociations. Aussi, le doute n'est plus possible, et le langage qui m'a été tenu, aussi bien que la conduite observée, démontrent que M. Triponé était complètement soutenu et n'avait rien à craindre, malgré l'immensité de la trahison. Les faits le prouvent surabondamment.

D'ailleurs, lui-même m'avait dit : « Vous ne voulez pas marcher avec nous, nous nous en f...ons, on fera l'affaire sans vous. Ce que nous voulons, c'est votre affaire, et nous l'aurons. »

Lorsque je fis connaître au général Ladvocat mon intention d'appeler l'attention du pays sur ces faits, il me fut répondu : Vous n'avez personne pour vous défendre, vous avez déjà envoyé une sommation à tout le monde, et personne n'y a fait attention. Au reste, les députés sont assez occupés avec leurs prochaines élections et leurs propres affaires, sans s'occuper de vous. « Enfin, me dit-il, le général Mathieu sait exactement ce que vous faites et tout ce qui se passe chez vous, et, prenez garde, c'est peut-être vous qui serez ennuyé. ON DIRA PEUT-ÊTRE QUE C'EST VOUS!!! »

Plus tard, dans d'autres conversations, on alla jusqu'à me dire : « Vous ne pourrez pas prouver qui a donné les plans et rapports à Triponé, et on vous dira que c'est un garçon de bureau ou un employé quelconque. Vous savez bien, du reste, que c'est le ministre qui est seul responsable, et que les chefs de bureau et les directeurs ne sont pas responsables. On ne peut pas les atteindre. »

— Mais, répondis-je, Triponé sera bien obligé d'avouer d'où et de qui il tient ces pièces?

Là-dessus, pas de réponse.

Tel est le système de défense que l'on entend employer probablement.

Dans ces négociations, voici qu'elle était ma situation : dans un cas je devais et je pouvais recevoir, malgré mes révélations, la somme de un million, pour l'abandon de mes droits; il fallait, pour cela, accepter ce qui m'était offert. Dans l'autre cas, c'est-à-dire n'acceptant pas, je n'avais plus droit à rien.

C'est ainsi que les choses se sont terminées.

Quoi qu'il en soit, et je le répète à dessein, l'autorité militaire a été prévenue de la trahison, et puisque aucunes poursuites n'ont été dirigées contre Triponé, je maintiens qu'il y a complicité officielle.

Je demande une enquête sur les causes qui ont empêché les poursuites contre Triponé, je demande, enfin, que la responsabilité morale et matérielle de M. de Freycinet soit prononcée, attendu que tous ces faits se sont passés sous son ministère, et que les ministres sont responsables.

Je demande ces poursuites, tant à cause de la trahison que du préjudice qui m'est causé par la livraison des pièces officielles, qui, par leur nature, constituent une concurrence quasi-officielle et déloyale à mes brevets, et me mettent dans l'impossibilité de tirer parti de mes travaux conformément à mes droits.

IX

DÉNONCIATION A L'AUTORITÉ CIVILE

Malgré les étranges conseils qui me furent donnés de ne pas rompre avec la Compagnie Armstrong, je crus de mon devoir et de mon honneur de n'y point prêter oreille, et, bien au contraire, j'écrivis en mars 1889, les le tres plus ou moins vives que l'on a lues plus haut à la Société Armstrong, pour lui reprocher ses agissements et les procédés déloyaux de Triponé auxquels j'avais toujours refusé mon acquiescement.

Peu après, je recevais la lettre suivante, absolument monstrueuse par les mensonges qu'elle contient, et déshonorante pour celui qui l'a signée, tant elle est en désaccord avec les faits et les engagements que l'on connaît :

ELSWICK WORKS NEWCASTLE UPON TYNE

8 avril 1889.

A Monsieur EUGÈNE TURPIN.

Monsieur,

Les termes dans lesquels sont rédigées vos lettres, et surtout la dernière adressée par vous à M. Vavasseur, nous empêchent de pouvoir entrer en une correspondance quelconque avec vous.

Cependant, afin que notre silence ne puisse donner lieu à une fausse interprétation, nous trouvons convenable d'établir les faits suivants :

A. La rupture des négociations entre nous doit être imputée à votre propre déloyauté en répudiant les con-

ditions que vous aviez vous-même rédigées, et que NOUS AVIONS ACCEPTÉES.

B. *Nous n'avons accepté aucun ordre d'un gouvernement quelconque pour fournitures ayant rapport à votre procédé.*

C. *Nous n'avons jamais publié ni fait publier dans aucun journal ou par autre moyen quelconque, quelque rapport que ce soit sur les négociations entre nous, ou sur les expériences à Lydd ou à Portsmouth.*

D. *Depuis plusieurs années nous nous occupons de l'étude de la question des explosifs puissants ainsi que d'obus* A GRANDE CAPACITÉ DE CHARGEMENT.

Ayant ainsi catégoriquement repoussé vos affirmations, nous avons à vous informer que nous avons donné des instructions pour vous intenter un procès pour vos lettres, dès que vous mettrez les pieds en Angleterre.

Nous restons, Monsieur, votre obéissant serviteur.

Pour Sir W. G. Armstrong, Mitchell et C° (limited).
(Signé) NOBLE, *Directeur.*

On sait que ma déloyauté consiste à ne pas avoir voulu trahir mon pays en refusant mon concours à l'exploitation des plans volés à Paris et livrés par Triponé.

La Société a accepté des commandes, et elle seule avait intérêt, avec ceux qui lui ont livré les plans, à faire une immense réclame dans la presse pour faire croire à la légitime possession et propriété de mes procédés, et pour m'attribuer la trahison dont moi-même je fus et suis la victime. En tout cas, la Société Armstrong n'a rien fait pour démentir ou désapprouver ces faux bruits et ces fausses attaques; donc elle en a profité.

Malgré les dires de M. Noble, comme on l'a vu par les lettres de M. Vavasseur et les conventions préliminaires, la Société Armstrong n'avait jamais étudié les explosifs puissants pour le chargement des obus, et, encore moins,

Elswick Works
Newcastle upon Tyne
April 8th 1889.

à Monsieur.
M. Eugene Turpin.

Sir

The terms in which your letters to us, and especially your last letter to Mr Vavasseur, have been couched, have made it impossible for us to enter into any correspondence with you.

Lest, however our silence should be open to misconstruction we think it well to place on record the following facts.

1. The interruption of the negotiations between us was due to your own disloyalty in repudiating the conditions which you had yourself drawn up, and which we had accepted.

accepted

β. We have not accepted any order from any Government for material connected with your process.

γ. We have never published or caused to be published in any journal or in any other manner any account of the negotiations between us, or of the experiments at Lydd or Portsmouth.

δ. We have been studying for some years past the question of high explosives and of shell with great bursting capacity.

Having thus categorically rebutted your statements, we must inform you that we have given instructions for an action for libel to issue against you immediately you set foot in England.

We remain, Sir,

Your obedient Servants.

For SIR W. G. ARMSTRONG, MITCHELL & Co. LIMITED

DIRECTOR.

la fabrication et le tir des obus de cinq calibres environ et de grande capacité, auxquels elle ne croyait pas (1).

Quant aux poursuites contre moi, et dont il est parlé à propos de mes lettres déclarant que la Société Armstrong est, ainsi qu'on me l'a dit, une société déloyale, je ne m'en préoccupe pas. Si j'ai écrit que le colonel Dyer, l'un des directeurs, avait quitté la Société Witheworth en emportant chez Armstrong son procédé d'acier, c'est Triponé qui me l'a dit, de même que l'on m'a raconté que le capitaine Noble promettait aux officiers des pots de vin pour obtenir des commandes, et qu'il ne les leur donnait pas l'affaire faite.

Les choses en étaient là, lorsque le journal le *Matin* publia l'article que l'on va lire, et dont les assertions se trouvent confirmés dans le *Bulletin de la Société des Ingénieurs civils* de cette époque.

Les trois cents ingénieurs anglais qui, depuis huit jours, sont les hôtes de la Société des ingénieurs français, ont quitté Paris hier soir, se dirigeant en quatre groupes vers divers pays, afin d'étudier dans ces pays l'industrie métallurgique. Les uns se sont rendus au Creusot, les autres à Maubeuge et à Arras, d'autres encore à Longwy, et la bande la plus importante est venue à Saint-Etienne, sous la conduite de M. Eiffel, président de la Société des ingénieurs français, et de M. Armand de Dax, secrétaire général.

Partis par train spécial, à huit heures et demie du soir, les ingénieurs sont arrivés en gare de Saint-Etienne à sept heures et demie du matin. Sur le quai de la gare attendaient : M. Reymond, sénateur de la Loire, et M. Théollier, président de la Chambre de commerce, qui ont souhaité la bienvenue aux étrangers, au nom des Stéphanois.

Sir James Kintson, baronnet et président de « Iron and Steel institute », et le colonel Dyer, directeur de l'usine Armstrong, étaient du voyage.

On arrive à l'usine dont les portes sont ornées de drapeaux tricolores, et la visite commence sous la direction de M. Chaulat *et du capitaine d'artillerie Chantaume.*

---

1. Voir la lettre Vavasseur page 184.

Dans tous les ateliers, le travail bat son plein. Des centaines d'ouvriers sont à leurs postes et manipulent d'énormes boules de feu comme les enfants jouent à la balle. Le marteau-pilon de quarante tonnes s'abat lourdement et avec un bruit de tonnerre sur la barre d'acier dont on fera un formidable canon de marine. Puis l'homme, qui seul et d'une seule main, fait marcher cet outil prodigieux, change le mouvement, le laisse tomber d'abord légerement, puis tout doucement, et touche à peine la barre de fer. Il paraît que cet ouvrier a acquis une telle habitude dans le maniement de son marteau de quarante tonnes qu'il s'en sert pour casser une noix sans l'écraser ou qu'il le laisse tomber sur une feuille de verre sans la briser.

Pendant deux heures, les Anglais assistent au spectacle fantastique de ces hommes courant au milieu des flammes, jouant avec DES OBUS D'ACIER tout rouges, attrapant au vol des blocs de feu qu'on retire devant nous d'un épouvantable brasier, sciant une barre de fer qui leur jette à la figure des milliers d'étincelles. Et tout cela, avec un courage, une sûreté et une adresse vraiment extraordinaires. Les Anglais étaient émerveillés (1).

Ainsi, non seulement la Société Armstrong était en possession des plans et rapports officiels, mais, l'un de ses directeurs, le colonel Dyer, chef de l'aciérie, venait encore, par hasard ! voir la fabrication de nos obus, sous la direction d'un officier d'artillerie français. Triponé, qui n'est pas de la Société des ingénieurs civils, ne faisait-il pas partie du voyage, comme guide particulier, à titre d' « Anglais » ?

Comme on le voit, l'affaire était bien conduite.

Sous le coup de l'indignation, las d'attendre, d'ailleurs, que l'autorité militaire fît son devoir, je me décidai à écrire au Procureur de la République la lettre suivante, que j'ai envoyée recommandée.

1. *Le Matin* du 28 septembre 1889.

Colombes, le 28 septembre 1889.

A Monsieur le Procureur de la République, à Paris.

« Monsieur le Procureur,

« J'ai l'honneur de porter à votre connaissance les faits suivants :

« Après le refus du Gouvernement français de traiter avec moi définitivement pour mes brevets d'acide picrique, dit « Mélinite », comme on me l'avait fait espérer, je me suis décidé à aller en Angleterre procéder à quelques petites expériences simplement, sur les propositions et instances d'un M. Emile Triponé, représentant de commerce, demeurant 35, rue de Rome, à Paris.

« Après les expériences, et au moment de passer un contrat avec la Société Armstrong, chez laquelle ce Triponé, capitaine d'artillerie de la territoriale à Belfort, et Alsacien, m'avait introduit, j'ai acquis la certitude, et j'ai des preuves suffisantes, que ce dernier avait livré à la Société Armstrong, soit pour de l'argent, soit pour devenir le représentant de la Société Armstrong en France, ce qu'il est aujourd'hui depuis cette époque, une foule de documents volés au ministère de la guerre, qui ont été copiés et calqués, partie par Triponé lui-même, et dessinés par un de ses employés, M. Feuvrier père, parent de Triponé. Voici l'énumération des documents volés et dont copies ont été remises à la Société Armstrong, entre les mains des directeurs :

« Cap. Noble, Colonel Dyer et M. Vavasseur :

« 1° Rapports de Bourges et de Calais sur toutes les expériences secrètes de Mélinite.

« 2° Plans d'une nouvelle fusée dite fusée R. F.

« 3° Plans et tables de construction du détonateur de Bourges, dont ci-joint un croquis tout monté, relevé sur les dessins d'Armstrong, et qui m'a été donné par un de leurs ingénieurs, M. Marjoribanks. (Ces plans étaient encore pourvus de la signature du général Boulanger.)

« 4° Plans et table de construction, outillage, résistance et nature de l'acier, etc., pour les grands et nouveaux projectiles, étudiés par l'artillerie. (Obus de grande capacité.)

« 5° Plans et table de chargement des obus de campagne de 90 millimètres en acier avec la Mélinite et la cartouche paraffinée.

« 6° Notice du ministère de la Marine, sur le chargement facultatif à bord des navires de guerre de la Mélinite.

« 7° Appareils de chargement et de fusion : Bassine, Pochette, Dégorgeoir, etc., etc.

« 8° Renseignements sur l'emploi de l'acide crésylique, etc., etc.

« En conséquence de cette infamie, je me suis empressé, dès que j'en ai eu connaissance, de rompre avec la Société Armstrong pour la vente légale de mes brevets, que j'ai pris, d'ailleurs, avec l'autorisation du ministère de la Guerre, et j'ai *refusé* les 750,000 francs que devait me payer cette Société, préférant mon honneur à la fortune, parce que la Société Armstrong voulait se servir de moi et de mon nom pour couvrir cette infamie.

« J'ai appris, depuis, que malgré mes droits et mes refus de traiter, la Société Armstrong avait accepté pour l'Italie de fortes commandes, ainsi que pour l'Autriche, d'obus construits sur les plans français, et qu'elle en indique le chargement, sans fournir l'explosif, faisant ainsi une contrefaçon indirecte à mes brevets, en faisant usage des plans volés à la France et livrés par Triponé.

« A la suite de ma rupture volontaire avec la Société Armstrong, j'ai adressé à cette Société des lettres fort vives, je l'avoue, sur leur étrange manière de faire, et, en réponse, il m'a été donné avis que si j'allais en Angleterre, je serais poursuivi par eux pour lettres injurieuses.

« Or, j'apprends aujourd'hui, par le *Matin*, que parmi les ingénieurs anglais reçus à Saint-Etienne, hier, par des officiers d'artillerie français qui montrent la fabrication de nos obus, il y a le colonel Dyer, l'un des principaux directeurs de la Société Armstrong et le fondateur de l'usine en Italie, à Pouzzoles, qui arme l'Italie contre nous. Or, c'est lui, avec le capitaine Noble, l'autre directeur principal, ainsi que M. Vavasseur, qui a vendu à la France des affûts hydrauliques fort longtemps ; qui a été le plus cynique dans cette affaire en me déclarant qu'il savait très bien que les documents à lui livrés, par Triponé, étaient volés à Paris, mais que cela n'aurait que plus de valeur auprès des gouvernements étrangers. Triponé est devenu, maintenant, représentant d'Armstrong, ainsi que l'on peut le constater à la section anglaise, au premier, galerie des machines, où Armstrong expose un navire de guerre en petit, construit pour l'Italie.

« Le colonel Dyer ne peut être venu ici que comme espion, et je demande son arrestation en raison des faits énoncés ci-dessus.

« J'ai fait mon devoir, et c'est à vous, Monsieur le

Procureur, à voir et à décider ce que vous devez faire conformément à la loi sur l'espionnage.

« Recevez, Monsieur le Procureur, l'expression de mes sentiments distingués.

« EUG. TURPIN. »

Quelques jours après, je recevais, du commissaire de police de Courbevoie, une lettre de convocation pour le 5 octobre, à son bureau.

J'y allai le 4, et, le commissaire étant absent, je renouvelai mes déclarations, en les précisant et en les complétant, au secrétaire du commissaire qui rédigea, devant moi, un long procès-verbal QUE J'AI SIGNÉ.

Dans ce procès-verbal, je faisais connaître que j'avais déjà remis antérieurement, au général Ladvocat, un dossier complet qui est resté en sa possession.

Depuis le 4 octobre 1889, je n'ai plus entendu parler de rien, malgré la précision de mes déclarations et la gravité des faits.

Pourquoi ?

Qui a pu enrayer les poursuites contre Triponé dans un fait de trahison aussi gigantesque ?

La complicité officielle est donc manifeste, et quelle que soit la cause qui ait empêché les poursuites, les faits n'en sont pas moins là : aucune excuse ne saurait être admise.

On pouvait poursuivre les coupables en silence et éviter tout scandale, si c'est ce que l'on voulait, ainsi que cela s'est pratiqué tout dernièrement au sujet des poursuites dirigées, à huis clos, contre le sieur Vanneau de Malberg (14 janvier 1870), ou contre le sieur Piétro Contin (26 avril 1890).

Le secret est, d'ailleurs, toujours gardé dans les poursuites de ce genre.

Quant à l'affaire de la Mélinite, si on n'a pas poursuivi, c'est très probablement pour les deux raisons suivantes :

Parce qu'il y a des intéressés trop haut placés dans l'affaire.

Parce que, prouver ou essayer de prouver, par un moyen quelconque, que je ne suis pas le réel inventeur du procédé dit : « Mélinite », entrait, et entre, dans les vues de la coterie administrative et des services fermés ; et parce que les agissements de ce Triponé, se faisant le porte paroles de ces coteries, secondaient à merveille les manœuvres frauduleuses de ceux qui livraient les pièces officielles, tout en sauvant, en apparence, l'amour-propre du corps.

Certes, l'administration de la guerre n'était, et n'eut été en aucun cas, déshonorée de ce qu'un Français, étranger aux services fermés, ait découvert, à force de travail, un procédé cherché depuis vingt ans sans succès ; tandis que le fait de méconnaître la vérité, de renier la justice, et de martyriser un homme dont toute l'ambition était de réaliser une aisance en rapport avec les services rendus à sa patrie, à l'armée et à la science, sera à jamais un déshonneur pour le pays et l'administration, et une tache indélébile pour l'armée elle-même, surtout pour les armes d'élite, dont l'élévation du niveau intellectuel est, et sera toujours, une circonstance aggravante.

Mais puisqu'il en est ainsi, il était utile de dire, et il faut que l'on sache QUE LES OBUS QUI SONT APPELÉS A BOMBARDER ET DÉTRUIRE NOS VILLES FRONTIÈRES ET DU LITTORAL, DEPUIS LA MER DU NORD JUSQU'AU DELA DES ILES D'HYÈRES, avaient été inventés par un pauvre chercheur, un homme de cœur qui avait rêvé un peu la fortune et un peu de gloire, avec l'honneur de servir exclusivement son pays, MAIS SONT SORTIS, TOUT CHARGÉS ET ARMÉS, DES DÉPARTEMENTS DE LA GUERRE ET DE LA MARINE, LIVRÉS POUR UNE MESQUINE QUESTION D'AMOUR-PROPRE DE CORPS, ET POUR UNE ODIEUSE QUESTION D'ARGENT, basées sur le dol de l'inventeur et le vol des plans officiels.

X

ON NE POURSUIT PAS

Ainsi que je l'ai dit plus haut, n'ayant pu obtenir justice ni le châtiment des coupables, j'étais déterminé, bien malgré moi, à faire appel à l'opinion publique et aux Chambres pour dévoiler les faits que l'on connaît déjà, lorsque M. de Freycinet, ministre de la Guerre, apprit, par le directeur de l'un de nos grands journaux de Paris, que j'allais publier un livre.

M. de Freycinet qui, bien antérieurement, devait savoir par mes dénonciations où en était la question, me fit cependant appeler, le 11 juillet 1890, à son cabinet, et il me promit, en présence de deux personnes : MM. Alfred Edwards, directeur du *Matin* et M. Lagrange de Langre, de me faire rendre justice, de faire rechercher et punir les coupables.

L'appui d'un journaliste et la crainte du bruit et du scandale que devaient faire mes révélations, avaient donc produit plus d'effet que toutes mes revendications alors que l'on me savait seul, isolé, et à peu près sans défense.

Je laisse au lecteur le soin d'apprécier cette honorable manière de procéder, basée sur la force, la puissance ou la crainte, et non sur la vérité et sur le droit. Tu es faible, donc tu as tort, car on ne te craint pas. Tu es fort et tu peux te défendre, nous nous inclinons.

Comme c'est joli cet art de gouverner, et comme c'est noble et moralisateur !

Cela confirme bien, d'ailleurs, ce que le général Ladvocat m'avait dit.

N'est-il pas monstrueux que, dans une question de cette nature, je sois obligé de recourir à la presse pour obtenir justice ? N'est-ce pas un crève-cœur de plus d'être obligé d'aller conter mes peines et mes affaires, pour obtenir satisfaction, ou de voir que l'on fait plus de cas des menaces d'un journaliste, quelle que soit son honorabilité, que de mes justes revendications ?

Mais, mon Dieu, d'où sortent donc les gens qui nous gouvernent, et quelle éducation spéciale ont-ils donc reçu pour se complaire à faire le contraire de ce que le plus vulgaire bon sens indique ?

Quoi qu'il en soit, une Commission fut nommée d'urgence par le ministre, afin d'entendre mes communications et revendications.

Cette commission était composée de :

M. le général Ladvocat, président ;

M. le général Nismes, membre ;

Et M. de Boisbrunet, contrôleur général, membre.

M. le capitaine d'artillerie X., aide de camp de M. le général Ladvocat, a rempli les fonctions de secrétaire.

On comprendra combien on craignait mes révélations et la lumière, si on songe que j'avais vu le ministre le 11 juillet, et que le 14, jour de la fête nationale, cette Commission fonctionna.

L'on vit, en effet, un général, quittant brusquement l'hippodrome de Longchamp, sitôt le défilé terminé, s'élancer à franc-étrier dans la direction de Neuilly, et là, sautant à bas de son cheval, se précipiter dans son bureau pour écrire la lettre, *urgente*, qu'il fit aussitôt jeter à la boîte, ne songeant plus que les Postes, moins diligentes que les Commissions qui ont pour objet de blanchir l'administration de la guerre, ne FONCTIONNENT PAS LE 14 JUILLET, ou peut-être, espérant que le mot URGENT, placé bien en vedette sur l'enveloppe, la ferait arriver TOUTE SEULE. Enfin, le général, au comble de l'inquiétude et de l'émotion, perdant la tête et la notion du temps et de la distance, oubliant le moment de fêtes dans lequel nous nous trouvions et dont on profite pour s'absenter, me convoqua, en réalité, à 24 HEURES DE DATE et OUBLIA D'INDIQUER L'HEURE DU RENDEZ-VOUS.

Voici cette lettre qui ne me parvint que le 15 juillet, à trois heures :

COMMANDEMENT
de
L'ARTILLERIE DE LA PLACE
ET DES FORTS DE PARIS

Paris, le 14 juillet 1890.

Hôtel des Invalides, corridor du Quesnoy.

Le Général commandant

N° ...

Le général LADVOCAT, commandant l'artillerie de la place et des forts de Paris, A Monsieur TURPIN, ingénieur chimiste, à Colombes.

MONSIEUR,

J'ai l'honneur de vous faire connaître que Monsieur le Ministre de la Guerre a chargé, sous ma présidence, une Commission d'examiner la nature des revendications que vous avez émises, au sujet du TORT QUE VOUS AURAIT CAUSÉ L'EXPLOITATION PAR L'ADMINISTRATION DE LA GUERRE *de l'explosif qui a fait l'objet de la convention que vous avez souscrite en 1885.*

Je vous informe que la Commission se réunira mercredi prochain 16 JUILLET COURANT, *à mon cabinet, aux Invalides, pour entendre toutes les réclamations et explications que vous croirez devoir lui présenter.*

Je vous serai, en conséquence, obligé de vouloir bien vous rendre à la présente convocation.

Veuillez recevoir, Monsieur, l'assurance de ma considération la plus distinguée.

(Signé): GÉNÉRAL LADVOCAT.

Commandement de l'Artillerie
de la Place et des Forts
de Paris

Le Général Commandant

N°........

Paris le 14 Juillet 1890
(Hôtel des Invalides — Corridor de Quesnoy)

Le Général Lachrocat,
Commandant l'Artillerie de la Place et des
Forts de Paris, à Monsieur Turpin
Ingénieur chimiste à
Colombes

Monsieur,

J'ai l'honneur de vous faire connaître que
Monsieur le Ministre de la guerre a chargé
sous ma présidence une commission d'examiner
la nature des revendications que vous avez émises
au sujet du tort que vous auraient causé l'exploitation
par l'administration de la guerre de l'explosif qui
a fait l'objet de la convention que vous avez souscrite
en 1885.

Je vous informe que la Commission se réunira
samedi prochain 16 Juillet courant à mon

Cabinet aux Invalides pour entendre toutes les réclamations et explications que vous croirez devoir lui présenter.

Je vous serai en conséquence obligé de vouloir bien vous rendre à la présente convocation.

Veuillez recevoir Monsieur, l'assurance de ma considération la plus distinguée.

G¹ Lauxocak

Monsieur E. Turpin
Ingénieur Chimiste
Colombes
(Seine)

urgent

Cette lettre ne fixant pas l'heure de la réunion, je suis arrivé après la séance de la Commission qui avait eu lieu à midi.

J'ai vu cependant le général Ladvocat, qui m'a demandé de rédiger, par écrit, mes explications, et qui m'engagea à ne pas parler de la trahison de Triponé.

COMMANDEMENT
de
L'ARTILLERIE DE LA PLACE
ET DES FORTS DE PARIS

Le Général commandant

N° 208

Paris, le 16 juillet 1890.

Le général LADVOCAT, Commandant l'Artillerie de la place et des forts de Paris, A Monsieur TURPIN, chimiste, à Colombes.

MONSIEUR,

J'ai l'honneur de vous faire connaître que la réunion à laquelle je vous ai convoqué le 14 juillet dernier, vient d'avoir lieu aujourd'hui, 16 juillet, à une heure de l'après-midi, dans mon bureau et sous ma présidence.

Un malentendu involontaire vous ayant empêché de vous présenter devant la Commission, celle-ci me charge de vous prier de vouloir bien préciser, par écrit, la nature de vos revendications avec les explications que vous lui auriez soumises en séance, et qu'elle se propose d'examiner en détail dans une séance ultérieure à laquelle je vous convoquerai.

Vous voudrez bien m'adresser ces divers renseignements à mon cabinet, aux Invalides, avec la mention « personnelle et confidentielle ».

Veuillez recevoir, Monsieur, l'assurance de ma considération la plus distinguée.

(Signé) GÉNÉRAL LADVOCAT

Voici ma réponse :

EUGÈNE TURPIN *Colombes, le 17 juillet 1890.*

Monsieur le général Ladvocat, président de la Commission d'examen de la Mélinite, Hôtel des Invalides, Paris.

Monsieur le Général,

J'ai l'honneur de vous accuser réception de vos deux honorées des 14 et 16 juillet courant.

Je regrette vivement de n'avoir pu assister à la convocation de la Commission, le 16 courant, mais, d'une part, la lettre d'invitation étant parvenue chez moi pendant mon absence, et, d'autre part, l'heure du rendez-vous ayant été omise dans cette lettre, je n'ai pu me présenter à votre cabinet en temps utile.

En ce qui concerne votre honorée du 16 courant, j'ai l'honneur de vous informer, Monsieur le Général, que conformément à votre demande, je vais rédiger une note résumant les motifs de mes revendications, et je compte vous la faire parvenir, suivant vos indications, avant la fin du mois.

Veuillez agréer, Monsieur le Général, l'expression de mes sentiments les plus dévoués et les plus respectueux.

Eug. Turpin.

INSPECTION GÉNÉRALE
de
L'ARTILLERIE ET DU TRAIN
des Équipages militaires
en 1890

5ᵉ ARRONDISSEMENT

L'Inspecteur général

N° 248

Rennes, le 29 juillet 1890.

Le général LADVOCAT, commandant l'artillerie de la place et des forts de Paris, inspecteur général du 5ᵉ arrondissement d'artillerie.

A Monsieur TURPIN, ingénieur chimiste à Colombes.

MONSIEUR,

J'ai l'honneur de vous faire connaître que la Commission, nommée par le Ministre à l'effet d'examiner vos revendications, se réunira dans mon cabinet (Hôtel des Invalides, à Paris), le 8 août prochain, à une heure de l'après-midi.

Je vous prie de vouloir bien vous tenir à la disposition de la Commission qui désire entendre vos explications verbales, et, à cet effet, de vous rendre à mon bureau au même jour et à la même heure que ci-dessus.

Ainsi que j'ai eu l'honneur de vous le dire dans ma lettre 208, du 16 juillet dernier, la Commission désire avoir un exposé écrit de vos revendications.

Vous voudrez bien m'accuser réception de la présente convocation, et, au besoin, m'adresser votre mémoire à Rennes (Ille-et-Vilaine), où je suis en ce moment, et que je quitterai le 5 août. J'y suis descendu à l'Hôtel Julien.

Veuillez agréer, Monsieur, l'assurance de ma considération très distinguée.

(Signé) GÉNÉRAL LADVOCAT.

Voici ce que j'ai répondu à cette lettre qui était recommandée :

EUGÈNE TURPIN *Colombes, le 31 juillet 1890.*

Monsieur le général LADVOCAT,
à Rennes (Ille-et-Vilaine).

MONSIEUR LE GÉNÉRAL,

J'ai l'honneur de vous accuser réception de votre honorée du 29 courant.

Conformément à la convocation que vous voulez bien me fixer, je me tiendrai à la disposition de la Commission pour le 8 août, à une heure de l'après-midi.

Dans le cas où, par suite d'une circonstance imprévue, je ne pourrais pas assister à la réunion de la Commission, je vous en préviendrai à temps, ou je me ferai représenter par un mandataire spécial.

En ce qui concerne la demande qui était contenue dans votre honorée du 16 juillet courant, j'ai préparé une note résumant mes droits et mes revendications avec les détails que cette importante question comporte, pour qu'une décision définitive soit prise en pleine connaissance de cause.

Dès que cette note sera terminée, je m'empresserai de vous en adresser un exemplaire.

Si elle est prête avant votre départ de Rennes, j'aurai l'honneur de vous l'envoyer à l'Hôtel Julien de cette ville. Dans le cas contraire, vous la trouverez à votre cabinet, aux Invalides, à votre retour à Paris.

Veuillez me croire, Monsieur le Général, votre respectueux

EUG. TURPIN.

INSPECTION GÉNÉRALE
de
L'ARTILLERIE ET DU TRAIN
des Équipages militaires
en 1890

5ᵉ ARRONDISSEMENT

L'Inspecteur général

N° 256

Rennes, le 1ᵉʳ Août 1890.

Le général LADVOCAT, commandant l'artillerie de la place et des forts de Paris, inspecteur général du 5ᵉ arrondissement d'artillerie, A Monsieur TURPIN, chimiste à Colombes.

MONSIEUR,

J'ai l'honneur de vous accuser réception de votre lettre du 31 juillet dernier et de vous faire connaître que la réunion de la Commission sera, sur la demande de Monsieur le Général Nismes, retardée d'une heure.

Veuillez donc vous considérer comme convoqué pour deux heures de l'après-midi, le 8 août, et non pour une heure, ainsi qu'il était indiqué dans ma lettre n° 248 du 29 juillet.

Je tiens beaucoup à ce que vous vous présentiez en personne devant la Commission, pour faire valoir vos revendications, au lieu de vous faire représenter par un mandataire. Je vous prie donc de faire tout votre possible pour aplanir les obstacles qui pourraient vous empêcher d'assister à la séance.

En ce qui concerne la note qui vous a été demandée, vous pourrez me l'adresser à Rennes, par paquet recommandé, si elle est prête le 3 août au soir. Dans le cas contraire, je vous prie de me l'adresser à mon cabinet des Inva lides, où je désirerais au moins la trouver à mon arrivée.

Je quitterai en effet Rennes le 5 août au soir, pour être à Paris le 6 au matin.

Veuillez recevoir, Monsieur, l'assurance de ma considération très distinguée.

(*Signé*) GÉNÉRAL LADVOCAT.

J'ai répondu à cette lettre que la notice n'était pas encore prête, mais que M. le général Ladvocat la trouverait à son retour à Paris, à son cabinet, à l'Hôtel des Invalides, ce qui a eu lieu.

La notice que j'ai rédigée pour la Commission spéciale dont il vient d'être question, était un résumé précis de mes travaux et de mes premières négociations, avec dessins et planches en photolithographie à l'appui.

Dans la troisième partie, voici ce que je disais, pages 53 et 54 :

« Après une longue attente, n'obtenant pas de solution, je retournai en Angleterre vers la fin de 1888, pour poursuivre les négociations que M. Triponé avait renouées avec la Société Armstrong.

« Je ne tardai pas à rompre, brutalement, avec la Société Armstrong, ayant acquis la preuve que des documents officiels de Paris avaient été livrés à cette maison par M. Triponé, et ne voulant d'aucune façon m'associer à cet acte de haute trahison.

« Je ne me dissimule pas la gravité de l'accusation que je viens de porter, mais je suis prêt à en fournir la preuve.

« Voici, du reste, la nomenclature des pièces livrées à l'Angleterre :

« Les plans des obus de grande capacité avec tables de construction.

« Les plans et modes de chargement des obus de campagne de 90 $^{m/m}$.

« Les plans du détonateur de Bourges.

« Les plans d'une nouvelle fusée, dite fusée R. F.

« Les plans des appareils de chargement : dégorgeoir, bassine, etc., etc.

« Des rapports de Bourges, Calais, etc.

« Ces faits sont publics, ils ont été révélés par le *Paris* du 22 mai 1888; par le *Matin* des 9, 10 et 23 juin et 15 juillet 1888.

« Le nom de M. Triponé a été cité en toutes lettres par ces journaux. Il ne m'appartient pas de rechercher ici qui a pu lui fournir ces pièces.

« Il me suffit de pouvoir proclamer que ni de près ni de loin, je n'ai trempé dans cette affaire dont on a cherché à faire jaillir sur moi une part de responsabilité dans un but facile à comprendre.

« Ma justification, si elle était nécessaire, on la trouverait dans ce simple fait, que je n'ai pas hésité à dénonces ces coupables agissements.

. . . .

Ce Mémoire, très catégorique comme on le voit, ayant été remis en temps voulu, je me rendis à la séance de la Commission du 8 août, à laquelle j'avais été convoqué.

A cette séance, je développai et précisai cette note.

Je ferai remarquer ici ce point important entre tous, que voulant faire passer les intérêts du pays avant mes propres intérêts, je n'ai voulu, ni dans cette note, ni verbalement, ni dans mes lettres entamer la question argent relativement à ce qui m'est dû et conformément à mes droits, bien que la Commission ait insisté sur ce point.

Le 29 septembre 1890, je reçus la lettre officielle suivante qui, tout à la fois, confirme ce que je viens de dire et reconnaît mes droits et le bien fondé de mes revendications.

COMMANDEMENT
de
L'ARTILLERIE DE LA PLACE
ET DES FORTS DE PARIS

Paris, le 29 septembre 1890.

Hôtel des Invalides, corridor du Quesnoy

Le Général commandan

N° 339

Le général LADVOCAT, commandant l'artillerie de la place et des forts de Paris,
A Monsieur TURPIN, chimiste, à Colombes.

MONSIEUR,

J'ai l'honneur de vous informer que la Com-

Commandement de l'Artillerie
de la Place et des Forts
de Paris

Le Général Commandant

N° 339

Paris, le 29 Septembre 1890
(Hôtel des Invalides – Corridor de Lyon)

Le Général Ladvocat
Commandant l'Artillerie de la Place et des
Forts de Paris à Monsieur Turpin
Ingénieur Chimiste à
Colombes

Monsieur,

J'ai l'honneur de vous informer que la
Commission chargée sous ma Présidence d'examiner
la nature et la portée de vos revendications doit se
réunir très prochainement pour arrêter définitivement
ses conclusions.

Je vous prie de me faire connaître si vous
désirez à nouveau être entendu par elle, et si
vous voulez bien lui indiquer le montant de la
Somme que vous réclamez.

Veuillez recevoir, Monsieur l'Ingénieur,
l'assurance de ma considération la plus distinguée.

Gal Ladvocat

mission chargée sous ma présidence d'examiner la nature et la portée de vos revendications, doit se réunir très prochainement pour arrêter définitivement ses conclusions.

Je vous prie de me faire connaître si vous désirez à nouveau être entendu par elle, et si vous voulez bien lui indiquer LE MONTANT DE LA SOMME que vous réclamez.

Veuillez recevoir, Monsieur, l'assurance de ma considération la plus distinguée.

(Signé) : Général Ladvocat.

Voici ce que j'ai répondu :

EUGÈNE TURPIN   Colombes, le 3 octobre 1890.

Monsieur le général Ladvocat, président de la Commission de la Mélinite, Hôtel des Invalides, Paris.

Monsieur le Général,

En réponse à votre lettre n° 339, du 29 septembre dernier, j'ai l'honneur de vous informer que je ne vois rien à ajouter aux communications et revendications que j'ai adressées par Mémoire (ad hoc), et développées verbalement devant la Commission nommée par Monsieur le Ministre.

En ce qui concerne le montant de la somme à laquelle j'ai droit et dont le principe est admis, la Commission n'ayant pas le pouvoir de délibérer sur le quantum de cette somme, je crois devoir laisser à Monsieur le Ministre de la Guerre le soin de statuer à ce sujet, d'après les conclusions de principes du rapport de la Commission.

Je me bornerai donc à solliciter de la Commission de bien vouloir déposer son rapport au plus tôt, et, s'il est possible, de m'en faire connaître les conclusions.

Dans cet espoir, veuillez recevoir, Monsieur le Général, mes salutations les plus distinguées.

EUG. TURPIN.

Je dois faire remarquer ici, que, antérieurement à ces deux lettres, j'avais envoyé à Monsieur le Ministre de la Guerre, par paquet recommandé, un des Mémoires distribués aux membres de la Commission, avec la lettre suivante :

EUGÈNE TURPIN   Colombes, le 24 septembre 1890.

A Monsieur le Ministre de la Guerre,
à Paris.

MONSIEUR LE MINISTRE,

La Commission que vous avez nommée à l'effet de m'entendre au sujet de l'affaire de la Mélinite, m'a demandé par lettre de son président, M. le général Ladvocat, de lui rédiger un Mémoire contenant, par écrit, mes observations, réclamations, etc., à titre personnel et confidentiel.

Conformément à cette demande, j'ai fait remettre à Monsieur le Président et à chacun des membres de cette Commission, un Mémoire, autographié, résumant brièvement l'état des choses que j'ai d'ailleurs développé à la séance du 8 août, à l'Hôtel des Invalides, où la Commission m'avait convoqué.

J'ai l'honneur de vous adresser, Monsieur le Ministre, sous le même pli recommandé et personnel, un exemplaire dudit Mémoire.

Veuillez me croire, Monsieur le Ministre, votre respectueux,

Eug. TURPIN.

Comme on le voit, pour la troisième fois, d'une manière officielle, par écrit et verbalement, j'ai dénoncé la trahison Triponé, avant même de faire valoir mes droits.

Mais, quel que soit le but de la Commission nommée par le Ministre, il est important, pour se rendre compte de la préméditation de la trahison commise et de ses ramifications en haut lieu, de se souvenir que la mise en demeure envoyée bien avant la trahison, ne demandait que ce que cette Commission est chargée aujourd'hui, après le crime, de m'accorder ou de me proposer.

Or, s'il y a encore intérêt pour l'Etat à agir ainsi maintenant, il y avait pour le pays un bien plus grand intérêt, à cette époque, à conserver mon invention. Si on ne l'a pas fait, c'est parce que des intérêts criminels s'y opposaient.

Le général MATHIEU, directeur de l'artillerie et le colonel DELOYE, sur lesquels retombe presque toute la responsabilité, pourraient, peut-être, expliquer les motifs de cette manœuvre DÉLOYALE.

Le Colonel DELOYE, ami de M. Triponé, ne pourrait-il pas faire connaître quelle a été la cheville ouvrière de cette infernale machination et de ce monstrueux trafic ?

Monsieur le général Ladvocat doit aussi en connaître long sur cette affaire ; pourquoi donc ne veut-il pas parler?

XI

COMMENT ON ÉTOUFFE UNE AFFAIRE

A mon insu la Commission avait déposé son rapport, lorsqu'en novembre dernier M. Alfred Edwards vit en mon nom M. le Ministre de la Guerre, et le pria de lui faire connaître les conclusions du rapport que lui avait remis la Commission. Il le questionna aussi sur ce qu'il comptait faire contre Triponé et ses complices.

M. de Freycinet, très surpris, déclara qu'il n'était nullement question du sieur Triponé dans les conclusions de la Commission, et cette fois, fort indigné devant les observations de M. Alfred Edwards et de M⁰ Doumerc, mon conseil, il prescrivit, séance tenante, le lundi 24 novembre, à 5 heures 1/2 du soir, au président de ladite Commission, de reprendre l'enquête.

Voici la lettre stupéfiante qui me fut adressée, le jour même, par le général Ladvocat:

COMMANDEMENT
de
L'ARTILLERIE DE LA PLACE
ET DES FORTS DE PARIS

Paris, le 24 novembre 1890.

Hôtel des Invalides, corridor du Quesnoy.

Le Général commandant

N° 412

Le général LADVOCAT, commandant l'artillerie de la place et des forts de Paris,
A Monsieur E. TURPIN, ingénieur chimiste,
18, avenue Ménelotte, à Colombes (Seine).

MONSIEUR,

Dans le mémoire que vous avez remis à la

Commission nommée par M. le Ministre de la Guerre à l'effet d'examiner vos revendications, vous avez porté de graves accusations contre M. Triponé.

Vous déclarez que M. Triponé a livré à la maison Armstrong, à la fin de 1888, des documents importants du ministère de la Guerre parmi lesquels figurent :

Les plans et mode de chargement des obus de campagne de 90 m/m.

Les plans des appareils de chargement, dégorgeoir, bassines, etc.

Les plans du dénotateur de Bourges.

Des rapports de Bourges, Calais, etc.

M. le Ministre de la Guerre, désireux d'être fixé le plus tôt possible sur la valeur de ces accusations et d'élucider complètement l'affaire, me prescrit de vous convoquer de nouveau devant la Commission, afin que vous fournissiez à celle-ci toutes les explications qui pourraient être nécessaires à la manifestation de la vérité.

J'ai, en conséquence, l'honneur de vous prier de vouloir bien vous rendre à mon bureau, aux Invalides, mercredi prochain, 26 novembre, à deux heures de l'après-midi (2 h.), et d'apporter avec vous tous les documents que vous croiriez devoir communiquer à la Commission.

Veuillez agréer, Monsieur, l'assurance de ma considération distinguée.

(Signé) **GÉNÉRAL LADVOCAT.**

Après tous les faits que l'on connaît, cette lettre se passe de commentaires, mais on peut se demander quels services ce Triponé a pu rendre pour jouir d'une telle impunité. Les questions posées par le général Ladvocat, deux ans après avoir eu en mains les preuves de la trahison, sont vraiment accablantes.

Voici ma réponse :

Colombes, le 25 novembre 1890.

Monsieur le général Ladvocat, commandant
l'artillerie de la place et des forts de Paris.

Monsieur le Général,

J'ai l'honneur de vous accuser réception de la lettre que vous m'avez écrite le 21 novembre 1890 et par laquelle vous m'invitez à me présenter à votre bureau demain, à deux heures précises de l'après-midi, EN APPORTANT AVEC MOI TOUS LES DOCUMENTS OU COPIES DES DOCUMENTS QUE JE CROIRAI DEVOIR COMMUNIQUER A LA COMMISSION.

Cette convocation à vingt-quatre heures de date ne me laisse pas le temps matériel nécessaire pour faire copier les documents que vous me demandez et dont, d'ailleurs, vous avez déjà eu connaissance.

Je suis heureux de voir la Commission, nommée par M. le Ministre, président du Conseil, reprendre ses travaux, et je vais me mettre immédiatement en mesure de lui fournir un dossier complet.

La nature et la gravité de l'affaire nécessitent que rien ne soit négligé, et que tout le temps nécessaire soit employé à une démonstration et à un examen clair, précis et complet de tous les faits de la cause.

Je vous prie de croire, Monsieur le Général, que je m'appliquerai à remplir exactement toutes ces conditions, et que je serai, dans un très court délai, en mesure de me présenter devant la Commission que vous présidez.

Veuillez agréer, Monsieur le Général, l'assurance de mon profond respect.

Eug. Turpin.

Quelques jours plus tard, je recevais la lettre suivante recommandée :

COMMANDEMENT
de
L'ARTILLERIE DE LA PLACE
ET DES FORTS DE PARIS

Le Général commandant

N° 416.

Paris, le 11 décembre 1890.

Hôtel des Invalides, corridor du Quesnoy.

Le général LADVOCAT, commandant l'artillerie de la place et des forts de Paris,
A Monsieur TURPIN, ingénieur chimiste, à Colombes.

MONSIEUR,

Par lettre n° 412, du 21 novembre dernier, j'ai eu l'honneur de vous inviter à venir préciser devant la Commission spéciale, chargée d'examiner vos revendications, les graves accusations que vous avez portées contre M. TRIPONÉ, dans votre Mémoire confidentiel de juillet 1890.

En m'accusant réception de cette convocation, vous demandez un délai vous laissant le temps matériel pour faire copier les documents que vous comptez soumettre à la Commission, et vous promettez que ce délai sera très court.

N'ayant pas reçu de nouvel avis de votre part, et la Commission étant désireuse d'adresser le plus tôt possible au Ministre le rapport qui lui est demandé, je vous prie de vouloir bien me faire connaître si vous serez en mesure de vous rendre à une nouvelle convocation que je compte vous adresser pour les premiers jours de la semaine prochaine, soit à partir du 15 décembre inclus.

Veuillez agréer, Monsieur, l'assurance de ma considération très distinguée.
(Signé) Général Ladvocat.

Je répondis :

Colombes, le 13 décembre 1890.

Monsieur le général Ladvocat, à Paris.

Monsieur le Général,

J'ai l'honneur de vous accuser réception de votre lettre n° 416, du 11 décembre 1890.
Je termine en ce moment mon travail, et ce n'est plus qu'une question de quelques jours.
Aussitôt terminé, j'aurai l'honneur de me mettre à votre disposition.
Veuillez me croire, Monsieur le Général, votre respectueux.

Eug. Turpin.

J'adressai, en effet, à la fois au Ministre et à la Commission, un Mémoire rédigé avec le concours de M° Doumerc, avocat à la cour d'appel de Paris, aux bons offices duquel m'avait recommandé M. Edwards. Ce Mémoire précisait mes accusations contre Triponé, et en offrait les preuves par documents, pièces à conviction, témoignage et rapport technique d'experts.

En outre, par l'entremise de M. Edwards, directeur du *Matin*, qui, tous les jours, est en rapport avec les ministres, et pour M. de Freycinet, je fis remettre à M. Lagrange de Langre, alors chef du cabinet civil du Ministre, une épreuve photographique de 24×30 représentant, en grandeur naturelle, toutes les pièces du détonateur de Bourges (avec la fusée Armstrong), tel qu'il a été construit par cette Société sur les plans français, au centième de millimètre. S'il reste dans l'artillerie quelques officiers patriotes, ceux-là, faisant bon marché de la discipline, qui, dans ce cas, serait une complicité à la trahison, pourront reconnaître et avouer l'identité des plans. Quand ce livre paraîtra, j'aurai d'ailleurs envoyé au Comité d'artillerie un exemplaire de cette photographie, en attendant que je présente, à la justice, la pièce même que je me suis procurée de la maison Armstrong, comme le colonel Massing s'était procuré les copies des plans livrés à la Société Armstrong par Triponé.

Le général Ladvocat rentra alors immédiatement en scène.

COMMANDEMENT
de
L'ARTILLERIE DE LA PLACE
ET DES FORTS DE PARIS

Paris, le 3 janvier 1891.

Hôtel des Invalides, corridor du Quesnoy.

Le Général commandant

N° 1.

Le général LADVOCAT, commandant l'artillerie de la place et des forts de Paris,
A Monsieur TURPIN, ingénieur chimiste, 18, avenue Ménelotte, à Colombes.

MONSIEUR,

Par lettres n°s 112 et 116, des 21 novembre et 11 décembre derniers, j'ai eu l'honneur de vous faire connaître que la Commission nommée par Monsieur le Ministre de la Guerre, à l'effet d'examiner vos revendications, désirait vous entendre de nouveau et vous mettre en demeure de préciser les accusations de haute trahison que vous avez portées contre M. Triponé.

Tout d'abord vous m'avez demandé un délai pour rassembler vos documents et les mettre en ordre ; puis, répondant à ma lettre du 11 décembre, vous m'avez écrit que vous veniez de terminer votre travail, que la mise au net

Commandement de l'Artillerie
de la Place et des Forts
de Paris

Le Général Commandant

N° 1

Paris le 2 [...] 1891
(Hôtel des Invalides, [...])

Le Général Ludwvak
Commandant l'Artillerie de la Place et des
Forts de Paris à Monsieur [...]
Ingénieur chimiste   [...]
                                [...]

Monsieur,

Par lettres n°s 412 et 415 du 14 [...]
et 11 [...] [...], j'ai eu l'honneur de vous
faire connaître que la Commission, nommée par
Monsieur le Ministre de la Guerre à l'effet d'
examiner vos revendications, devait vous installer
de nouveau et vous mettre en demeure de retirer
les accusations de haute trahison que vous avez
portées contre Monsieur Triponé.

Tout d'abord vous m'avez demandé un
délai pour rassembler vos documents et les
mettre en ordre. Puis, répondant à ma lettre
                                             En 4

n'en était plus qu'une question de jours, et qu'avant peu vous seriez en mesure de vous présenter devant la Commission.

N'ayant encore rien reçu de vous à la date d'aujourd'hui, 3 janvier, je vous prie de vouloir bien me faire connaître, d'une façon précise, avant lundi matin, 5 janvier, 8 h. 1/2, au plus tard, si vous êtes en mesure de vous rendre à la convocation que je compte vous adresser pour l'un des jours de la semaine prochaine.

Veuillez agréer, Monsieur, l'assurance de ma considération distinguée.

(Signé) GÉNÉRAL LADVOCAT.

EUGÈNE TURPIN *Paris, dimanche 4 janvier 1891.*

Monsieur le Général LADVOCAT, à l'Hôtel des Invalides, à Paris.

MONSIEUR,

En réponse à votre lettre n° 1, du 3 janvier courant, je vous informe que j'ai terminé depuis longtemps mon travail définitif.

Avant de le transmettre à votre Commission, j'ai cru qu'il était convenable, à tous égards, de le soumettre à Monsieur le Ministre de la Guerre, Président du Conseil.

A la suite de cette remise, il a bien voulu me faire demander par le Directeur de son cabinet d'attendre quelque temps avant de faire aucune production.

Je ne m'explique pas la teneur ni la forme de votre lettre précitée, et je vais la soumettre dès demain à Monsieur le Directeur du cabinet en lui demandant ses instructions.

Veuillez agréer, Monsieur, l'assurance de ma haute considération.

EUGÈNE TURPIN.

D'autre part, j'adressai à M. Lagrange de Langre, la lettre suivante, sur les conseils de M. A. Edwards et de M⁰ Doumerc.

Paris, le 4 janvier 1891.

Monsieur le Directeur civil du cabinet du Ministre de la Guerre, Président du Conseil, à Paris.

Monsieur le Directeur,

A la suite de la remise que Monsieur le directeur du journal le Matin a faite de mon travail définitif à Monsieur le Ministre de la Guerre, Président du Conseil, vous avez bien voulu me faire dire de ne plus rien faire jusqu'à nouvel ordre.

Je me suis conformé scrupuleusement à l'indication que vous m'avez ainsi fait donner.

(Ici était la copie de la lettre du général que l'on vient de lire.)

Si je n'avais pas la respectueuse déférence et l'absolue confiance que la personnalité et le caractère de Monsieur le Ministre de la Guerre imposent à tous, j'aurais immédiatement publié dans les journaux la lettre du général Ladvocal, mon Mémoire et la série des documents qui les complètent.

Mais je ne doute pas que la lettre du général Ladvocal, ainsi que ses causes, sont absolument ignorées de Monsieur le Président du Conseil et de vous.

Je me permets donc de solliciter de vous de nouvelles instructions avant de prendre les mesures qu'une pareille lettre mérite à tous égards.

Veuillez agréer, Monsieur le Directeur, l'expression de mes sentiments distingués.

Eugène Turpin.

Voici la réponse du général Ladvocat :

COMMANDEMENT
de
L'ARTILLERIE DE LA PLACE
ET DES FORTS DE PARIS

Le Général commandant

N° 2.

Paris, le 5 janvier 1891.

Monsieur le général LADVOCAT, commandant l'artillerie de la place et des forts de Paris,
A Monsieur TURPIN, ingénieur-chimiste, 18, avenue Ménelotte, Colombes.

MONSIEUR,

J'ai l'honneur de vous accuser réception de votre lettre du 4 janvier courant, par laquelle vous m'informez que vous avez terminé votre travail définitif depuis longtemps, et que vous avez cru convenable, à tous les égards, de le soumettre d'abord à Monsieur le Ministre de la Guerre, président du Conseil.

Je viens de mettre votre lettre sous les yeux du Ministre qui me charge de vous faire connaître qu'il désire que vous adressiez également votre travail à la Commission que je préside.

Je vous prie, en conséquence, de vouloir bien me l'envoyer le plus tôt possible afin que je puisse le soumettre à la Commission et la mettre à même de vous convoquer dans le plus bref délai.

Je vous ferai connaître le jour où celle-ci pourra vous entendre à nouveau.

Veuillez agréer, Monsieur, l'assurance de ma considération distinguée.

(Signé) GÉNÉRAL LADVOCAT.

Le lendemain, 6 janvier 1891, je remettais moi-même, à l'aide de camp du général, un exemplaire de mon Mémoire accompagné d'un mot d'envoi. Mais le général étant là, il me fit prier d'attendre. Nous discutâmes les termes du Mémoire et les faits dont, cent fois, je l'avais entretenu, et toujours, prenant la défense de Triponé et me disant que je ne pourrais pas prouver QUI avait donné les plans à Triponé, tout en reconnaissant la trahison accomplie, il en vint à me déclarer que, d'ailleurs, si je publiais, on se défendrait, et qu'avec de l'argent on tirerait de la presse tout ce que l'on voudrait, que l'on m'intenterait des procès, etc., etc.

C'est, en effet, ce qui avait eu lieu au début de la trahison, lorsque toute la presse, comme on l'a vu, fut déchaînée contre moi pour me flétrir et me calomnier.

N'ayant pu réussir à m'intimider, le général Ladvocat devint insolent, et, poussé à bout, je finis par lui dire que j'en arriverais à être obligé de casser la tête à cette canaille de Triponé. Il me répondit alors, devant son aide de camp :

— Eh bien ! on vous enverra au bagne pour vingt ans, et la famille de Triponé, qui est père de famille, se portera partie civile et on vous prendra ce que vous avez.

Le famille de Triponé se portant partie civile avec le fruit de son vol, de sa trahison et de mon travail, n'est-ce pas un comble ?

Sur ce, je cours encore, et j'ai refusé, par la suite, d'avoir le moindre entretien avec ce... général fin de siècle, qui ose me menacer du bagne, alors que je lui dénonce, preuves en mains, un criminel, un traître à la Patrie.

Voici les dernières lettres échangées :

EUGÈNE TURPIN *Colombes, le 7 janvier 1891.*

MONSIEUR LE GÉNÉRAL,

A la suite de l'entrevue que j'ai eu l'honneur d'avoir avec vous hier soir et conformément à votre demande, j'ai l'avantage de vous adresser deux exemplaires du mémoire pour la Commission.

Veuillez recevoir, Monsieur, mes salutations.
EUGÈNE TURPIN.

COMMANDEMENT
de
L'ARTILLERIE DE LA PLACE
ET DES FORTS DE PARIS

Paris, le 13 janvier 1891.

Hôtel des Invalides, corridor du Quesnoy.

Le Général commandant

N° 5

Le général LADVOCAT, commandant l'artillerie de la place et des forts de Paris,
A Monsieur TURPIN, ingénieur-chimiste, 18, avenue Ménelotte, Colombes.

MONSIEUR,

J'ai l'honneur de vous accuser réception des trois exemplaires de votre nouveau Mémoire de décembre 1890 que vous m'avez adressés les 6 et 7 janvier derniers, et de vous faire connaître que j'ai transmis à Messieurs le Général de division Nismes et le Contrôleur général de Boisbrunet les exemplaires qui leur étaient destinés.

La Commission se réunira à nouveau le mardi 20 janvier 1891, dans mon cabinet, aux Invalides, à l'effet d'examiner ledit Mémoire.

Je vous prie de vouloir bien vous tenir à sa disposition aux mêmes jour et lieu que ci-dessus, à deux heures et demie de l'après midi, afin de lui fournir tous éclaircissements qu'elle pourra juger nécessaires.

Vous voudrez bien apporter avec vous la correspondance que vous avez échangée avec la maison Armstrong et tous autres documents susceptibles d'éclairer la Commission et d'aider à la manifestation de la vérité.

Veuillez agréer, Monsieur, l'assurance de mes sentiments distingués.

(Signé) GÉNÉRAL LADVOCAT.

Cettre lettre, très bien conçue en la forme, cache, au fond, un piège facile à deviner : connaître mes moyens d'attaque pour les parer. On joue au plus malin.

De quel droit, en effet, la Commission qui n'est revêtue d'aucun caractère judiciaire me demande-t-elle constamment les preuves que je puis avoir contre Triponé et ses complices ?

En fait et en droit, je n'avais aucune preuve à lui fournir, elle devait, aussitôt mes déclarations, faire saisir la justice.

La seule préoccupation du général Ladvocat semble être de savoir quelles preuves j'ai en mains. Mais en quoi, encore une fois, cela intéresse-t-il la Commission ? Cela intéresserait-il personnellement le général Ladvocat ?

On se souvient d'avoir lu plus haut que Triponé, voisin de Ladvocat, n'a cessé d'être en communication avec lui ou tout au moins de vouloir passer pour être en communication avec lui. Certaines lettres de Triponé en font foi (1). On se souvient également que, à mon retour d'Angleterre, lorsque le Ministre avait déjà délégué officiellement le général Ladvocat pour s'entendre avec moi au sujet de l'indemnité à m'accorder, je lui ai remis un dossier complet qu'il s'est empressé de communiquer à Triponé, qui, lui-même, transmettait à la Société Armstrong tous les renseignements utiles pour établir soit de fausses pièces, soit des moyens de défense (2).

Il n'y a donc pas le moindre doute, et toutes ces demandes de preuves ne peuvent s'expliquer qu'ainsi :

1. Voyez pages 230, 241, 243.
2. Voyez page 230 la lettre de Triponé du 10 décembre 1888, et 241 mes lettres au général Ladvocat.

Préparer à l'avance un système de défense quelconque.

Triponé ne jouissant d'aucune immunité, il n'était pas besoin, vu la gravité des faits et l'importance de mes dénonciations, de prendre aucune mesure pour essayer d'établir, par avance, son innocence et refuser de le poursuivre à la suite d'une enquête ordonnée dans un tout autre but.

On n'a pas pris tant de précautions pour poursuivre et condamner des individus qui n'avaient faits que des tentatives d'espionnage, qui n'étaient ni capitaine d'artillerie, ni fournisseur du ministère de la Guerre, qui avaient projeté de livrer des plans, mais qui n'en avaient pas livré. Pourquoi donc Triponé n'est-il pas arrêté ?

Ne veut-on pas surtout ne pas poursuivre Triponé parce que la mise en accusation de Triponé entraînerait la comparution du colonel Deloye, du général Mathieu et d'autres?

Le général Ladvocat se sentirait-il compromis par cela même qu'il s'est fait dès la première heure innocemment et maladroitement l'avocat de Triponé ?

Mais on n'est pas l'avocat de Triponé sans quelques motifs. Triponé tiendrait-il si bien le général Ladvocat que celui-ci soit contraint de plaider sa cause?

Je n'insisterai pas plus longtemps sur ces faits, car je me moque absolument de l'issue que l'affaire peut avoir pour moi.

J'ai vu. J'ai dénoncé et fourni des preuves. Je suis sûr des complices par les déclarations mêmes de Triponé. J'ai résisté au général Ladvocat me conseillant de ne pas rompre avec Armstrong, aux entreprises de toutes sortes auxquelles on s'est livré autour de moi pour essayer de m'entraîner dans ces tripotages et ces trahisons.

Aussi, quoi qu'il advienne, je tiendrai tête à cette bande de bandits, à cette meute de chacals sans cœur, sans patrie et sans âme, et, seul, contre tous, je défendrai la vérité, les intérêts du pays et l'honneur du drapeau traîné dans la fange par ceux qui en avaient la garde.

J'ai assez risqué ma vie dans l'obscurité, dans le cours

de mes expériences, pour la risquer et la sacrifier au besoin à mon honneur et à la vérité. Ma vie n'a été qu'honneur, dévouement et sacrifices, on m'a traîné dans la boue pour me dépouiller; cet ignoble Triponé m'a entraîné dans un piège infâme, il faut que la vérité soit connue et que les coupables soient châtiés.

Je l'ai déjà dit et je le répète ici, tout ce qui est dans ce livre est la vérité pure et le bon sens suffit à le prouver.

C'est, d'ailleurs, dans cet état de choses que j'ai refusé de me présenter à nouveau devant cette Commission sans honneur et sans patriotisme, se prêtant à toutes les manœuvres de nature à fausser et étouffer la vérité, et je me suis borné à envoyer une note par laquelle j'établissais que la Commission n'avait aucun caractère judiciaire, que je n'avais plus à me présenter devant elle ni à lui fournir d'autres preuves, et enfin, ainsi qu'on me l'avait demandé par lettre, l'évaluation de l'importance du préjudice qui m'a été causé par l'État, seul objet de la Commission qui devait, sans l'examiner ni former son opinion, admettre ma dénonciation contre Triponé et demander sa mise en accusation immédiate.

Le fait d'avoir étouffé pour la quatrième fois mes dénonciations constitue une forfaiture envers moi et envers le Pays, ainsi que la preuve matérielle la plus évidente de la culpabilité des complices de Triponé.

En outre, et dans ce cas spécial, le général Ladvocat, le général Nismes et le contrôleur général de Boisbrunet, ont manqué à leurs devoirs et se sont faits complices de la trahison de Triponé, dans la mission officielle qui leur a été confiée.

Je demande, de ce chef, leur mise en accusation.

Voici la dernière lettre que j'ai reçue de cette étrange Commission à la suite d'une demande que j'avais adressée:

COMMANDEMENT
de
L'ARTILLERIE DE LA PLACE
ET DES FORTS DE PARIS
—
Le Général commandant
—
N° 19
—

Paris, le 25 février 1891.

>Le général LADVOCAT, commandant l'artillerie des forts et de la place de Paris,
>A Monsieur TURPIN, à Colombes.
>
>MONSIEUR,
>
>En réponse à votre lettre du 24 février courant, j'ai l'honneur de vous faire connaître que la Commission, nommée pour examiner vos revendications et la valeur des accusations que vous avez portées contre M. Triponé, a envoyé son rapport.
>
>C'est donc à Monsieur le Ministre de la Guerre que vous devez vous adresser pour en avoir communication.
>
>(Signé) GÉNÉRAL LADVOCAT.

Triponé, le bandit, étant toujours en liberté, les termes du rapport me paraissent faciles à deviner, surtout en ce qui concerne « LA VALEUR DE MES ACCUSATIONS ».

Ainsi se termine ce crime monstrueux.

Ce général qui, épouvanté du danger de mes révélations, revint à franc-étrier de la revue du 14 juillet pour m'écrire la lettre que l'on a lue et qui mettait sur l'enveloppe : Urgent ; qui me suppliait, lors de la confection de mon premier Mémoire de juillet 1890, de ne pas parler de la trahison ; qui me manifestait la crainte d'une enquête et de complications graves ; qui faisait appel à mes bons sentiments ; qui me faisait entrevoir une solution ; ET ENFIN, QUI M'ÉCRIVAIT DE SA

MAIN, DE JOUR EN JOUR, DANS DES TRANSES VISIBLES :

« Vous voudrez bien m'adresser ces divers renseignements à mon cabinet, aux Invalides, AVEC LA MENTION PERSONNELLE ET CONFIDENTIELLE, et par PAQUET RECOMMANDÉ, etc., ose, aujourd'hui, parler de la valeur de mes accusations.

La valeur de mes accusations, Général! elle résulte de la forme même de vos lettres, de la précipitation avec laquelle vous répondiez, allant au-devant de mes démarches, comme si vous en craigniez la publicité ou comme si vous trembliez à la pensée que mes pièces révélatrices, ces terribles pièces, tombassent dans d'autres mains!

La valeur de mes accusations, mais de grâce ouvrez-donc les yeux. Quelles autres preuves vous faut-il que celles-ci :

On forge jour et nuit à Newcastle, dans les ateliers Amstrong, sur les plans français livrés par Triponé, des engins de guerre de tous genres. Les vaisseaux et les arsenaux italiens, autrichiens, allemands, chinois, etc., en sont pleins et tout prêts à les vomir sur Marseille, Toulon, et toutes nos villes et places fortes frontières. La Mélinite est partout : en Allemagne, en Italie, en Autriche, etc.; et je n'ai rien vendu ni rien livré de nulle part.

Les preuves, vous les aurez par la ruine du pays et le massacre des Français, de vos concitoyens, lâchement trahis. Mais, s'il reste, après tous les scandales qui ont démoralisé la Nation et l'Armée dans ces derniers temps, encore quelques soldats honnêtes et vraiment patriotes, c'est à eux de faire la lumière, de demander le châtiment des coupables, et de relever l'honneur de leur métier et du drapeau.

CHAPITRE XII

PIÈCES A CONVICTION

Après tout ce que l'on vient de lire, l'opinion du lecteur doit être absolument fixée, mais à l'appui de toutes les preuves que j'ai déjà fournies, je crois devoir donner des preuves plus matérielles encore.

Reprenons la nomenclature des plans et documents officiels livrés par Triponé à la société Armstrong et expliquons-nous sur chaque point.

1° *Plans et détails de construction du détonateur de Bourges, tel qu'il a été appliqué par l'artillerie.*

Ce détonateur, sur le secret duquel les journaux ont fait tant de bruit, probablement pour lui donner une plus grande valeur vénale, a été fourni par Triponé, et construit par la maison Armstrong d'après les plans officiels français, qui portaient la signature du général Boulanger, parce que l'adoption en a été faite sous son ministère. (1)

N'ayant pas eu la possibilité de calquer exactement ces

---

1. « Les détonateurs employés dans les expériences anglaises, à Silloth et à Lydd, n'étaient pas et ne pouvaient pas être des détonateurs venant de France à aucun degré; ILS ONT ÉTÉ FABRIQUÉS EXPRÈS A ELSWICK, PRÈS DE NEWCASTLE-ON-TYNE, OU SONT SITUÉS LES ÉTABLISSEMENTS ARMSTRONG, D'APRÈS DES INDICATIONS FOURNIES DU DEHORS AUX INGÉNIEURS TECHNIQUES D'ELSWICK, qui sont à même d'être très au courant de la question.

» Ces détonateurs étaient-ils identiques à ceux en usage en France? QUELQUES PERSONNES CROIENT QU'ILS ÉTAIENT PRATIQUEMENT LES MÊMES. Cela peut être, mais, quant à moi, dans une question si délicate je crois plus sage de n'exprimer aucune opinion et d'attendre des renseignements ultérieurs. » (*Matin* du 23 juin 1888.)

plans, j'ai pris un croquis du détonateur tout monté avec la fusée Armstrong, et j'ai pu les reconstituer à peu près de mémoire, tels que je les ai entrevus et *d'après un de ces détonateurs construit, que j'ai rapporté d'Angleterre* et dont le fini de la construction démontrera l'importance de l'outillage qui a servi à le faire.

Pour enlever toute équivoque, la planche III représente ce détonateur à échelle double, tel que le donnaient les plans officiels, sauf peut-être pour le détonateur monté et les bouchons porte-retard, qui, je crois me souvenir, étaient à échelle simple.

La planche V représente le détonateur de Bourges tout monté, avec la fusée Armstrong tel qu'il a été employé(1). A côté, le détonateur simple de mon système et d'après mes premiers essais.

Le tube compresseur aurait été, m'a dit Triponé, supprimé ultérieurement dans le détonateur de Bourges.

2° Plans d'une nouvelle fusée R. F., inventée à la suite des expériences de la Commission de Calais.

Cette fusée n'avait rien à faire avec mon invention.

Ne voulant pas en donner le détail, je me borne à en donner une idée par la vue extérieure.

3° Plans des obus en acier embouti que la Société Armstrong ne connaissait pas. Les plans de ces obus (obus de 155 et de 220) étaient, je crois, au $\frac{1}{5}$ et étaient accompagnés des tables de construction, des plans de l'outillage, des presses, etc., etc. (2)

La Société Armstrong n'avait rien de tout cet outillage, et elle a fait construire un immense atelier pour la fabrication des obus de tous calibres d'après ces principes. Ceci était encore étranger à mon invention, et n'avait rien à faire avec mes brevets, puisque je ne revendique l'obus, quel qu'il soit, que lorsqu'il est chargé d'après

---

1. C'est ce croquis du détonateur *officiel* que j'ai envoyé à M. le procureur de la République.
2. Voyez la lettre Vavasseur, page 184.

mes procédés, mais en laissant chaque pays libre de faire ses obus et ses fusées comme il l'entend, quant aux formes et dimensions.

4° Plan du dégorgeoir appliqué par l'artillerie française et qui remplace le mandrin décrit dans mes brevets.

5° Plans de la bassine double ou à double fond, pour fondre l'acide picrique.

6° Descriptions et instructions sur le mode de chauffage, etc.

7° Plan de l'entonnoir et autres menus objets utiles au chargement des obus.

8° Plans des obus de 90 ^{m}/^{m} en acier de grande capacité.

9° Notice sur le chargement des obus de 90 ^{m}/^{m}, confection des cartouches paraffinées, balance, tare, poids de la charge, quantité d'obus que deux hommes peuvent charger en une journée, etc., etc.

10° Plan de la gaine à fond rond. C'est mon obturateur porte-amorce.

11° Plan de la nouvelle(!!?) gaine à fond plat. C'est ma première gaine brevetée en 1881. (1)

12° Rapports de la Commission de Calais sur les expériences des obus à Mélinite.

J'ai pu parcourir ces rapports et, comme preuve, sans donner de détails précis, je puis dire qu'il s'agissait des vitesses de tir de 596 et 601 mètres rapportées d'ailleurs par le *Matin* (2) et le *Paris* de mai, juin et juillet, dans des articles où Triponé était désigné nettement et

---

1. Les dessins représentés ici sont uniquement pour mémoire et n'ont aucune dimension proportionnée, mais chacune de ces pièces était sur des feuilles spéciales et à l'échelle, avec tous les renseignements nécessaires à leur construction et à leur usage.

2. « Les autorités militaires anglaises ont refusé longtemps d'écouter les propositions de M. X... au sujet de la Mélinite française; elles n'y croyaient pas, l'accident de Belfort surtout les avait amenées à croire que la Mélinite française était très dangereuse parce qu'elle ne pouvait être employée pratiquement.

ELLES N'EURENT UNE MEILLEURE IDÉE DE CET EXPLOSIF QUE LORSQU'ELLES CONNURENT, PAR LES RAPPORTS OFFICIELS FRANÇAIS, LES SPLENDIDES RÉSULTATS OBTENUS DANS LES EXPÉRIENCES FAITES A

ACCUSÉ NOMINATIVEMENT (1). Il s'agissait aussi, dans ces rapports, d'expériences de transport des obus chargés, au trot, au pas, sur le pavé, à travers champs et fossés, etc.

Du vide laissé entre le culot et la charge, et de ses inconvénients, et enfin, des éclatements prématurés dus à la fusée, d'où la nouvelle fusée R.F. etc., etc.

13° Rapports de la Commission de Bourges. Tirs contre

CALAIS, LE 12 ET LE 13 SEPTEMBRE 1887. DANS CES EXPÉRIENCES ON TIRA DES OBUS A LA MÉLINITE A UNE VITESSE INITIALE DE 696 MÈTRES ET 601 MÈTRES, SANS ACCIDENT. » (Le *Matin* du 23 juin 1888.)

1. « Les intermédiaires sont généralement entêtés dans leurs entreprises. Ceux-ci cherchèrent à persuader aux Anglais qu'il fallait tout au moins faire des expériences, ET COMME ILS ONT LEUR ENTRÉE LIBRE AUX MINISTÈRES DE LA MARINE ET DE LA GUERRE, EN FRANCE, MÊME DANS LES ATELIERS D'ARTILLERIE, DANS LES MANUFACTURES D'ARMES, DANS LES ARSENAUX, ILS PURENT SE PROCURER (CHOSE ÉTRANGE AUTANT QUE GRAVE) LES RAPPORTS OFFICIELS SUR LES EXPÉRIENCES FAITES EN FRANCE AVEC LA MÉLINITE ET LES MONTRER A QUI DE DROIT. » (Le *Paris* du 22 mai 1888.)

« TOUTE CETTE AFFAIRE A ÉTÉ PLACÉE DEVANT MES YEUX ET D'UNE FAÇON SI PRÉCISE QU'IL NE PEUT EXISTER AUCUNE CONFUSION entre la Mélinite et la panclastite. LES INTERMÉDIAIRES QUI, DE CONCERT AVEC M. TURPIN, ONT CONDUIT LES NÉGOCIATIONS, SONT BIEN CONNUS AU MINISTÈRE DE LA GUERRE, A PARIS, OU ON PEUT LES RENCONTRER FRÉQUEMMENT. » (Le *Matin* du 9 juin 1888.)

« M. Turpin a été très attaqué par les journaux français à propos de la vente de sa Mélinite; il ne m'appartient pas de le défendre, pas plus que de l'attaquer, MAIS JE DOIS A LA VÉRITÉ DE DÉCLARER QUE M. TURPIN, QUI EST, DIT-ON, AVANT TOUT UN HOMME SÉRIEUX, N'A PAS A LUI SEUL FAIT CETTE AFFAIRE.

« Ce qu'il y a de certain, c'est que M. X... a agi constamment en faveur de M. Turpin, pendant que des négociations étaient engagées avec la maison Armstrong par l'un des directeurs de la Société.

« M. TURPIN SEMBLE AVOIR ÉTÉ PENDANT LONGTEMPS COMPLÈTEMENT ÉTRANGER AUX NÉGOCIATIONS; IL N'A PARU PERSONNELLEMENT QUE NEUF OU DIX MOIS APRÈS LE COMMENCEMENT DES NÉGOCIATIONS.

« Des négociations ont été engagées déjà au commencement de l'année 1887 et ont été poussées activement pour le compte de M. Turpin PAR UN CERTAIN M. X... QUI EST L'AGENT, A PARIS, DE PLUSIEURS SOCIÉTÉS ANGLAISES ET FRANÇAISES BIEN CONNUES, ET QUI, JE CROIS, A NÉGOCIÉ AVEC UNE IMPORTANTE MAISON DE SHEFFIELD LA VENTE DE L'INVENTION FRANÇAISE APPELÉE LE PROCÉDÉ DE FABRICATION POUR PROJECTILES EN ACIER CHROMÉ. » (Le *Matin* du 23 juin 1888.)

« M. TRIPONÉ (QUE DANS MA DERNIÈRE DÉPÊCHE PUBLIÉE IL Y A QUELQUES SEMAINES PAR LE *Matin*, JE DÉSIGNAIS SOUS LE NOM DE M. X...) » (Le *Matin*, 15 juillet 1888.)

fortifications, épaulements avec fils de fer, brèches en trois coups de 155 m/m, etc., etc.

14° Expériences de la marine à Gâvre et à Toulon. Je n'ai pu lire les pièces.

15° Circulaire secrète sur le service facultatif à bord des navires de guerre des obus à Mélinite.

Enfin, une foule de documents sur les forts, emplacements des torpilles et autres moyens de défense, pour être livrés aux nations, sans doute en vue d'obtenir des commandes plus fortes des gouvernements.

Par tout ce qui précède et par les articles de journaux dans lesquels il est si nettement désigné, Triponé est donc convaincu d'avoir communiqué, à l'étranger, des plans et rapports officiels concernant la défense nationale au premier chef, avec cette circonstance aggravante, qu'il était capitaine d'artillerie de la territoriale, qu'il a pu, *à l'aide de son grade et de sa qualité de fournisseur du ministère de la Guerre*, se procurer plus facilement certains renseignements SECRETS, et leur donner plus de poids. Or, la loi sur l'espionnage est formelle à cet égard, et Triponé tombe sous le coup de cette loi. (1)

---

1. ARTICLE PREMIER : Sera puni d'un emprisonnement de deux ans à cinq ans et d'une amende de mille à cinq mille francs : — 1° Tout fonctionnaire public, agent ou préposé du gouvernement qui aura livré ou communiqué à une personne non qualifiée pour en prendre connaissance ou qui aura divulgué en tout ou en partie les plans, écrits ou documents secrets intéressant la défense du territoire ou la sûreté extérieure de l'Etat, qui lui étaient confiés ou dont il avait connaissance à raison de ses fonctions.— La révocation s'ensuivra de plein droit; — 2° Tout individu qui aura livré ou communiqué à une personne non qualifiée pour en prendre connaissance ou qui aura divulgué en tout ou en partie les plans, écrits ou documents ci-dessus énoncés qui lui ont été confiés ou dont il aura eu connaissance soit officiellement, soit à raison de son état, de sa profession ou d'une mission dont il aura été chargé; — 3° Toute personne qui, se trouvant dans l'un des cas prévus dans les deux paragraphes précédents, aura communiqué ou divulgué des renseignements tirés desdits plans, écrits ou documents.

ART. 2. Toute personne, autre que celles énoncées dans l'article précédent, qui s'étant procuré lesdits plans écrits ou documents, les aura livrés ou communiqués en tout ou en partie à d'autres personnes, ou qui, en ayant eu connaissance, aura communiqué ou divulgué des renseignements qui y étaient contenus, sera punie d'un emprisonnement de un à cinq ans et d'une amende de cinq cents à trois mille francs.— La

Comment se fait-il que cet individu échappe soit à la justice civile, soit à la justice militaire? Quelles sont donc les influences qui ont pu entraver les poursuites auxquelles ce traître devait être livré? Ne s'agit-il pas là d'une véritable exploitation, quasi-officielle, des secrets de l'État et de la défense nationale?

Faire fortune par ces moyens inavouables n'a rien de difficile, et si c'est ce que Triponé entend par : C'EST LA LUTTE POUR LA VIE, rien n'est plus facile que d'aller vendre le travail d'autrui et les secrets d'État.

A qui fera-t-on jamais accroire, qu'alors que Triponé livrait tous les plans, les rapports, les appareils de chargement, les indications sur les modes de chargement tels qu'ils sont pratiqués dans nos arsenaux, il n'avait pas, et n'aurait pas livré le nom et la nature de la matière explosive consignée dans certains de ces rapports eux-mêmes? Alors surtout que déjà, à Belfort, il avait tout appris au moment de l'explosion.

La nature même de la Mélinite était d'ailleurs à peu près connue en Angleterre par suite des achats considérables d'acide picrique dans ce pays, et, en outre, par les articles de journaux cités plus haut.

En 1887, le colonel Majendie, inspecteur des explosifs à Londres, avait, du reste, publié un rapport sur l'acide picrique au sujet de l'incendie d'une fabrique de Manchester, et pages 16 et 21, il y est dit que la Mélinite est de l'acide picrique. Mes travaux sont cités dedans, et M. Berthelot également, pour avoir fourni des renseignements : page 23. Je dirai plus encore : c'est que mes expériences n'avaient rien révélé de plus que ce que l'on connaissait. En effet, dans le STANDARD DU 30 AOÛT 1888, plusieurs mois après mes expériences, on écrivait :

---

publication ou la reproduction de ces plans, écrits ou documents, sera punie de la même peine.

ART. 3. La peine d'un emprisonnement de six mois à trois ans et d'une amende de trois cents francs à trois mille francs sera appliquée à toute personne qui, sans qualité pour en prendre connaissance, se sera procuré lesdits plans, écrits ou documents.

« En ce qui concerne la composition de la Mélinite, le secret a été bien gardé. Le colonel Majendie croit que la Mélinite est en partie composée d'acide picrique. »

Les secrets consistaient donc précisément dans les rapports et plans officiels français livrés par Triponé, le détonateur, les obus, etc.

On aura beau vouloir brocher des articles du genre de celui que l'on va lire, on n'étouffera pas la vérité. Les notes que l'on fait publier, elles-mêmes, sont des preuves accablantes.

En voici une de source officieuse lancée, bien à propos ma foi, par l'agence Havas, pour demander le silence.

Depuis quelque temps, divers journaux publient sur nos formations de guerre et, en particulier, sur les séances du Conseil supérieur, des renseignements qui, fort heureusement, sont pour la plupart inexacts. Mais certains détails pourraient nuire aux intérêts de la défense nationale.

Le ministre de la Guerre fait appel au patriotisme de la presse, pour qu'elle s'abstienne désormais de publications de ce genre. Tout ce qui touche aux formations de Guerre, au plan de mobilisation, à la distribution du nouvel armement, à la composition des poudres et des explosifs, aux travaux des places fortes, doit rester absolument secret (1).

Ce : « doivent rester absolument secret », émanant de la direction de l'artillerie, c'est un comble de cynisme et d'impudence après ce qui s'est passé.

Ce que l'on voulait, c'était d'étouffer la vérité et les révélations que je pouvais faire.

XIII

LE DÉTONATEUR DE BOURGES

Je dois m'arrêter ici, un instant, sur la construction du détonateur de Bourges, le détonateur officiel français.

On se souvient du tapage que l'on a fait autour du détonateur de Bourges, tapage qui n'avait qu'un but, ainsi qu'on l'a vu : donner à cet appareil une valeur vénale en en exagérant le mérite et la nouveauté.

J'ai prouvé, et les preuves sont publiques et permanentes puisqu'il s'agit de mes brevets, que j'étais l'inventeur du système de chargement des obus par des procédés rationnels et définis, et que, dans cette méthode, l'amorçage jouait un grand rôle.

C'est ainsi que j'ai indiqué d'employer l'acide picrique fondu par la chaleur, puis d'amorcer cette charge compacte et très insensible au choc, par une petite charge d'acide picrique en poudre, enfermée de préférence dans un tube en acier fermé à la base et se vissant dans l'obus. C'est cet appareil que j'ai baptisé : obturateur porte-amorce et que l'on a surnommé gaine porte-détonateur. Enfin, j'ai indiqué d'amorcer cette charge d'acide picrique en poudre, par un détonateur au fulminate de mercure, attaché à la queue d'une fusée quelconque. (Voyez pl. I.)

Dans le cours même de la description de ce brevet, aussi bien que dans mon Mémoire sur le Trinitrophénol (page 40), j'avais indiqué l'avantage qu'il y avait à laisser pénétrer le projectile dans l'objet à détruire avant qu'il ne fît explosion, ce qui pouvait être obtenu, ainsi que je l'ai dit, en interposant une matière fusante d'assez longue durée pour permettre au projectile d'entrer et d'épuiser sa force vive dans l'obstacle avant que le feu n'arrive au détonateur qui doit le faire éclater. Les principes fondamentaux et les détails de l'exécution de l'ensemble de ce nouveau système d'amorçage, ont donc été parfaitement et minutieusement décrits par moi.

D'autre part, on savait parfaitement bien, à Saint-Thomas-d'Aquin et au service des poudres, que j'avais déjà appliqué ce système et tiré le fulminate à de grandes vitesses avec mes Panclastites.

J'ai eu, à ce sujet, des conférences assez longues dans le cours de nos expériences, et j'ai remis en 1883 ou 1884, au dépôt central des poudres et salpêtres, un obus muni d'un de mes obturateurs à fond plat, surmonté d'une fusée et décrit dans mes brevets de 1881.

Donc, pas de contestations possibles là-dessus. Que restait-il à faire alors pour mettre en œuvre mon système?

Attacher l'amorce, qui est un tube, à la queue de la fusée comme je l'ai dit. Si on prenait une fusée fusante à temps, il n'y aurait même pas besoin d'interposer de matière fusante entre le détonateur et la fusée, puisqu'il suffirait de prendre un temps plus long que la portée choisie pour obtenir le résultat cherché. Chaque système de fusée peut, d'ailleurs, donner lieu à de faibles modifications. Pour attacher le détonateur à la fusée que restait-il à faire? Copier tout simplement les nombreux moyens industriels de raccorder des tubes ou tuyaux à des robinets, manomètres, etc. (1). Une partie taraudée, un écrou convenable que l'on appelle raccord, en termes généraux, et un tube avec collet rabattu ou brasé, suffisent.

J'ai été dix ans dans l'industrie, au milieu d'appareils de toutes sortes, et, franchement, je n'aurais jamais pu croire un instant que l'artillerie pût revendiquer le moindre mérite à la réalisation et à la construction d'une

1. Planches IV et V.

chose aussi simple, parfaitement connue, et dans un but spécial que j'avais très bien déterminé. Il suffit d'aller chez un robinettier quelconque, chez un fabricant de manomètres ou chez un constructeur d'appareils de précision, pour trouver des centaines de dispositifs analogues, dispositifs que l'on crée ou modifie tous les jours. Le premier chaudronnier venu pouvait se charger de cela. Moi-même j'avais appliqué, antérieurement, ces systèmes sous une forme ou sous une autre, dans les modèles de torpilles, d'exploseur universel, d'obus, de cartouches métalliques, etc.; que j'ai remis au ministère de la Guerre ou décrits dans mes brevets.

Toute la campagne menée au sujet de ce détonateur n'avait donc qu'un but : me déposséder, moralement, de mes inventions par des moyens détournés, en déplaçant la question au sujet de l'invention elle-même.

Mais, quelque simple et connu que soit ce système, il ne faut pas oublier que le fait d'avoir livré les plans officiels n'en constitue pas moins une infâme trahison vis-à-vis du pays, et une ignoble escroquerie vis-à-vis de moi. C'est précisément pour établir ces faits que j'ai fait imprimer le plan du détonateur construit dans l'usine Armstrong, où j'en ai eu un exemplaire complet, identique aux détonateurs officiels français, entre le mains, mais surmonté de la fusée Armstrong.

Si c'est un si grand chef-d'œuvre que d'avoir attaché trois tubes à la queue d'une fusée au moyen d'un raccord, que l'on récompense comme on le voudra l'auteur de cette disposition remarquable!! mais qu'on me laisse tranquille et que l'on ne me dépouille pas. En tout cas, si c'est une chose si précieuse, c'était une raison de plus pour ne pas la livrer à l'étranger, quel qu'il soit.

Je ne ferai pas ressortir toute la mauvaise foi qu'il y a à vouloir, non pas comparer, mais seulement assimiler la construction de ce détonateur ou des obus au principe de mon invention, autrement importante.

Enfin, pourquoi a-t-on donc attendu que je fisse connaître mes procédés pour créer tant de choses nouvelles??

Il aurait au moins fallu le faire avant. C'est que ce n'était pas le détonateur qui manquait, en effet, mais l'explosif et la connaissance de la loi de la sensibilité que j'ai découverte.

VOILA LA VÉRITÉ.

Je dois appeler l'attention particulièrement sur ce fait : que lors des expériences faites en Angleterre, à Lydd, en septembre 1888, avec la Lyddite (Mélinite), expériences auxquelles je n'ai pas assisté, on s'est servi du détonateur retardé à Mélinite.

Ainsi que je l'ai déjà dit, on ne connaissait en Angleterre, avant la trahison de Triponé, ni la fusée R. F., ni le porte-retard, ni le bétonnage, ni les obus de grandes capacité. Aussi pour tous ceux qui sont au courant de la question, il est facile de reconnaître que les expériences de Lydd, dont la *Revue d'artillerie* du 15 avril 1890 rend compte si tardivement avec dessins à l'appui, ne sont, en somme, que la reproduction des expériences de Bourges, telles qu'elles étaient indiquées dans certains rapports officiels et secrets livrés par Triponé.

XIV

LE JOURNAL LE « MATIN » ET LE COLONEL MASSING

On a lu les articles de journaux dans lesquels, notamment par le *Matin*, Triponé était dénoncé, nettement, pour avoir communiqué, en Angleterre, des rapports officiels français et la question du détonateur.

Mis en rapport, beaucoup plus tard, avec M. Alfred Edwards, directeur du *Matin*, je le priai de bien vouloir, en raison de ces articles, s'occuper de prendre ma défense dans l'intérêt même du pays.

Ces articles avaient été, d'après ce que m'a dit M. Edwards, communiqués au *Matin* par M. Mercadier, français habitant Londres, que je ne connais pas, et qui en savait certainement plus long que moi sur ces faits.

On a vu comment M. Edwards amena M. de Freycinet à nommer une Commission pour examiner mes réclamations; il l'amena aussi, en présence de M⁰ Doumerc, avocat, son ami, et depuis mon conseil, à reconnaître qu'il m'avait demandé de renoncer à toutes démarches pour la vente de la Mélinite à l'étranger.

Sur ces entrefaites, et à l'occasion de la trahison de l'officier Bonnet, condamné à cinq ans de prison et dix ans de surveillance, le *Matin* fit paraître, dans son numéro du 12 octobre 1890, l'article suivant, dont je donne seulement le passage intéressant.

TOUT EN NE SORTANT PAS DE LA DISCRÉTION QUE NOUS IMPOSENT NOS RELATIONS PASSÉES AVEC UN ANCIEN CHEF DE L'ÉTAT-MAJOR GÉNÉRAL DU MINISTRE

DE LA GUERRE, NOUS POUVONS DIRE QUE CELUI-CI NOUS A DÉCLARÉ CERTAIN JOUR QUE, SI LA GUERRE ÉCLATAIT, IL COMMENCERAIT PAR FAIRE ARRÊTER ET FUSILLER UNE PERSONNE QU'IL NOUS DÉSIGNAIT, QUE NOUS CONNAISSIONS, ET QUI ÉTAIT, D'AILLEURS, ASSEZ CONNU A PARIS.

IL EST ASSEZ VRAISEMBLABLE QUE CET OFFICIER, EN FORMULANT UNE SI GRAVE MENACE, AVAIT LE SENTIMENT TRÈS NET DES SERVICES RENDUS A UNE PUISSANCE ÉTRANGÈRE PAR L'INDIVIDU QU'IL ACCUSAIT DE TRAITRISE.

BIEN D'AUTRES INCIDENTS POURRAIENT AUSSI ÊTRE INVOQUÉS A L'APPUI DES DANGERS DE L'ESPIONNAGE EN TEMPS DE PAIX.

Sans voir des espions partout, comme en 1870, cherchons à découvrir ceux qui abusent de notre hospitalité et, tout en prenant nos précautions pour entraver leur intervention en temps de guerre, réprimons avec la plus grande énergie leur action pendant la paix (1).

Cet article, très net et très transparent, mérite cependant une explication de la plus haute valeur et un développement de la plus haute importance.

Voici les faits tels qu'ils me furent affirmés par M. Edwards, et qu'ils me furent confirmés, plus tard, chez M. Edwards, par M. le prince Poniatowski, demeurant, 6, avenue de Mac-Mahon, à Paris, et qui tient ce que l'on va lire de la bouche de M. le colonel Massing, commandant le 25ᵉ régiment de dragons, à Tours.

Lors de mon voyage en Angleterre et après les expériences que j'ai faites et préparées en secret, M. le colonel Massing, qui était alors attaché militaire à l'ambassade de France à Londres, voulut savoir la vérité sur ce qui s'était passé.

Ayant eu des rapports avec un ingénieur de la Société Armstrong, il aurait pu obtenir copie des pièces livrées par Triponé, la connaissance de mes refus de traiter et du piège qui m'avait été tendu. Il aurait, toujours d'après les mêmes personnes, composé un dossier absolument complet et édifiant, et l'aurait présenté, ensuite, à M. de

1. Le *Matin*, du 12 octobre 1890.

Freycinet et au général Mathieu. Ceux-ci, tout en le félicitant à un certain point de vue, lui auraient reproché d'avoir été si loin. Les pièces auraient été détruites, et le colonel Massing déplacé de Londres et envoyé à Tours.

Tels sont, dans toute leur brutalité, les faits qui m'ont été rapportés comme je viens de le dire.

Le colonel Massing aurait donc fait preuve, en cette circonstance, d'un grand dévouement et d'un grand patriotisme.

Ma vie, mon honneur, et peut-être le salut de la Patrie, sont entre les mains de cet homme. Quelle que soit sa position et les règles de discipline qui pourraient le gêner, il doit à la France et à l'honneur de dire la vérité.

Dans une question de salut public le soldat doit être complètement dégagé de toute discipline. Il serait vraiment trop drôle que sous un gouvernement qui se prétend républicain la liberté d'action du soldat honnête, du soldat patriote, fut plus entravée que sous Charles X. Le général Foy n'a-t-il pas, dans un discours célèbre, prononcé à la Chambre des pairs, je crois, déclaré que la discipline est seulement obligatoire devant l'ennemi, mais qu'en matière politique, en cas de guerre civile, l'officier est maître de sa conduite. Dans le cas présent c'est bien autrement grave.

J'ai d'ailleurs la conviction que ni M. Edwards, ni le prince Poniatowski, ne renieront ce qu'ils m'ont dit, devant la gravité de la cause.

Telle est la vérité, et comme ma personne disparaît, en quelque sorte, devant les intérêts de la Patrie, on ne saurait me reprocher d'être indiscret.

Je suis seul contre tous, et j'ai le droit et le devoir, pour rétablir la vérité, de recourir à tous les documents et arguments capables de la mettre au jour.

Il n'y a pas de scandale qui tienne, il faut que justice soit faite.

TROISIÈME PARTIE

LES SERVICES FERMÉS

I

LE SERVICE DES POUDRES ET L'INDUSTRIE DES EXPLOSIFS EN FRANCE

En France, la fabrication de la poudre est le monopole de l'Etat.

Depuis la loi du 13 fructidor an V jusque vers 1873, les poudreries appartenaient à l'artillerie, sous la direction de laquelle elles étaient exploitées pour le compte de l'Etat.

A cette époque, le service des poudres fut constitué en service indépendant et rattaché au ministère de la Guerre, où il forme la sixième direction. Les ingénieurs des poudres, qui, autrefois, relevaient des Finances, appartiennent donc aujourd'hui au département de la Guerre.

e service des poudres est exclusivement recruté parmi les élèves sortant de l'Ecole Polytechnique; c'est donc un corps absolument fermé. D'autre part, la fabrication des poudres étant un monopole de l'Etat, il était impossible d'espérer tirer parti d'une découverte dans cette industrie, sans passer par l'Etat et surtout par le service des poudres.

La dynamite, qui avait pris naissance à l'étranger, fut importée en France où on avait antérieurement refusé d'en autoriser l'emploi, pendant la guerre de 1870. C'est en présence de l'ennemi et pendant le siège de Paris, que les premiers essais de fabrication de la dynamite furent exécutés par MM. Dupré, Ch. Girard, Majewski, Vogt, etc., appartenant à l'industrie privée. En province, M. Barbe obtint, du gouvernement de Tours, une somme de 60,000 francs pour la fondation de la première fabrique de dynamite, en France, afin d'en fournir aux armées alors en campagne, avec la promesse de pouvoir exploiter ensuite industriellement cette usine. La Chambre n'ayant pas ratifié ces conventions, la fabrique de Paulille fut fermée.

L'usage de la dynamite s'étant très répandu à l'étranger, et l'industrie des mines, en France, réclamant le droit d'employer ce produit, par la loi du 8 mars 1875, la fabrication de ce composé explosif fut autorisée sous certaines conditions fort restrictives. L'article 7 de cette loi, promulguée par dérogation à la loi du 13 fructidor an V, déclare formellement que des autorisations pourront être accordées pour la fabrication de composés explosifs nouveaux appliqués aux mines.

Cette loi du 8 mars 1875 ouvrait donc, en apparence, la porte à l'industrie des explosifs pour mines. Je dis en apparence, parce qu'en fait toutes les demandes d'autorisations présentées pour d'autres explosifs que les dynamites à base de nitroglycérine, cet explosif meurtrier par excellence, ont été rejetées sans aucune raison. De sorte que tous ceux qui ont consacré leur temps et leur argent à tenter de créer des explosifs moins dangereux que les dynamites, ont échoué devant une fin de non recevoir inexplicable et contraire à la loi.

Comme beaucoup d'autres, j'ai été dupe de cette loi, car c'était surtout en vue d'applications industrielles, et en me basant sur cette loi, que j'avais entrepris mes recherches sur les explosifs, et, par extension, sur les questions militaires qui s'y rattachent.

Pendant que des Français s'épuisaient sans succès dans cette voie, la dynamite, d'origine étrangère, prenait en France, sous la direction d'un étranger qui n'a même pas le mérite d'en être l'inventeur (1), un rapide développement, et donnait des résultats pécuniaires considérables.

Les Panclastites, dont je suis l'inventeur et qui pouvaient parfaitement prendre leur place dans l'industrie et y rendre des services, n'ont pas été autorisées. Les motifs du refus ne reposent sur aucun fondement, car on a déclaré au Comité des Arts et Manufactures, que la Panclastite n'était pas moins dangereuse que la dynamite, ce qui est inexact; pas plus forte, ce qui est encore inexact ; et pas moins coûteuse, ce que l'on ne pouvait savoir puisqu'aucun renseignement n'avait été fourni à ce sujet. Mais le plus drôle, c'est que malgré ces appréciations erronées, on proposait un impôt de 4 francs par kilog. sur la Panclastite, alors que la dynamite paye 2 francs, c'est-à-dire la moitié. C'était donc nous étouffer dans l'œuf, même si on nous avait autorisés.

En tout cas, la loi, pour accorder une autorisation, n'avait nullement apporté ces restrictions, et il n'y est pas dit que pour être autorisé, un explosif devait être moins dangereux, plus puissant et d'un prix moins élevé.

On donne la sensibilité que l'on veut aux Panclastites, qui sont des explosifs liquides dont les éléments peuvent rester séparés jusqu'au moment de l'emploi. C'est même là le but et le caractère distinctif des Panclastites. Quant à leur puissance, elle dépasse de beaucoup la dynamite. Enfin, si elles sont trop chères, on n'en vendra pas, voilà tout, mais cela ne regardait pas l'Etat.

Il en a été de même pour les autres explosifs proposés, tant par moi que par d'autres inventeurs.

Mais ce qu'il y a de plus inconcevable, c'est que dans le traité que j'ai passé avec l'Etat et que l'on a lu plus haut, relativement à l'emploi de l'acide picrique, la partie industrielle m'a été absolument réservée, pour tous les travaux « de mines, roctage, etc. » Or, il m'est impos-

---

1. Voyez *Notice sur la dynamite*, par Ruggieri. Ch. Tanéra, éditeur, 6, rue de Savoie, Paris.

sible d'en tirer parti, puisque les explosifs sont le monopole de l'Etat, à l'exception de la dynamite. Lorsque j'ai fait part, au service des poudres, de mon intention d'exploiter industriellement l'acide picrique pour les mines et carrières, ce n'a été qu'un *tolle* de protestations contre moi.

C'est, qu'en effet, la dynamite était singulièrement bien placée au service des poudres. Longtemps, la Société de dynamite ne prospéra pas en France, par suite de la concurrence qui lui était faite par les dynamites de l'Etat fabriquées à Vonges, et par certaines difücultés administratives. Mais, tout à coup, la Société de dynamite prit un essor considérable par suite de la cessation de la concurrence de l'Etat, dans des conditions encore inconnues de moi. Un gros évènement venait, en effet, de se passer.

M. Roux, ingénieur en chef des poudres et salpêtres au ministère de la Guerre, venait d'être placé à la tête de cette Société, et, sous l'égide de son titre, la Société Nobel était ainsi patronnée et lancée avec une apparence quasi-ofücielle.

A l'Exposition universelle d'Amsterdam, en 1883, M. Roux faisait encore une conférence sur les explosifs, conférence qui fut publiée en brochure à des milliers d'exemplaires répandus un peu partout, gratuitement, et dont voici le titre :

Société générale pour la fabrication de la dynamite. — Brevets et procédés Nobel. — Exposition d'Amsterdam. — Conférence faite par L. Roux, ingénieur en chef des poudres et salpêtres, directeur général de la Société générale de Dynamite Française, le 17 août 1883. — Imprimerie H. Lutier, 36, rue Delaborde, Paris.

La concurrence devenait donc très difficile en face d'une Société si bien posée.

D'autre part, M. Berthelot, président de la Commission des substances explosives, prônait la dynamite dans ses ouvrages sans trop se préoccuper des victimes qu'elle fait. « La nitroglycérine, dit M. Berthelot, dans son *petit traité sur la force de la poudre et des matières explosives*, est réputée la plus énergique des substances explosives. Elle disloque les montagnes, déchire et brise le fer, projette des masses gigantesques, etc.11 » (1).

On croirait relire la charge du marchand de corsets : « Maintient les forts, soutient les faibles, ramène les égarés. »

Certes, si M. Berthelot était orfèvre, on pourrait s'expliquer cela.

Quant à la Panclastite dont je suis l'inventeur, elle ne donne, d'après M. Berthelot, que la moitié de la force de la nitroglycérine et a le défaut d'échauffer l'azote. Or, c'est tout le contraire, ainsi que je l'ai prouvé expérimentalement. Mais la Société de dynamite n'a pas manqué de tirer parti contre moi de ces appréciations erronées.

Il m'est impossible de dire tous les petits moyens, tous les petits procédés qui ont été employés pour me battre en brèche.

Enfin, où la mauvaise foi des procédés éclate, c'est lorsque, d'une part, la Commission des substances explosives déclare que la Panclastite n'est pas plus forte que la dynamite, et que le rapporteur au Comité des Arts et Manufactures, M. Maurouard, propose un impôt de 4 francs au lieu de 2 francs que paye la dynamite.

Pourquoi cela ?

Quels tripotages y avait-il là-dessous ?

Aujourd'hui que cette Société a fusionné avec les autres Sociétés latines ; qu'elle a sa tête les Barbe, les Naquet, etc., et qu'elle fabrique des poudres sans fumée, elle est presque invincible par la force de ses capitaux. C'est d'ailleurs ce système de monopolisation qui est la plaie de notre époque. Quelques roublards s'emparent d'une industrie, et tout le reste des humains est à leur merci.

Quant au service des poudres et salpêtres, depuis que

1 Page 160 (1872)

la dynamite était en Société civile, ce service s'était borné à continuer, bien tranquillement, la fabrication de la vieille poudre noire comme au temps de Louis XIV.

Mis en rapport avec le service des poudres pour mes Panclastites dès 1881, comme on l'a vu, j'ai continué de lui communiquer, au fur et à mesure, le résultat de mes travaux. C'est ainsi que j'ai donné un véritable élan à la question des explosifs, par la quantité considérable de produits nouveaux et de Mémoires que j'ai envoyés au ministère de la Guerre. Les lettres que j'ai publiées plus haut et celles que l'on va lire en sont une preuve, et je puis dire que j'ai mis sur la trace d'une foule de choses les ingénieurs des poudres qui étaient certainement fort en retard sur toute la question des explosifs nitrés de la série aromatique et autres.

En dehors de la vieille poudre noire, du fulmicoton et de la dynamite, l'armée n'avait absolument rien. La poudre chocolat pour les gros canons, inventée en Allemagne, ne fut imitée, en France, que plus tard. Les journaux ont même, à ce sujet, entamé une campagne assez vive, lors de certains achats de cette poudre en Allemagne. Aussi, comme on se plaisait à me le dire alors, j'ai été le ferment utile, le bon ferment dans ce service.

M. Maurouard avait même été jusqu'à vouloir m'attacher à son service, mais les protestations de ses ingénieurs et la loi sur les cadres s'y opposèrent. Je ne le demandais d'ailleurs pas.

Voici un aperçu des Mémoires et travaux que j'ai adressés à ce service :

1° Plusieurs Mémoires sur mes Panclastites. Invention qui a jeté un jour nouveau sur les explosifs.

2° Nombreux appareils, projets de torpilles et obus cloisonnés pour l'emploi de la Panclastite.

3° Recherches sur l'amorçage du coton-poudre mouillé, sans avoir recours au coton-poudre sec. J'ai entrepris ces recherches sur la demande de M. Maurouard, directeur des poudres et salpêtres.

Ces études m'ont amené à faire connaître ce que déjà j'avais signalé dans mes brevets et Mémoires antérieurs, à savoir : que l'amorçage d'un explosif quelconque peut être obtenu avec un explosif quelconque, et que la quantité joue plutôt un rôle que la qualité. En un mot, que tous les explosifs d'un même ordre d'explosion peuvent l'amorcer réciproquement.

4° Important travail sur les poudres chloratées en général. Invention d'une poudre à double effet.

5° Etudes sur la sensibilité au choc d'un grand nombre d'explosifs et sur les inconvénients des proportions théoriques, etc., etc.

6° Expériences sur la force de rupture et d'écrasement des explosifs brisants par de nouveaux procédés.

7° Explosifs composés de coton-poudre et de nitroglycérine dans l'éther, pour former des vernis propres à provoquer une explosion par le passage d'un train (1).

8° Nouveaux pétards de guerre soudés au métal Darcet.

9° Recherches sur de nouvelles poudres progressives de mon invention, qui ont donné des pressions doubles avec des vitesses de combustion égales à la poudre noire.

10° Construction d'appareils exploseurs automatiques à temps, sur la demande de M. Maurouard, etc., etc.

Les lettres que l'on a lues plus haut, provenant de ce service, démontrent, d'ailleurs, les services que j'ai rendus, et l'utilisation de mes procédés. C'est ainsi que certaines de mes poudres sont fabriquées par l'Etat, sans que j'aie jamais été indemnisé.

Malgré tant de travail et de dévouement, il m'a été impossible de pouvoir tirer parti de mes travaux de ce côté, comme si les frais de laboratoire, d'existence, et le travail d'un inventeur ne comptaient pas.

Mais, ce qui est bien plus monstrueux, c'est l'infamie des procédés employés à mon égard pour me décourager, me compromettre ou même me déshonorer,

---

1. Cette étude est mentionnée dans le traité de M. Berthelot sur les explosifs (1883, préface, page VIII).

tant la jalousie de ces corps fermés est basse et lâche.

Voici des preuves à l'appui.

Au commencement de l'année 1884, pendant la guerre du Tonkin, il paraît que les Chinois se sont servis de mines en assez grandes quantités autour de leurs fortins, et qu'ils nous ont fait ainsi assez de mal. M. Maurouard me fit alors appeler pour me demander si je voudrais étudier un système rationnel d'exploseur automatique à temps, pour faire sauter des mines militaires. Cette demande me fut faite en présence de M. Desortiaux, ingénieur des poudres, attaché au ministère de la Guerre, et, soi-disant, sur la demande du général Campenon, alors ministre de la Guerre.

M. Faucher, ingénieur en chef des poudres et salpêtres, alors directeur adjoint, me fit même part, à ce sujet, d'une idée à lui, qui consistait à laisser écouler avec le temps, par un tube capillaire, du mercure qui devait établir un contact électrique inflammateur à un moment donné. J'ai renoncé à cette idée à cause de l'emploi nécessaire des piles, et je construisis, après de longues recherches, tout un système de défense de cette nature :

Exploseur à temps, à mouvement d'horlogerie et à traction sur des étoupilles pouvant, à la rigueur, être fixé plusieurs jours à l'avance.

Exploseur du même système, mais mettant en mouvement une petite bobine Siemens et développant un courant électrique capable d'enflammer trois amorces dans un circuit de 1,500 mètres.

Fougasse mobile pour ces exploseurs, etc.

Pour avoir des amorces électriques, je m'étais adressé au général Sébert, alors directeur du laboratoire de la Marine, en lui exposant, tout au long, le motif de ma demande. On verra sa réponse ainsi que celle de M. Sarrau, directeur du dépôt central, auquel j'avais demandé des étoupilles.

En tout cas, M. Maurouard, alors directeur des poudres et salpêtres, m'avait demandé de m'occuper de cette question dans les termes suivants. Il fit appeler M. Desortiaux et lui dit devant moi :

— Vous êtes tous des paresseux, vous ne faites rien ; je vous ai déjà demandé à tous de vous occuper de cette question d'exploseur, mais puisque vous ne vous en occupez pas, j'ai fait appeler M. Turpin, et l'affaire avec lui sera en bonnes mains.

M. Desortiaux répondit :

— Monsieur le Directeur, je ne crois pas que ces reproches puissent s'adresser à moi, mais, en tout cas, ce n'est pas moi que cela gênera, car ce n'est pas de mon service.

— Si cela doit gêner quelqu'un, répondis-je, je ne m'en occuperai pas, attendu que j'ai pour principe de ne porter ombrage à personne. Je serais heureux de voir mes travaux adoptés et me rapporter un morceau de pain en servant le pays, mais à la condition de ne nuire à personne.

— Allez, allez, mon ami, me répliqua M. Maurouard, je suis avec vous et ne craignez rien ! !

Je donne ces détails à cause de la forme du rapport qui a été fait à ce sujet et qui me démontre que tout cela n'était qu'une infernale comédie et un piège honteux.

Je dois dire qu'à ce même moment on venait de faire sauter, à Londres, la gare de Victoria Station, et que le *Journal illustré* représentait un appareil, sorte de réveil-matin tirant sur un revolver, qui avait été trouvé au Cloak-Room de Charing-Cross. M. Maurouard, lui-même, m'avait inspiré l'idée de faire quelque chose d'analogue, mais qui fût bien étudié.

Je n'avais donc pas à me préoccuper du principe, de l'idée, mais seulement de l'exécution.

Voici les documents officiels que j'ai reçus à cet égard :

MINISTÈRE
DE LA GUERRE

6ᵉ Direction

POUDRES ET SALPÊTRES

BUREAU
des Poudres et Salpêtres

PERSONNEL ET MATÉRIEL

N° 1,737

*Appareils à construire
par M. Turpin*

Paris, *le 17 mars 1884.*

Le Ministre de la Guerre

A Monsieur Turpin.

Monsieur, vous m'avez soumis les projets de construction de divers appareils que vous avez imaginés et dont le principe m'a paru offrir un certain intérêt.

J'ai l'honneur de vous informer que je vous ai, par dépêche de ce jour, accrédité auprès de Monsieur le Directeur du dépôt central des poudres et salpêtres, avec lequel vous aurez à vous concerter au sujet des dispositions à prendre, pour la réalisation de certains de ces appareils, pour le compte du service des poudres et salpêtres.

Recevez, Monsieur, l'assurance de ma considération très distinguée.

Pour le Ministre et par son ordre,
L'inspecteur général, Directeur,
(*Signé*) MAUROUARD.

MINISTÈRE
de la
MARINE ET DES COLONIES

LABORATOIRE CENTRAL
DE L'ARTILLERIE
11, rue de l'Arsenal, 11

N° 250

Paris, le 2 mai 1884.

MONSIEUR,

En réponse à votre lettre du 29 avril dernier, j'ai l'honneur de vous faire connaître que vous trouverez des amorces électriques à fil de platine très sensibles chez M. Gaiffe, 40, rue Saint-André-des-Arts.

Quant aux amorces du modèle réglementaire de la marine, je ne pourrais en mettre à votre disposition que sur un ordre du Ministre de la Marine.

Recevez, Monsieur, l'assurance de ma considération distinguée.

Le Colonel d'artillerie
Directeur du Laboratoire central,
(Signé) SÉBERT.

MINISTÈRE
DE LA GUERRE

6° *Direction*

POUDRES ET SALPÊTRES

N° 318

L'Ingénieur en chef SARRAU, directeur du Dépôt central des poudres et salpêtres,
A Monsieur TURPIN.

Paris, le 20 avril 1884.

MONSIEUR,

J'ai l'honneur de vous informer que je tiens à votre disposition 40 étoupilles à friction. Veuillez les faire prendre au Dépôt central.

Recevez, Monsieur, l'assurance de ma considération distinguée.

Le Directeur,
(Signé) SARRAU.

MINISTÈRE
DE LA GUERRE

Paris, le 15 décembre 1884.

A Monsieur TURPIN,

MONSIEUR,

Je vous serais obligé de passer au Ministère, demain ou après, dans l'après-dîner, pour que nous puissions nous entendre sur l'établissement de vos comptes de dépenses faites pour diverses études.

Recevez l'assurance de mes sentiments distingués.

(Signé) L. FAUCHER.

MINISTÈRE
DE LA GUERRE

6ᵉ Direction

BUREAU
des Poudres et Salpêtres

PERSONNEL ET MATÉRIEL

N° 96

Accusé de réception d'une lettre en date du 18 décembre 1884.

Paris, le 9 janvier 1885.

Le Ministre de la Guerre,

A Monsieur TURPIN, chimiste.

Monsieur, en m'adressant par lettre du 18 décembre dernier le relevé des sommes s'élevant à 3,057 fr. 50 que vous avez dépensées pour la construction d'engins divers qui ont été livrés à mon département, vous me demandez de vou *faire connaître si vous devez continuer l'étude et la construction de nouveaux appareils destinés à l'emploi de la Panclastite.*

J'ai le regret de vous informer que quelque intérêt que présentent les études que vous avez encore en vue, il ne me paraît pas possible de vous autoriser à les poursuivre aux frais de mon département.

Je vous prie, en conséquence, de vouloir bien considérer comme ayant actuellement pris fin LE MANDAT SPÉCIAL POUR LEQUEL J'AVAIS EU RECOURS A VOUS.

Je saisis cette occasion pour vous remercier du très utile concours que vous avez bien voulu donner à l'Administration de la guerre en cette circonstance, et pour vous informer que j'invite, par le courrier de ce jour, M. le Directeur du Dépôt central des poudres et salpêtres à vous rembourser le montant de vos factures sur lequel j'ai admis une majoration de 25 o/°, pour vous tenir compte dans la limite du possible de vos travaux personnels.

Recevez, Monsieur, l'assurance de ma considération très distinguée.

Pour le Ministre et par son ordre :
L'Inspecteur général, Directeur,
(Signé) MAUROUARD.

Comme on le voit, cette lettre démontre bien que *l'on m'avait chargé de ces études.* Quant aux 25 0/0, ce n'est pas large, car j'ai travaillé près d'un an à cette affaire, pour dresser les plans du système qu'il m'avait fallu imaginer, faire exécuter les modèles, etc.

Voici maintenant un extrait du rapport qui a été fait sur ces appareils, et sur le principe qui m'avait été communiqué ainsi que sur le but à atteindre. C'est une pièce utile à méditer, et qui démontrera, au monde, ce que l'on peut attendre de nos fonctionnaires avec notre organisation actuelle. On peut se demander, après avoir lu cela, si ces gens-là sont d'honnêtes gens et si réellement le pouvoir est bien placé dans leurs mains réactionnaires, non pas au point de vue politique, mais au point de vue humanitaire.

MINISTÈRE
DE LA GUERRE

6ᵉ *Direction*

POUDRES ET SALPÊTRES

PERSONNEL ET MATÉRIEL

Nº 1,292

Étude d'appareils exploseurs divers

Paris, le 9 mars 1885.

Le Ministre de la Guerre,

A Monsieur Turpin, chimiste.

Monsieur, vous avez soumis à la Direction des poudres et salpêtres, en octobre et novembre 1884, divers rapports et dessins relatifs à des appareils exploseurs.

Ces documents ont été envoyés à l'examen de la Commission des substances explosives, dont le rapport vient de m'être adressé.

Les conclusions de ce rapport sont les suivantes :

. . . .

« On peut dire, d'une façon générale, que les appareils proposés par M. Turpin, qui pourraient être applicables pour des DESTRUCTIONS IRRÉFLÉCHIES, *comme celles que conçoivent les* CRIMINELS ENNEMIS DE L'ORDRE SOCIAL OU LES PARTISANS AFFOLÉS D'UNE GUERRE CIVILE, *ne peuvent trouver aucune utilisation sérieuse pour les* DESTRUCTIONS RAISONNÉES ET MÉ-

THODIQUES, *qui* SEULENT *(sic) doivent être employées dans les opérations d'une guerre régulière, etc...* »

Recevez, Monsieur, l'assurance de ma considération très distinguée.

Pour le Ministre et par son ordre :
L'Inspecteur général, Directeur,
(Signé) MAUROUARD.

En lisant ce rapport, on croit absolument rêver, et je me demande encore ce que viennent faire ces expressions : criminels, partisans affolés de guerre civile, etc.

Personne n'ignorait, dans la Commission des substances explosives, que j'avais été chargé de ces recherches, puisque j'avais demandé à MM. Sarrau et Sébert des objets pour réaliser ces études, et que, dans le Mémoire qui accompagnait les modèles, j'avais pris le soin d'en faire l'historique.

Etait-ce pour me couler et pouvoir dire que je suis un anarchiste, et que je m'occupe de construire des machines infernales? C'est, ma foi, un joli procédé et qui fait honneur à ceux qui s'en servent. Si le principe est mauvais, il fallait renvoyer la chose au Ministre, au général Campenon, s'il est vrai, toutefois, que ce général ait chargé M. Maurouard de faire faire ces études.

En tout cas, je voudrais bien savoir ce que l'on entend par destructions irréfléchies et par destructions méthodiques ! C'est une sinistre plaisanterie. Lorsqu'on place des canons devant une ville et que l'on bombarde femmes et enfants, est-ce là la destruction méthodique?

Quant à moi, si je suis un anarchiste je suis un anarchiste à l'eau de rose alors, et je le suis, comme M. Jourdain faisait de la prose : sans le savoir. J'ai déjà dit, plusieurs fois, que je ne m'étais jamais occupé de politique, et que jamais même je n'ai mis les pieds dans une réunion publique. Mais le plus fort en tout cela, c'est que, ainsi qu'on l'a déjà vu et qu'on le verra encore plus loin, on s'est basé, pour me spolier, sur ce que je n'avais précisément pas de relations politiques.

En tout cas, je suis tellement anarchiste, que lorsque j'ai découvert les réelles propriétés de l'acide picrique, qui se vend partout librement, je me suis empressé d'en informer l'autorité dans l'intérêt général, ce dont, entre parenthèses, on s'est parfaitement moqué à l'administration.

Voici seulement trois lettres, parmi celles que j'ai reçues à la suite de mes communications dans l'intérêt de la sécurité générale :

MINISTÈRE
DE L'INTÉRIEUR

DIRECTION
de la
SURETÉ GÉNÉRALE

Cabinet du Directeur

Paris, le 13 février 1885.

MONSIEUR,

En réponse à la communication que vous m'avez adressée le 9 février courant, je vous prie de vouloir bien passer à mon cabinet, 11, rue des Saussaies, lundi prochain, 16 février de dix heures à midi.

Recevez, Monsieur, l'assurance de ma parfaite considération.

Le Chef adjoint du cabinet, chargé
de la Direction de la Sûreté générale,
(Signé) PAUL WALLET.

PRÉFECTURE
DE POLICE

Cabinet du Préfet

RÉPUBLIQUE FRANÇAISE

Paris, le 16 février 1885.

MONSIEUR,

J'ai reçu la lettre que vous m'avez adressée au

sujet des propriétés de l'acide picrique. Si vous désirez m'entretenir verbalement de cette affaire, vous me trouverez à mon cabinet, samedi matin, vers onze heures.

Agréez, Monsieur, l'assurance de ma considération distinguée.

(Signé) CAMESCASSE.

LABORATOIRE
DE CHIMIE

PRÉFECTURE DE POLICE
SECRÉTARIAT GÉNÉRAL

Paris, le 25 septembre 1885.

MON CHER MONSIEUR,

Veuillez, je vous prie, nous envoyer de suite :
1° Une douzaine de vos cartouches vides, en carton laqué.
2° Deux douzaines d'amorces avec la charge de fulminate nécessaire à l'acide picrique.
3° Trois mètres de mèche.
4° Une pince pour couper les mèches et sertir.
5° Votre exploseur à temps avec notice.
Ces objets nous sont nécessaires pour des essais qui nous sont demandés.
Nous vous rembourserons, bien entendu, les quatre premiers objets ; quant au 5°, c'est dans votre intérêt qu'on le montrera à une seule personne.
Prière de dire combien de temps il peut être préparé à l'avance.
Merci d'avance et, en attendant, une cordiale poignée de main.

(Signé) CH. GIRARD.

Comme anarchiste je suis donc assez réussi, mais j'avoue qu'on le deviendrait à moins.

Pour en revenir au service des poudres, voici maintenant, dans un autre ordre d'idées, la manière d'agir de ces Messieurs.

Parmi les nombreux échantillons de poudres et Mémoires que j'ai adressés au service des poudres et salpêtres, j'ai fait connaître une série de poudres progressives et lentes pour la grosse artillerie.

MINISTÈRE
DE LA GUERRE

6ᵉ *Direction*

POUDRES ET SALPÊTRES

PERSONNEL ET MATÉRIEL

DÉPOT CENTRAL
des Poudres et Salpêtres
11, rue de l'Arsenal

Nº 724

Paris, le 15 octobre 1884,

L'Ingénieur en chef SARRAU, directeur du Dépôt central des poudres et salpêtres,
A Monsieur Eugène TURPIN.

MONSIEUR,

En réponse à votre lettre du 14 octobre courant, j'ai l'honneur de vous faire connaître que vous pourrez vous présenter pour les essais que vous désirez, dans les premiers jours de la semaine prochaine.

Recevez, Monsieur, l'assurance de ma considération distinguée.

(Signé) SARRAU.

MINISTÈRE
DE LA GUERRE

Paris, le 24 octobre 1884.

CHER MONSIEUR,

J'ai reçu votre lettre du 22 du présent mois, par laquelle vous me faites connaître les résultats des épreuves faites au Dépôt central avec les nouvelles poudres de votre invention.

Ces résultats me semblent, comme vous me le dites, présenter un réel intérêt, et je tiens à vous en adresser, dès à présent, mes félicitations.

Recevez, cher Monsieur, la nouvelle assurance de mon sincère attachement.

(Signé) MAUROUARD.

MINISTÈRE
DE LA GUERRE
—
POUDRES ET SALPÊTRES
—
BUREAU
des Poudres et Salpêtres
—
DÉPOT CENTRAL
des Poudres et Salpêtres
11, rue de l'Arsenal
—

Paris, le 8 novembre 1884.

MONSIEUR,

Monsieur Vieille estime qu'il serait difficile d'éprouver en une journée les 6 ou 7 échantillons que vous nous annoncez.

Je vous prie, en conséquence, de vouloir bien lui envoyer, le plus tôt possible, les matières que vous désirez étudier.

Il les réduira d'abord en masses comprimées et vous préviendra dès qu'il pourra les traiter en vase clos, de manière que vous puissiez assister aux expériences.

Veuillez agréer, Monsieur, l'expression de mes sentiments dévoués.

(Signé) E. SARRAU.

MINISTÈRE
DE LA GUERRE

6ᵉ *Direction*

POUDRES ET SALPÊTRES

BUREAU
des Poudres et Salpêtres

PERSONNEL ET MATÉRIEL

DÉPOT CENTRAL
des Poudres et Salpêtres
11, rue de l'Arsenal

N° 783

Paris, le 18 novembre 1884.

L'Ingénieur en chef SARRAU, directeur du Dépôt central des poudres et salpêtres,
A Monsieur Eugène TURPIN.

MONSIEUR,

Je m'empresse de vous envoyer les résultats des expériences exécutées sur les divers échantillons que vous avez envoyés au Laboratoire :

Échantillons	Vitesses de combustion limites centimètres par seconde	Pressions
N° 1	2 c/m 44	2.386 kᵒˢ c/m²
» 2	2 » 64	2.413
» 3	2 » 88	2.520
» 4	2 » 60	2.387
» 4 bis	3 » 34	2.601
» 5	1 » 83	2.226
» 6	2 » 61	2.012
» 7	3 » 84	3.246
» 8	3 » 10	1.306

Je vous prie d'agréer, Monsieur, l'expression de mes sentiments les plus distingués.

(Signé) E. SARRAU.

MINISTÈRE
DE LA GUERRE

6ᵉ Direction

POUDRES ET SALPÊTRES

DÉPOT CENTRAL
des Poudres et Salpêtres
11, rue de l'Arsenal

Paris, le 15 mai 1885.

Monsieur,

Je ne retrouve pas trace de la composition des derniers échantillons 9, 10 et 11, que vous nous avez envoyés, je vous serais obligé de me faire parvenir ce renseignement.

Voici les nombres obtenus dans nos essais :

Echantillons sous forme de pastilles de 20 ᵐ/ᵐ de diamètre et de 4 ᵐ/ᵐ d'épaisseur environ, agglomérées à la presse (3,600 kᵒˢ par c/ᵐ²), densité de chargement 0.4.

Échantillons	Épaisseur des pastilles	Vitesses de combustion cent/ᵐ par seconde	Pressions
N° 9	3ᵐ/ᵐ82	5ᶜ/ᵐ70	3,400kᵒˢᶜ/ᵐ²
» 10	3 » 77	5 » 91	3,025
» 11	3 » 80	3 » 87	2,790

Il n'a pas été possible de répéter les expériences à cause du poids trop faible des échantillons.

Il serait utile cependant de répéter sur le n° 9 qui a donné lieu à une trace de fuite au piston.

Je vous prie d'agréer, Monsieur, l'expression de mes sentiments dévoués.

(Signé) P. Vieille.

MINISTÈRE
DE LA GUERRE

6ᵉ Direction

POUDRES ET SALPÊTRES

DÉPOT CENTRAL
des Poudres et Salpêtres
11, rue de l'Arsenal

Paris, le 20 mai 1885.

Monsieur,

Je vous serais obligé de me faire parvenir le plus tôt possible la composition des échantillons n° 9, 10, 11, que je vous ai demandée par ma dernière lettre.

L'absence de ce renseignement ne permet pas de terminer le rapport relatif aux nouvelles poudres à base de Nitrophénols dont vous avez proposé l'emploi.

Je vous prie d'agréer, Monsieur, l'expression de mes sentiments distingués.

(Signé) P. Vieille.

MINISTÈRE
DE LA GUERRE

6ᵉ Direction

POUDRES ET SALPÊTRES

DÉPÔT CENTRAL

11, rue de l'Arsenal

Paris, le 9 juillet 1885.

Monsieur,

Les échantillons que vous m'avez envoyés ont été soumis à nos essais ordinaires.

Voici les résultats obtenus à la densité de chargement de 0.4 (à vase clos).

Échantillons	Pressions		Vitesses de combustion
N° 12	2,330 k⁹ c/m³		5 c=m 21
» 13	3,055	1ʳᵉ exp.	5 » 24
	3,025	2ᵉ exp.	5 » 21
» 14	3,109	1ʳᵉ exp.	5 » 21
	3,003	2ᵉ exp.	5 » 61
» 15	1,900		5 » 50
» 16	2,520		5 » 85
» 17	1,800		4 » 54
» 18	1,450		3 » 74
» 19	2,146		6 » 87
» 20	1,880		6 » 89

Veuillez agréer, Monsieur, l'expression de mes sentiments dévoués.

(Signé) P. VIEILLE.

Ne recevant pas de réponse à la suite de ces expériences et laissé dans l'ignorance des résultats définitifs et de la décision du service des poudres, après plus de deux ans d'attente, je me décidai à demander des nouvelles de mes poudres progressives que j'avais proposées pour le chargement des armes, appuyées d'un Mémoire spécial.

Voici la réponse que j'ai reçue :

MINISTÈRE
DE LA GUERRE
—
6ᵉ *Direction*

BUREAU
des Poudres et Salpêtres
—
N° 10,179

ÉTUDE DE POUDRES
PROGRESSIVES

RÉPUBLIQUE FRANÇAISE

Paris, le 30 décembre 1887.

Le Ministre de la Guerre

A Monsieur Eugène TURPIN,
à Colombes.

Monsieur, par votre lettre du 18 décembre courant, relative à une série de poudres progressives qui ont été soumises à l'examen de la Commission des substances explosives, vous m'avez demandé de vous faire savoir :

19

Si ces nouveaux composés ont été définitivement essayés et acceptés, ainsi que l'appréciation officielle qui en a été faite.

Les essais en question ont fait l'objet d'un rapport de la Commission des substances explosives en date du 1ᵉʳ juillet 1886.

Ne pouvant vous communiquer le texte même de ce rapport, je me borne à vous en faire connaître, ci-après, les conclusions :

« L'épreuve spéciale en vue de laquelle M. Turpin avait soumis à la Commission ses divers échantillons, n'a mis en évidence pour aucun d'eux un ensemble de propriétés autorisant à les considérer comme plus aptes à réaliser pratiquement des poudres fortes et lentes *que les matières explosives sur lesquelles les recherches se poursuivent actuellement*.

« Quelques-uns de ces échantillons présentent néanmoins des propriétés intéressantes, tels sont les échantillons n°ˢ 9 et 14 à la Tétranitronaphtaline et à l'acide picramique, et l'échantillon n° 14 qui a présenté une lenteur de combustion comparable à celle de la poudre noire avec une force double.

« Mais la Commission ne pense pas que ces avantages soient assez tranchés pour motiver la mise en essai industriel de pareils mélanges.

« Elle estime toutefois qu'il y a lieu de remercier M. TURPIN, de l'envoi d'échantillons qui présentent un réel intérêt au point de vue de l'étude générale des propriétés des matières explosives. »

Vous voudrez bien observer que je n'ai été saisi officiellement, par vous, d'aucune proposition relative à ces produits.

Pour le Ministre et par son ordre :
L'Inspecteur général directeur,
(Signé) MAUROUARD.

Cette lettre est le type parfait des chinoiseries administratives et montre la délicatesse des procédés.

Je n'ai pas saisi officiellement le ministre! Comment cela? J'ai envoyé un Mémoire complet sur mes poudres progressives; j'ai, pendant près d'une année, travaillé à perfectionner des formules d'après les résultats obtenus dans les essais, comme on vient de le voir; j'ai fourni tous les renseignements demandés, et cela n'est pas officiel?

J'adresse des poudres nouvelles, comme on le reconnaît, à qui? au service des poudres, et on me dit que l'on ne sait pas pourquoi. Était-ce pour faire des confitures? Je ne crois pas.

En outre, à quel moment ai-je envoyé ces poudres? A un moment où, précisément, le service des poudres n'avait rien pour le fusil de petit calibre, et où on souhaitait d'avoir des poudres fortes et lentes, à cause du faible poids de la balle, et pour l'artillerie, afin de diminuer le volume et le poids des charges, tout en augmentant la vitesse initiale des projectiles.

Quant au rapport, c'est absolument stupéfiant ce que l'on me dit : On ne peut pas me le communiquer! Pourquoi, je vous prie? Si on ne me communique pas le rapport fait sur mes travaux, à moi, l'inventeur, à qui le communiquera-t-on? A Triponé sans doute.

Mais ce qui est un comble, c'est que plus de trois ans après, on me dit que mes poudres, qui donnent une force double de la force de la poudre noire, alors la seule en usage, ne sont pas plus aptes à réaliser le but cherché que les poudres à l'étude à ce moment. Tout le monde comprendra qu'il s'agit de la poudre sans fumée qui, en somme, ne donne pas de résultats balistiques supérieurs, mais qui coûte 12 francs le kilo en moyenne, tandis que mes poudres peuvent revenir à 3 francs le kilo.

En outre, mes poudres sont très insensibles au choc, tandis que la poudre sans fumée est très sensible et donnera lieu à des explosions de caissons, s'ils sont atteints par les projectiles. La poudre sans fumée Nobel composée de coton-poudre et de nitroglycérine est encore bien plus sensible au choc.

Le premier, j'ai donc mis le département de la Guerre en possession d'une poudre pratique, capable de fournir un travail double à celui de la poudre noire, sans fatigue pour les armes. Qu'une fois en possesssion de mes travaux et après que j'avais ouvert la voie en démontrant que l'on pouvait, sans danger, tirer dans les armes des poudres composées avec des corps tétranitrés, on ait eu l'idée de recourir à la cellulose trinitrée ou autres corps analogues, ceci n'a rien de surprenant, et sans contester les travaux personnels de M. Vieille, j'ai le droit de dire que j'avais résolu le problème le premier, car la question de fumée n'était pas en cause et ce n'est qu'une conséquence de la substance choisie, et depuis longtemps connue, aussi bien que son mode de préparation.

On me devait et on me doit de ce chef une large compensation, même dans cet ordre d'idées, puisque dans la lettre du ministre et le rapport officiel on dit : « Il y a lieu de remercier M. Turpin de l'envoi d'échantillons qui présentent un RÉEL INTÉRÊT AU POINT DE VUE DE L'ÉTUDE GÉNÉRALE DES PROPRIÉTÉS DES MATIÈRES EXPLOSIVES. »

Qui parle ainsi ?

Des membres de l'Institut, des ingénieurs en chef des poudres et salpêtres, des officiers supérieurs et autres de l'artillerie, etc. (1).

On me vote des remerciements, merci bien ! Messieurs, mais on ne vit pas de remerciements et ce n'est pas avec cela que l'on paye ses frais de laboratoire.

1 MM. BERTHELOT, secrétaire perpétuel de l'Académie des Sciences, etc., etc.-PRÉSIDENT.
CASTAN, colonel d'artillerie.
CORNU, membre de l'Institut.
LAMBERT, ingénieur en chef des poudres et salpêtres, directeur de Sevran-Livry.
MUNTZ, officier supérieur du génie.
SARRAU, membre de l'Institut, ingénieur en chef des poudres, directeur du Dépôt central.
SÉBERT, général d'artillerie de marine.

En dehors de la Mélinite, on a déjà vu, au commencement de ce livre, d'autres lettres et rapports reconnaissant la valeur de mes services. Or, je n'ai aucune attache officielle, je suis, en fait, un industriel, et j'entends, à bon droit, tirer parti de mes travaux, de mes inventions, et en recevoir le prix. La France n'a jamais refusé de payer de pareilles choses, bien au contraire. C'est l'administration qui fait cela.

Mais où tous ces faits deviennent scandaleux et constituent un véritable abus de confiance, c'est lorsque, ayant toutes mes formules, ce qui était indispensable pour éviter des accidents, on fait usage de mes procédés.

J'ai pris des brevets et l'État me fait de la contrefaçon. Le ministère de la Guerre a acheté et achète de la tétranitronaphtaline pour reproduire mes poudres, par milliers de kilos, et on ne s'occupe pas plus de moi que si je n'avais jamais existé.

C'est le je m'enfoutisme poussé à sa dernière limite.

En dehors de ces travaux de la plus haute importance et qui ont eu les conséquences que l'on sait, j'ai breveté, bien avant que le service des poudres ne s'en fut occupé, des explosifs sans flamme pour les mines de charbons grisouteuses. Or, l'État fabrique ces explosifs, sans se préoccuper de mes droits, bien que j'aie établi le premier le principe fondamental de ces composés, et que les produits fabriqués par l'État soient de mon domaine. Que devient la propriété industrielle avec de tels procédés ? On respecte les droits d'auteur, sans qu'ils aient des brevets à payer, pourquoi ne respecte-t-on pas les droits des inventeurs ?

VIEILLE, ingénieur des poudres.
BIJU-DUVAL,   —
BRUGÈRE, général de division (de l'artillerie).
DÉSORTIAUX, ingénieur des poudres.
DE VERNEUIL, officier d'artillerie de marine.
HAFFEN,   — du génie.
LIOUVILLE, ingénieur des poudres.
MARAIS, officier d'artillerie de marine.
ORCEL, officier d'artillerie.
LOUIS,   —

N'est-ce pas cependant la propriété la plus sacrée?

Je ne m'étendrai pas davantage sur tous les procédés que j'ai fait connaître et je me bornerai à rappeler certains faits de la plus haute gravité.

En lisant le traité qui m'a été imposé par l'Etat, au sujet de la Mélinite, on a remarqué que ce traité a été déposé pendant dix mois (délai qui m'avait été demandé pour conserver le secret), chez M° Renard, notaire du ministère de la Guerre. Lorsque ce traité m'a été remis, M° Renard, jouant du patriotisme, me demanda ce que je comptais faire et si j'allais aller à l'étranger. Je lui fis part, alors, de mon isolement et de mes regrets de n'avoir pu traiter d'une façon définitive avec l'Etat français, et de mes intentions de tenter encore quelques efforts.

M° Renard me proposa de me mettre en rapport avec un de ses vieux amis, ayant, me disait-il, des relations suffisantes pour faire aboutir honnêtement mon affaire. Cet ami était un M. Clément Hamelin, décoré. Il importe de dire que nous étions alors sous le ministère de Boulanger, que ce M. Hamelin prétendait connaître, car il habitait aussi l'hôtel du Louvre.

Dans l'intérêt du pays, et dans l'espoir d'obtenir une solution, j'acceptai ces offres et je laissai M. Hamelin faire ses démarches, ayant lieu d'avoir confiance en lui comme ami de M. Renard qui me l'avait présenté.

Comme il prétendait connaître le général Ladvocat depuis la guerre, je fus avec lui le voir à Versailles. M. Clément Hamelin s'étant enfermé dans son cabinet avec le général, je ne sais ce qui a été dit.

Peu après, je recevais une dépêche de cet individu qui m'annonçait qu'il avait été appelé à Chantilly.

« Pour Colombes — de Paris. — N° 15311. — Mots 20. — Dépôt le 18 janvier 1887, à dix heures quarante minutes du matin.

Suis télégraphiquement demandé Chantilly, arrangez-

vous pour les douze titres que je vous remettrai demain quatre heures (1).

A son retour, j'appris qu'il était en rapport avec la maison d'Orléans. On voulait, paraît-il, faire un grand coup de politique en achetant mes brevets et en en faisant don à la France.

1. M. Renard, le notaire du ministère de la Guerre, qui m'avait remis la copie de mon traité le 21 décembre 1883 au lieu du 30 octobre, époque convenue (voyez la lettre de M. Gaudin, page 133), m'avait présenté ce M. Clément Hamelin, peu de temps auparavant, lorsque je lui avais réclamé ce traité, déposé sans acte de dépôt. Quelques jours après le retrait de mon traité, cet individu prétexta un pressant besoin d'argent motivé, soi-disant, par le retard que les démarches qu'il se proposait de faire apporterait dans ses affaires. Quelles affaires? Je n'en sais rien, car je ne sais de quoi il vit. Toujours est-il que je lui refusai un prêt quelconque. Cependant, comme il insistait et qu'à cette époque, en raison de la situation de M. Renard le notaire, qui me l'avait présenté, je croyais avoir affaire à un homme délicat, je consentis à déposer chez ce dernier des titres sur lesquels M. Renard consentait à prêter, à son ami, l'argent dont il pouvait avoir besoin pour quelques jours. Il paraît que c'était nécessaire pour les écritures de M. Renard. Le 23 décembre 1883, je déposais donc, en pleine confiance, entre les mains de M. Renard, lui-même, 160 obligations foncières 1883, que j'avais eues à la souscription et qui, par conséquent, n'avaient jamais été vendues.
Voici les numéros de ces titres :
$$\left. \begin{array}{l} N^{os} \ 364.779 \text{ à } 364.863 = 85 \\ \text{» } 1.575.393 \text{ à } 1.575.467 = 75 \end{array} \right\} = 160$$
Ayant besoin de ces titres, dont douze de suite, je les avais réclamés à M. Clément Hamelin. C'est pourquoi il en parle dans sa dépêche ci-dessus.

Ne voulant pas continuer de relations avec ce personnage qui m'avait mis en rapport avec un certain M. Vanderbyl de Londres, qui avait fourni, avec le concours de Clément Hamelin, des conserves au gouvernement au moment du ravitaillement de Paris en 1871, et qui se proposait de monter mon affaire en Société en Angleterre si j'y consentais, je le priai de me rendre mes obligations.

Elles avaient été vendues à mon insu!!
Sous quel nom? Je n'en sais rien, mais si c'est sous mon nom, il y a eu un faux.

En tout cas, ne les ayant jamais vendues, et les ayant eues à la souscription, il serait impossible de justifier comment elles sont sorties de ma possession.

Sur les menaces que je fis de mettre opposition immédiate sur ces valeurs et de porter plainte au parquet, je fus remboursé, séance tenante, au cours du jour, par MM. Renard et Hamelin, chez Renard même, qui me dit : « Vous pouvez faire ce que vous voudrez, je ne vous crains pas, mon gendre est magistrat! »

Il paraît, en effet, que le gendre de M. Renard est juge à Paris.

La famille d'Orléans aurait donné la Mélinite au pays.

Le 19 janvier 1887, M. Clément Hamelin ayant continué ses... opérations, m'envoyait la dépêche suivante :

Pour Colombes. — de Paris. — N° 65,511. — Mots 30. — Dépôt le 19 janvier 1887, à dix heures quarante-huit du matin.

J'ai reçu lettre Vanderbyl hier soir, très fâché après vous, me prie vous accuser réception lettre, voyage fructueux, retourne aujourd'hui (Chantilly), venez demain quatre heures pour terminer.

HAMELIN.

Ne voulant pas entrer dans toutes ces hautes combinaisons politiques que je ne comprends pas, je priai M. Hamelin de cesser toutes démarches, dès l'instant qu'elles sortaient de notre programme, c'est-à-dire du ministère de la Guerre.

N'ayant pas du tout l'habitude de ces sortes d'affaires, je rompis avec cette bande. Mais comme mon affaire était une grosse affaire, ce n'était pas sans un grand crève-cœur qu'on la voyait s'échapper. Aussi, loin de cesser les démarches, Clément Hamelin les continua-t-il du côté de M. Maurouard.

Voici la copie d'une lettre que j'ai reçu de ce Monsieur auquel j'avais réclamé certaines pièces qu'il avait à moi :

POUR ADRESSE
POSTALE ET TÉLÉGRAPHIQUE
BIDASSOA
IRUN (Espagne)
sous dictée (!!!)

Bidassoa railway and Mines (Limited).

Irun, 4 février 1887.

Monsieur TURPIN, Colombes (Seine).

CHER MONSIEUR,

Je vous confirme mes trois dépêches, dont deux d'ici, libellées ainsi :

Pièces enfermées dans caisse, vous les remettrai jeudi matin.

Cette dépêche répondait à la lettre que Madame m'avait renvoyée ici et à une dépêche dans lesquelles vous réclamiez les pièces que M. Vanderbyl m'a remises pour vous les rendre contre reçu, elles se trouvent enfermées dans ma petite caisse de Paris et j'en ai la clef sur moi.

La deuxième dépêche ainsi conçue :

Tiens me mettre à jour ici pour rester quinze jours votre disposition. Venez déjeuner lundi, 2, Quatre-Septembre, vous attendrai midi.

Vous donnait rendez-vous chez Monsieur Renard le lundi, pour déjeuner avec moi et vous remettre les pièces.

Une convocation vient de m'être faite par la direction de Bordeaux, des chemins de fer du Midi de la France, afin que j'assiste en personne à la discussion des plans de raccordement de notre ligne avec les lignes Midi et Norte.

Je serai donc toute la journée de lundi à Bordeaux et arriverai après deux nuits en chemin de fer, le mardi matin à Paris.

Je vous attendrai chez Monsieur Renard pour déjeuner avec moi mardi midi.

Je resterai quinze jours pour terminer la cession de vos brevets, ce dont je ne doute plus, si vous y mettez la complaisance dont je vous crois capable dans vos moments de sages réflexions.

Bien à vous.

(Signé) CLÉMENT HAMELIN.

Peu de temps après, je recevais de M. Maurouard la lettre que voici :

MINISTÈRE RÉPUBLIQUE FRANÇAISE
DE LA GUERRE
18 mars 1887.

A Monsieur TURPIN,
  48, avenue Ménelotte, à Colombes.

MONSIEUR,
Je vous serais reconnaissant de vouloir bien vous présenter lundi matin, 21 du courant, à mon cabinet, pour une communication importante.

Recevez, Monsieur, l'assurance de ma considération la plus distinguée.

L'inspecteur général,
Directeur du service des poudres et salpêtres,
(Signé) MAUROUARD.

M. Maurouard n'a-t-il pas conservé souvenir de notre conversation du 21 mars 1887?

Je me bornerai à dire qu'en sortant j'ai rencontré, dans l'antichambre du cabinet de M. Maurouard, ce M. Clément Hamelin avec un monsieur qui me fut présenté comme un M. Parmentier, employé d'une Société de mines « de la Bidassoa » dans laquelle cet Hamelin est soi-disant intéressé.

La communication qu'avait à me faire M. Maurouard ne m'ayant pas plu, il me fut impossible, en raison de cette... combinaison, d'écrire la lettre qui m'était demandée, pour que mon affaire réussisse. Du même coup, par respect pour l'amiral AuLe (1), qui était alors ministre de

---

1. On jugera de la cordialité de mes relations avec l'amiral Aube par les lettres que l'on va lire :

MINISTÈRE   *Paris, le 3 mai 1887.*
  de la
MARINE ET DES COLONIES

Cabinet du Ministre

A Monsieur TURPIN, à Colombes.
CHER MONSIEUR,
L'amiral Aube désirerait causer avec vous et vous

**Ministère
DE LA MARINE
ET DES COLONIES**

**Cabinet
du Ministre**

Mon cher Mayeur,

J'ai le plus vif regret de n'avoir pas causé avec vous, et serais très heureux que vous vouliez bien passer à mon bureau, quand vous le pourrez.

Agréez l'assurance de mes sentiments les meilleurs.

[signature]

Le 13 mai 1887

la Marine et que je considère comme un profond honnête homme, je ne pus écrire la lettre de rappel qu'il m'avait demandée lui-même dans le même but et au même moment dans des conditions bien différentes.

Cette affaire n'ayant pas réussi, j'appris peu de temps après que M. Clément Hamelin, ayant présenté à M. Maurouard M. Vanderbyl de Londres, 3, Great Winchester street, et aussi grand ami de M. Renard, obtenait, du service des poudres, l'ordre d'acheter à Stowmarket, ce que tout le monde sait, 200,000 kil. de fulmicoton au prix de 6 fr. le kil., avec une commission de 3 0/0, pour la fabrication de la poudre sans fumée.

Quelques semaines après ce marché (1887), une Société la « Smokeless powder » (poudre sans fumée) se formait à Londres sous les auspices de ce même M. Vanderbyl et voici, à titre de renseignements, un extrait de la circulaire qui fut lancée à une époque où la poudre sans fumée faisait son apparition réelle, et alors que la France seule commençait à s'en servir. On est donc en droit de se demander de quel procédé il s'agit, si ce n'est pas du procédé VIEILLE, puisque surtout il n'y a dans cette

serait obligé de vouloir bien lui faire le plaisir de venir causer avec lui, vendredi soir à sept heures.
Agréez l'assurance de mes sentiments distingués.
Le Secrétaire du Ministre de la Marine,
(Signé) TOLLA.

MINISTÈRE
de la
MARINE ET DES COLONIES

Paris, le 13 mai 1887.

Cabinet du Ministre

MON CHER MONSIEUR,

J'ai le plus vif désir de causer avec vous et serais très heureux si vous vouliez bien passer à mon bureau quand vous le pourrez.
Agréez l'assurance de mes sentiments les meilleurs.
(Signé) AUBE.

Société ni chimiste ni aucun homme technique, mais seulement des financiers et des hommes de paille :

THE SMOKELESS POWDER COMPANY
LIMITED
Capital liv. st. 150,000
DIRECTORS

GEORGE W. H. BROGDEN, Esq., 218, Gresham House, E. C.
Lieutenant-Colonel FREDERIC HENDERSON, 66, Gloucester Street, South Belgravia.
Major-General THOMAS WARREN MERCER, 12, Duchess Street, Portland Place, W.
M. S. VANDERBYL, Esq., 3, Great Winchester Street, E. C.
GEORGE DUNDAS YEOMAN, Esq., Bedford.

« La fabrication de ces poudres se fait d'après des procédés secrets, lesquels, ainsi que les droits d'importation et de fabrication, seront assurés à la Compagnie. Ces procédés tiennent le premier rang dans leur classe, et sont le résultat de nombreuses années de recherches et d'expériences poursuivies avec patience (??). Ces poudres comprennent une série de poudres militaires sans fumée pour carabines, pour Nordenfelt, Hotchkiss, Gatting, Maxim et autres canons mécaniques : pour fusils et canons à répétition, obus, torpilles et mines, ainsi que pour la chasse.

« Les poudres militaires ont été fournies en grandes quantités à une des premières puissances de l'Europe (1).

« Dans une conférence du capitaine du génie de l'armée britannique, M. Walter-H. James, sur les poudres sans fumée, il dit qu'il regrette de ne pouvoir donner des détails sur la composition de ces poudres (adoptées sur le continent), cela étant un PROFOND SECRET.

« C'est sur ce principe de garder le secret que les directeurs de la Compagnie ont résolu de conduire l'entreprise, et, pour cela, au lieu de prendre des brevets, ils se contentent de faire enregistrer des marques de fabrique correspondant aux quatre différentes poudres qu'ils fabriquent.

---

1. On vient de voir que Vanderbyl, 3, Great Winchester street, avait été chargé d'acheter 200,000 kilos de coton-poudre pour le service français des poudres et salpêtres. Deux ingénieurs des poudres ont été en permanence pendant un certain temps chez lui, à Londres.

« Les poudres sans fumées déjà fournies au gouvernement européen en question, possèdent, à un haut point les avantages qu'ont les composés nitrés sur la poudre ordinaire. Une livre de poudre sans fumée peut servir à charger deux fois autant de cartouches que la même quantité de poudre noire. La vapeur qui suit la charge est à peine perceptible à quelques mètres de distance — et quoique la vitesse à la bouche de l'arme soit plus grande et la trajectoire plus tendue, le recul, ainsi que la force brisante à la culasse, est beaucoup moindre, et il n'y a pas d'encrassement. De même, l'arme s'échauffe moins et ne s'encrasse point ; et la fabrication, l'emmagasinage et le transport, ne présentent presque pas de danger. Dans les canons mécaniques, l'absence de chaleur, d'encrassement et de fumée, donnent à cette poudre un bien grand avantage sur la poudre ordinaire.

« La fabrication ne présente aucun danger, de sorte que le calcul des pertes probables par explosions n'entre pas en ligne de compte comme chez les fabricants de poudre noire.

« L'usine sera construite d'après les plus récents devis, et sera munie du meilleur et plus nouvel outillage. Elle pourra livrer 10 000 barriques de poudre par année, et sera aménagée de façon à prendre au besoin une extension de production en rapport avec l'accroissement des affaires. »

On peut voir par cela avec quelle légèreté on a agi.

Etait-ce de la poudre Vieille qu'il s'agissait? Tout semble le démontrer, et il est possible que si l'affaire n'a pas eu de suite, c'est peut-être parce que personne n'était capable de mettre le profond secret en pratique.

Quoi qu'il en soit, et bien que le service des poudres ait été, à cette époque, dans l'incapacité de fabriquer le fulmicoton aussi bien que l'acide picrique dont il avait besoin, ce n'était pas une raison pour confier de tels achats à un étranger et à un financier plus ou moins propre et sans aucune connaissance technique. Il ne manquait pas de Français qui eussent été heureux de gagner quelques centaines de milliers de francs à ne rien faire.

Ce coton-poudre a été payé à raison de 6 francs le kilo; plus une commission de 3 pour 100. Or, en Angleterre, le coton-poudre vaut en moyenne 4 fr. 50 à 5 francs le kilo pour de petites quantités. On voit quelle BELLE AFFAIRE il y avait là.

M. Barbe, le député, n'avait-il pas, à ce sujet, menacé M. Maurouard d'une interpellation à la Chambre?

Pour étouffer cette affaire, M. Maurouard n'a-t-il pas donné une commande de 200,000 kilos de coton-poudre à M. Barbe aux mêmes conditions?

Ce coton-poudre n'a-t-il pas été préparé à Avigliana, en Italie, et n'est-ce pas à cela que l'on doit le commencement de la fabrication de la poudre sans fumée, dans cette usine, et dont on a tant parlé ces temps derniers?

Enfin, M. Maurouard n'a-t-il pas résilié ses fonctions de directeur des poudres à la suite de ces achats de fulmicoton?

II

NE TOUCHEZ PAS A L'ARMÉE

Ne touchez pas à l'armée! telle est la réplique, l'apostrophe que l'on oppose de suite à quiconque essaye, dans l'intérêt du pays, d'appeler l'attention sur les gaspillages ou les irrégularités commises à la Guerre ou à la Marine.

Ce nouveau : Ne touchez pas à la Reine, est absolument grotesque par ces temps où tout le monde est soldat. La grande garde nationale, dont nous faisons tous partie, appartient à tout le monde, et chacun de nous a le droit et le devoir de signaler les abus qui s'y commettent.

Si ceux qui font leur métier de l'état de soldat étaient les seuls à payer de leur personne et de leur argent, il en serait tout autrement. Mais comme aujourd'hui tous les hommes valides sont appelés à aller au feu, nous avons bien le droit, nous, *pékins*, de savoir par qui et dans quelles conditions nous y serons conduits. Aussi, je considère la cause que j'embrasse et que je défends, comme une cause sainte et sacrée, car il y va de la vie de tous et de l'avenir du pays. Dans un cas pareil, le franc parler est non seulement permis, mais il est de rigueur et il est juste de remettre les choses à leur place. Chacun son droit et à chacun le sien.

Autrefois, du temps de la féodalité, l'armée était la propriété, la chose d'un maître, d'un seigneur; c'était, au fond, une sorte de domesticité particulière, spéciale, dont les chefs seuls appartenaient à la noblesse. Les serfs, les manants, en furent même longtemps bannis.

Au moyen âge, alors que la patrie n'existait autant dire pas, les soldats servaient bien plus à défendre les biens et les priviléges de la noblesse, qu'à défendre le pays. Les châteaux-forts de nos anciennes provinces en témoignent encore.

Au début, les armées n'ont été, en réalité, qu'un ramassis de gens sans aveu, de truands et de mercenaires propres à toutes les vilaines besognes, qui se louaient, en attendant de se vendre, au plus offrant. L'armée romaine, comme tant d'autres, a commencé par être une bande de brigands. Il suffit de se rappeler la fondation de Rome pour en être convaincu.

Le mot soldat vient d'ailleurs de *soldo, solde,* qui veut dire : payé, à la solde.

C'est pour les besoins de la cause que l'on a plus ou moins poétisé les armes afin d'en atténuer l'horreur, et que l'on s'est plu, par antithèse, à qualifier le métier de soldat de noble carrière des armes. Personne n'a jamais songé à justifier la guerre, si ce n'est la guerre civile, la seule qui pourrait s'expliquer contre l'oppression, tout en étant encore plus affreuse que l'autre. Frédéric III n'a-t-il pas flétri la gloire militaire depuis 1870 ?

En fait, le métier militaire, en général, est par lui-même inavouable, et on ne peut que déplorer l'état actuel des choses qui en impose l'existence. Si on a chanté la gloire des armes, la bravoure, etc., c'est par une de ces fatalités inexplicables qui font qu'en ce monde la plupart des choses sont le contraire de ce qu'elles devraient être. En tout cas, c'est bien à tort que l'on a ainsi exalté les plus mauvaises passions humaines. Il n'est personne d'entre nous qui n'éprouve un sentiment d'indignation, lorsque l'on voit deux êtres humains se battre entre eux et faire usage de couteaux ou d'autres armes. La loi même les punit. Pourquoi donc, lorsqu'il s'agit de millions d'hommes, dans le même cas, ce carnage devient-il glorieux ?

Tous les maux dont souffre l'humanité ne sont dus qu'à l'abus de la force, à l'injustice et à l'iniquité. Or, par une fatalité déplorable, l'armée, les armées, pour mieux dire, n'ont jamais servi qu'à écraser le faible et à défendre l'arbitraire, l'injuste ou l'ambition criminelle et chimérique de quelques despotes.

Que reste-t-il de ce grand empire romain; de l'empire de Charlemagne; de toutes nos victoires de l'Empire; des victoires prussiennes et de tant d'autres guerres qui durèrent des années, quelquefois des siècles, et qui rendirent malheureuses au possible des générations entières? En quoi la planète a-t-elle été changée? Les mêmes pays n'en existent-ils pas moins? Si toutes les malheureuses et obscures victimes qui sont tombées sur les champs de bataille ou qui sont mortes de misère pouvaient venir nous raconter leurs peines, leurs souffrances, nous serions humiliés, honteux, de l'appareil militaire qui nous entoure, et épouvantés des malheurs que nous préparons.

A quoi ont servi toutes ces guerres, toutes ces prétendues conquêtes éphémères?

A retarder le progrès et l'évolution de l'humanité vers le mieux, vers le grand, vers le beau, en un mot, vers le bien, seul but que le Créateur, qui ne peut être que bon, a donné aux hommes et vers lequel seulement l'esprit humain doit tendre.

— « Si tu veux être heureux, commence par vouloir le bonheur des autres », — a-t-on dit, et cette maxime est des plus justes. Or, tout le monde voudrait être heureux et chacun recherche le bonheur, mais c'est à coups de fusil. Singulière méthode et singuliers temps pour mettre en pratique cette sentence : — Aimez-vous les uns les autres, — et que nous traduisons par : — Mangeons-nous les uns les autres.

Organisées comme elles l'étaient, les armées pouvaient servir réellement les passions ou les ambitions des despotes et des gouvernements monarchiques. Mais, par la force même des choses (la nature se plaît à placer le remède à côté du mal), et par l'organisation militaire actuelle; avec ce : tout le monde soldat! il n'y a plus d'armée, mais seulement une grande garde nationale qui sera certainement la dernière phase du militarisme et qui contribuera à une émancipation universelle après la première guerre. Ce sera très beau de distribuer trois millions de fusils dans chaque pays, mais ce qui sera plus beau, ce sera de les reprendre.

Il faudra certainement encore beaucoup de temps, pour que les officiers supérieurs arrivent à comprendre que dans l'état actuel de notre organisation militaire, ce n'est que par le raisonnement et en quelque sorte au mépris de la distance des grades, surtout envers les civils, qu'ils arriveront à conquérir toute la confiance, l'estime et la discipline nécessaires à une armée. Ceux qui s'imaginent que des hommes de trente à quarante-cinq ans, établis pour la plupart, ayant une famille, une position et une valeur personnelle, se laisseront conduire à la cravache, surtout en cas de guerre, se font de singulières illusions et nous préparent de bien cruelles surprises.

Plus il y a de soldats, moins il y a d'armée, voilà la vérité vraie. Aussi les officiers qui veulent continuer les principes d'autrefois, alors que les hommes faisaient vraiment leur état du métier de soldat, sont-ils dans l'erreur la plus absolue et assument-ils, surtout dans les hautes sphères, les plus lourdes responsabilités. En fait, il n'y a plus de soldats, il n'y a plus que des hommes libres, et plus que jamais l'élément civil et militaire proprement dit, doivent ne faire qu'un tout concourant au même but : la grandeur de la patrie. S'il en est autrement, on nous conduira aux plus grands désastres, et il suffira du plus petit revers pour déchaîner la guerre civile. Des défections se produiront ; des ambitieux, des usurpateurs, se mettront à la tête de différents partis, de différents camps, et on se massacrera en pantalon rouge. Pour éviter cela, il faut précisément assimiler, intéresser toute la masse, indistinctement, officiers, soldats, réservistes et territoriaux à la chose commune, pour que chacun ait sa part de responsabilité et de gloire.

Je ne me suis jamais occupé de politique, je l'ai déjà dit, et mon raisonnement n'est que celui d'un homme de cœur qui a déjà vu des choses pénibles, qui étudie, médite et observe ce qui se passe. Dès lors, il est du devoir des hauts fonctionnaires militaires, non seulement d'accueillir libéralement toutes les inventions qui peuvent être utiles au pays, peu importe d'où et de qui elles viennent, mais encore et surtout d'agir loyalement. Non seulement le contraire est une trahison, mais c'est une énorme bêtise. Nous ne sommes plus à une époque où la vérité peut être étouffée, et lorsque cette vérité révèle des agissements inavouables, c'est le déshonneur pour ceux qui les ont commis et le corps auquel ils appartiennent. C'est, en effet, une étrange manière de sauvegarder l'amour-propre d'un corps, que de le déshonorer par des faits inqualifiables comme c'est ici le cas.

Depuis cinq ans, on a tout imaginé et tout mis en œuvre pour essayer de démontrer que je ne suis pas l'inventeur de la Mélinite. Dans quel but? Par amour-propre, par esprit de corps, et aussi par spéculation.

Pour réduire tout cela à néant, que me faut-il? Un peu de papier, une plume et un peu d'encre, pour rétablir purement et simplement les faits; puis, sacrifier une partie de mon petit avoir, c'est-à-dire de mon morceau de pain. Ne sait-on pas toujours assez bien écrire, pourvu que l'on sache penser?

Sur qui rejaillira la honte?

Quant à moi, je ne puis que gagner en considération, et l'effet moral produit sur la masse peut être détestable. Je le regrette.

La spoliation dont je suis victime est la plus grave et la plus honteuse de toutes, et elle est aussi bête que lâche. Parce que je suis seul, isolé, sans défense, en présence d'un État, c'est-à-dire de la force et de la puissance. Parce que c'est ma propriété, mon travail, mes moyens d'existence, mes légitimes espérances qui sont atteints injustement. Parce que, déloyalement et sans raison, mon honneur a été attaqué. Parce que ce sont mes seuls moyens de vivre honnêtement et même de m'enrichir, ce qui est mon droit, mais en tout cas par le plus noble et le plus respectable des procédés pour faire fortune : la science en servant la Patrie. Parce qu'il s'agit d'une question d'État, d'une question de défense nationale, de la plus grande et de la plus noble d'entre toutes par conséquent. Parce que la nature même de mes travaux et de mes recherches est d'un ordre d'idées absolument supérieur.

Tout cela est impolitique au premier chef, anti-patriotique et anti-militaire.

Lorsque les Allemands ont annoncé qu'ils possédaient des projectiles capables de détruire nos forteresses en un rien de temps, l'artillerie française n'avait rien à mettre dans ses obus autre que la poudre noire. Avant mes études et mes communications, on ne s'occupait autant dire pas de cette question. Depuis, on a remué ciel et terre pour tâcher de trouver une apparence d'antériorité à mes travaux, et des hommes de paille ont prêté leur nom ou leur concours pour me nuire ou m'abattre, comme si ce n'était pas le bien de tous que je voulais.

A la suite des merveilleux résultats obtenus (au point de vue technique s'entend), l'artillerie a pu, grâce aux moyens d'action dont elle dispose, étudier de nouvelles enveloppes de projectiles et un obusier dont je ne révélerai pas ici l'origine, mais aussitôt ces études terminées on s'est empressé de laisser vendre à la Société Armstrong, par Triponé, le résultat, les plans et les rapports exécutés sur ces travaux et expériences qui ont coûté des sommes considérables au pays.

Or, C'EST LA OU EST LE CRIME.

En effet, outre que la Société Armstrong n'avait jamais étudié ces genres de projectiles, qu'elle n'avait même pas l'outillage pour les construire, ne faisant que des obus en fonte de fer ou d'acier, elle n'avait aucun moyen ni les ressources d'en faire l'expérience (1).

1. Voyez la lettre Vavasseur, page 181.

Au contraire, en lui apportant les plans de l'outillage, le tracé des obus-torpille, les tables de construction, le résultat des essais au jour le jour faits dans les polygones de Calais et de Bourges, les plans du détonateur, de la fusée R. F., des obus de campagne de 90 m/m avec leur mode de chargement et d'amorçage, il n'y avait plus qu'à construire.

C'était sans doute une grande gloire pour l'artillerie, mais on avançait de dix ans, de vingt ans, peut-être plus, l'armement des puissances étrangères qui, pour la plupart, ne sont pas en état de fabriquer elles-mêmes leur armement.

Le charlatanisme et la vanité du panache étaient satisfaits au prix de la sécurité du pays.

C'est un véritable attentat contre la sûreté de l'État.

Pour se couvrir, on parlera de secrets impossibles à garder, etc., on dira que cela n'a pas d'importance. Le coup est fait. Mais on continuera à envoyer au bagne des espions pour avoir livré un étui Lebel, ou escaladé un fossé. Question de concurrence déloyale et d'infériorité de situation.

En livrant les plans et les rapports officiels, on a aplani des difficultés insurmontables pour une Société industrielle. A la matière près, c'est comme si on avait livré le matériel même de nos arsenaux.

VOILA OU EST LE CRIME et les conséquences qu'il peut avoir.

Quelle que soit la façon d'envisager les choses, le corps de l'artillerie entier est responsable. Les uns faisaient leur affaire, les autres applaudissaient à mon éreintement lorsque, pour les vendre un meilleur prix, on s'attachait à établir que je n'étais pas en état de donner le procédé.

C'est l'artillerie qui nous a conduit à Sedan et à Metz, aujourd'hui où nous conduit-elle?

Cette façon de se couvrir de lauriers en vendant à l'ennemi ce que l'on a pu faire, avec beaucoup d'aide, ou en spoliant les inventeurs, n'a rien de bien grand, de bien noble ni de bien honorable. Sans rechercher, ce qui me serait trop facile, d'où proviennent ces fameuses inventions : le fusil de petit calibre, la carabine de cavalerie, la balle à enveloppe rigide, etc., etc. ; ni rappeler le nom de Rubin, je crois pouvoir traduire l'opinion publique en disant que ce ne sont pas des savants, ni des inventeurs, ni des artistes, que le pays demande à l'armée, mais simplement des soldats dans l'acception du terme.

On a peine à comprendre que l'artillerie se considère comme déshonorée lorsqu'une invention est faite en dehors d'elle. C'est, ma foi, avoir trop de vanité, attendu que l'on y procède toujours par voie de Commission, et que, comme me l'a dit le général Fédoroff, jamais une Commission n'a rien inventé.

C'est moi, il paraît, qui ai pris la gloire de l'artillerie en inventant la Mélinite. On n'est pas plus bête ni plus malhonnête.

Comment, dans toute cette armée et parmi tous ces officiers de terre et de mer qui s'extasient devant les résultats obtenus par mes procédés, ne s'est-il pas trouvé un honnête homme, un homme de cœur, pour prendre ma défense ?

La raison en est simple : l'amour propre et la sotte vanité.

On ne voulait pas avouer l'origine obscure de l'invention. Et, pour étouffer la vérité, on n'a pas craint de se déshonorer.

Il faut être dépourvu de tout bon sens pour croire un seul instant qu'une chose de cette importance puisse être spoliée. Quelle idée se fait-on donc de moi?

Il faut ne rien avoir dans le ventre pour supposer un seul instant que les sottises et les infamies dont j'ai été victime puissent se pardonner.

Le seul moyen de relever le drapeau, c'est, au contraire, de châtier les coupables, car pour quelques bandits, toute l'armée est déshonorée. C'est la seule manière dont les soldats puissent prouver au monde combien ils répudient tout ce qui est contraire à l'honneur, la seule manière d'affirmer qu'ils n'ont vraiment pas pour mission de dépouiller leurs compatriotes ou d'égorger leurs concitoyens lorsque ceux-ci réclament leur dû, défendent leurs droits et leurs propriétés. S'il en est autrement, il sera impossible de prendre au sérieux cet édifice militaire, mais comme il peut faire beaucoup de mal, il sera du devoir de chacun de travailler à le détruire. S'il y a des cerveaux brûlés qui prennent cette gigantesque organisation pour une plaisanterie et la guerre pour une partie de plaisir, je ne crois pas qu'il y ait beaucoup de monde de cet avis là. Ceux qui ont connu ces journées de malheur, qui ont vu les larmes, les ruines et les souffrances laissées derrière elles, seront de mon avis.

Je le répète, Frédéric III, malgré la victoire, a flétri la gloire militaire. C'est qu'il avait vu les horreurs d'un champ de bataille, les monceaux de cadavres crispés et dénaturés par la douleur. Or, la guerre de 1870 n'a rien été à côté de ce que sera la prochaine et inévitable guerre qui se prépare. Les engins de guerre d'aujourd'hui, que je connais assez bien, ne sont pas à comparer à ceux d'autrefois. On trouvera peut-être étrange que l'inventeur de la Mélinite tienne ce langage, mais il n'a rien de surprenant. Mon but, mes espérances et mes désirs étaient que mes procédés ne servissent jamais qu'au maintien de la paix.

En 1882, sur un Mémoire adressé à l'Institut, relatif à mes panclastites, j'ai écrit en exergue : « Développer l'art de la destruction au point de rendre illusoire tout système de défense, c'est peut-être le plus sûr moyen de supprimer la guerre ». Or, jusqu'ici, j'ai parfaitement réussi, et si la sagesse secondait mes vues, il n'y aurait plus ou point de guerre d'ici longtemps. On sait parfaitement que l'apparition de la Mélinite a eu pour résultat d'arrêter tous les élans belliqueux qui se manifestaient de part et d'autre en 1886 et 1887. Aussi ce que je revendique, c'est bien plus une œuvre de paix qu'une œuvre de destruction contraire à mes sentiments, à mes principes et à ma nature. Mais, encore une fois, faut-il, pour que ce résultat soit atteint, que nous ne soyons pas trahis ni vendus, et que nous restions forts.

Les sacrifices faits par le pays depuis vingt ans nous mettent en droit d'exiger de la part des officiers, non seulement de la bravoure et du cœur, mais surtout un honneur inattaquable, un sacrifice et une abnégation de tous les instants.

Je sais bien que la situation d'un officier sans fortune est très précaire, et que la contagion du luxe et de la vie à outrance risque fort d'envahir l'armée. Mais il faut que ceux qui ne se sentent pas assez fortement trempés pour résister à la tentation de faire fortune par des moyens inavouables, sortent des rangs et se jettent dans la lutte pour l'argent sans y compromettre leur uniforme. Il n'y a pas de milieu. Ceux qui ne sont pas assez forts pour être des officiers dans l'acception du terme, s'exposent à devenir des bandits. Les derniers scandales militaires, la vente des croix, etc., l'ont bien prouvé.

L'armée a de grands devoirs à remplir vis-à-vis du pays. Elle a aussi de grandes et coupables fautes à racheter. Les désastres de 1870 sont purement de son fait. La défectuosité de l'armement et la désorganisation qui nous ont conduit à la défaite lui sont imputables. Son esprit rétrograde, exclusif et routinier, a été cause des maux dont nous souffrons encore. Par ce qui se passe, on a tout lieu de craindre qu'il en soit encore ainsi. Cependant le génie civil a rendu de bien précieux services, qui auraient dû être accueillis plus noblement, plus loyalement surtout.

Comme on le voit, je n'attaque pas l'armée mais bien les abus, les erreurs et les traîtres qui la compromettent.

QUI OSERAIT LES DÉFENDRE??

On pourra me qualifier de naïf, mais nul ne pourra soupçonner ma bonne foi.

Pour mon compte, je n'ai pas perdu tout espoir, et je suis convaincu que la grande majorité, sinon la totalité des officiers, est absolument honnête et qu'elle sera avec moi.

La masse a été trompée par le puffisme de quelques-uns qui se sont emparés de mes travaux pour se faire de la réclame ou de l'argent, alors que tous les intérêts du pays voulaient le contraire.

Je ne puis croire, en effet, que les vrais soldats, ceux qui sont vraiment décidés à combattre pour le pays, et auxquels j'ai donné un auxiliaire si précieux, n'aient pas, pour moi, au moins la reconnaissance de l'estomac, si je puis m'exprimer ainsi ; car, non seulement je les ai mis en possession d'un agent puissant, mais encore d'un agent docile et sans danger pour ceux qui le manipulent. Aussi, je ne doute pas que, quelque pénible que soit l'opération, ils ne cherchent, par eux-mêmes, à extirper du troupeau les brebis galeuses qui les déshonorent et compromettent le succès de leurs efforts et de leur dévouement.

Toutefois, je regrette que les procédés employés envers moi n'aient pas été plus en rapport avec leur dignité, car il est sans exemple qu'un inventeur n'ait pas été invité, au moins aux premières expériences en grand de son invention, pas plus qu'un compositeur, à l'exécution de son œuvre.

Il y a là une tache qui sera difficile a effacer, et un fait qui semblerait démontrer que, tacitement, tout le monde était content que je sois éclipsé.

Il y avait cependant un moyen bien simple de tout concilier, si l'on tenait absolument à ce que ce fut un officier d'artillerie qui passât pour avoir inventé la Mélinite; il suffisait de me nommer capitaine d'artillerie, par exemple, puisque j'appartiens encore à la territoriale. J'ai le commis de mon agent de change, mon marchand de produits chimiques, il y a un boulanger, puis Triponé l'infâme, etc., qui sont officiers d'artillerie, les uns lieutenants, les autres capitaines ; j'aurais peut-être pu en faire autant qu'eux en cas de guerre ? Mais je suis simple soldat et je m'en contente, c'est bien plus drôle. Si j'avais partagé, j'aurais eu peut-être du galon, mais voilà, je ne suis pas partageux dans ce sens là.

III

L'ÉCOLE POLYTECHNIQUE

Lorsque je parle de l'École polytechnique, il faut bien comprendre que je n'entends pas attaquer l'école elle-même ni la valeur des études que l'on peut y faire, mais bien seulement les abus qui en dérivent et qui en sont la conséquence.

Mes justes critiques s'attaquent aux monopoles intolérants et exclusifs de la science officielle quelle qu'elle soit.

Avant la révolution de 1789, il y avait les corporations, les jurandes, les maîtrises, etc., qui donnaient lieu aux abus les plus exorbitants. Tous les métiers, les industries, même le commerce étaient soumis à des règlements rigoureux et absurdes. Ceux qui les enfreignaient étaient impitoyablement punis.

Pour exercer un métier il fallait, après avoir été apprenti et avoir exécuté son chef-d'œuvre, être reçu de la corporation, ce qui entraînait bien des dépenses et de nombreuses exactions. Pour remédier, en apparence, à ces abus; mais au fond pour faire argent de la vanité des hommes, des charges de commissaires furent créées en vue de régler les réceptions à la maîtrise.

Après avoir exposé tous les abus antérieurs, voici comment s'exprime le préambule de l'édit de mars 1691 :

« Ces raisons nous ont fait prendre la résolution de nommer des commissaires de notre conseil pour régler la forme et la qualité de chefs-d'œuvre que les aspirants à la maîtrise seront obligés de faire, les frais de réception, et autres choses concernant l'ordre et la police des arts et métiers, et, à cette fin, se faire représenter les statuts et règlements desdits corps; et d'établir, au lieu et place des jurés électifs, des jurés en titre d'office, qu'une fonction perpétuelle et l'intérêt de la conservation de leurs charges qui répondraient des abus et malversations qu'ils pourraient commettre, engageront à veiller avec plus d'exactitude et de sévérité à l'observation des ordonnances, règlements et statuts; de supprimer les divers petits droits qui se lèvent au profit de notre domaine, pour la réception des maîtres, ou pour l'ouverture des boutiques; et de rétablir l'ancien droit royal sur un pied fixe et modéré; en sorte que nous puissions tirer, dans les besoins présents, tant du produit de ce droit que du prix des charges de maîtres et gardes des corps des marchands et des jurés des communautés d'arts et métiers, quelques secours pour soutenir les dépenses de la guerre, et maintenir les avantages dont Dieu a jusqu'à présent béni la justice de nos armes. »

Les choses furent portées au point que, de 1691 à 1709, on créa plus de quarante mille offices, qui tous furent vendus au profit du Trésor public. « Toutes les fois, disait Pontchartrain à Louis XIV, que Votre Majesté crée un office, Dieu crée un sot pour l'acheter. » Aucune transaction ne pouvait s'opérer, aucun achat se conclure, même pour les besoins les plus urgents de la vie, sans qu'on appelât le juré qui avait acheté le privilège exclusif de visiter, d'auner, de peser, de mesurer, etc.

« On créa, dit Voltaire, des charges ridicules, toujours achetées par ceux qui veulent se mettre à l'abri de la taille; car l'impôt de la taille étant avilissant en France, et les hommes étant nés vains, l'appât qui les décharge de cette honte fait toujours des dupes; et les gages considérables attachés à ces nouvelles charges invitent à les acheter dans des temps difficiles, parce qu'on ne fait pas réflexion qu'elles seront supprimées dans des temps moins fâcheux. Ainsi, en 1707, on inventa la dignité des conseillers du roi rouleurs et courtiers de vin, et cela produisit 180,000 livres. On imagina des greffiers royaux, des subdélégués des intendants des provinces. On inventa des conseillers du roi contrôleurs aux empilements de bois, des conseillers de police, des charges de barbiersperruquiers, des contrôleurs-visiteurs de beurre frais, des essayeurs de beurre salé. Ces extravagances font rire aujourd'hui, mais alors elles faisaient pleurer. » (1).

« Outre le capital que le gouvernement se procurait par la vente de ces offices, dont un grand nombre était acquis par les communautés qu'on autorisait à emprunter pour en payer la finance, écrit encore Renouard (2), conseiller à la Cour de cassation, membre de l'Institut, il tirait, en outre, un revenu considérable des droits attachés à la collation des grades et à la promotion aux dignités dans les corporations, ainsi qu'aux droits de mutation parmi les titulaires. De plus, il exigeait, parfois, un supplément de finance pour le maintien ou pour la confirmation des offices déjà existants, ou pour leur incorporation aux communautés.

« La prospérité publique souffrait de ces extorsions. Les dépenses des communautés augmentaient les frais de production et renchérissaient les denrées; et, à son tour, le renchérissement des denrées diminuait la production. A l'argent qui se consumait ainsi, il faut ajouter une autre immense perte; celle du temps, élément essentiel du travail. Les plus intrépides apologistes des anciennes corporations seraient incapables de se défendre d'un sentiment très vif de compassion et d'effroi, s'ils pouvaient avoir sous les yeux la masse, ou seulement la liste des procès nés de l'existence de ces institutions, à ne remonter même qu'à des époques assez récentes. Les passions des hommes, les obscurités des transactions, les calamités physiques, les besoins de la vie, les tentations de l'intérêt, ses ruses, ses fautes ne sont déjà cependant que de trop intarissables sources de contestations et de querelles! Pourquoi prendre à tâche de multiplier encore les occasions de débats par la création ou par le maintien de mille institutions qui ne répondent à aucun besoin réel, de mille obstacles factices élevés, comme à plaisir,

---

1. *Siècle de Louis XIV*, ch. xxx.
2. Renouard, *Traité des brevets*.

au sein de la société, pour détourner les hommes de la vue de leurs devoirs naturels, en les asservissant à des devoirs de pure convention, fondés sur la vanité, entretenus par l'égoïsme?

Les procès intentés aux fripiers par les tailleurs de Paris pour établir la ligne de démarcation entre un habit tout fait et un vieil habit, duraient depuis 1530, et n'étaient pas terminés en 1776. Les procès entre les cordonniers et les savetiers de la même ville n'ont guère moins occupé les tribunaux. Costaz(1) évalue à 800.000 fr. la somme que les communautés de Paris dépensaient annuellement en procès pour les seuls intérêts de corps. Ce résultat n'étonnera point, ajoute-t-il, si l'on réfléchit que les bouquinistes ne pouvaient vendre des livres neufs, cette faculté étant réservée aux libraires, qui ne manquaient pas d'en profiter pour tourmenter des hommes dont la concurrence diminuait leurs bénéfices. Il était défendu aux serruriers de fabriquer les clous dont ils ont besoin; ce travail devait être fait par des individus d'une corporation différente. Des entraves dans l'exercice de professions ayant autant d'analogie entre elles devaient amener de fréquentes contraventions, et, par suite, des plaintes sur la convenance de les réprimer. Le besoin d'acquitter les frais causés par les procès obligeait les communautés de faire souvent des emprunts; ce qui avait rendu énormes leurs dettes, accrues encore par la nécessité d'avoir des bureaux dont il fallait payer le loyer, de tenir des registres, de donner des émoluments à des commis, etc. Pour faire face aux intérêts de ces emprunts et aux autres dépenses, elles étaient autorisées à établir des taxes sur les individus appartenant à la corporation : et ces taxes, dont la répartition n'était pas toujours faite avec la justice convenable, on les percevait avec une rigueur qui désespérait ceux qui avaient de la peine à trouver dans leur travail des moyens d'existence. »

1. Brochure publiée, en 1821, sur le corps des marchands et communautés d'arts et métiers.

L'édit de février 1776, enregistré le 12 mars au Parlement, supprima les jurandes et maîtrises. C'est un des grands actes de Turgot.

Voici quelques passages du préambule:

« Dans presque toutes les villes de notre royaume, l'exercice de différents arts et métiers est concentré dans les mains d'un petit nombre de maîtres, réunis en communautés, qui peuvent seuls, à l'exclusion de tous les autres citoyens, fabriquer ou vendre les objets de commerce particulier dont ils ont le privilège exclusif; en sorte que ceux de nos sujets qui, par goût ou par nécessité, se destinent à l'exercice des arts et métiers, ne peuvent y parvenir qu'en acquérant la maîtrise, à laquelle ils ne sont reçus qu'après des épreuves aussi longues et aussi nuisibles que superflues, et après avoir satisfait à des droits ou à des exactions multipliées, par lesquels une partie des fonds dont ils auraient eu besoin pour monter leur commerce ou leur atelier, ou même pour subsister, se trouve consommée en pure perte.

« Ceux dont la fortune ne peut suffire à ces pertes sont réduits à n'avoir qu'une subsistance précaire sous l'empire des maîtres, à languir dans l'indigence, ou à porter hors de leur patrie une industrie qu'ils auraient pu rendre utile à l'Etat.

« Ces abus se sont introduits par degrés; ils sont originairement l'ouvrage de l'intérêt des particuliers qui les ont établis contre le public; c'est après un long intervalle de temps que l'autorité tantôt surprise, tantôt séduite par une apparence d'utilité, leur a donné une sorte de sanction.

« La source du mal est dans la faculté même, accordée aux artisans d'un même métier, de s'assembler et de se réunir en un corps.

« Nous ne suivrons pas plus loin l'énumération des dispositions bizarres, tyranniques, contraires à l'humanité et aux bonnes mœurs, dont sont remplis ces espèces de codes obscurs, rédigés par l'avidité, adoptés sans examen, dans des temps d'ignorance, et auxquels il n'a manqué, pour être l'objet de l'indignation publique, que d'être connus.

« Dieu, en donnant à l'homme des besoins, en lui rendant nécessaire la ressource du travail, a fait, du droit de travailler, la propriété de tout homme; et cette propriété est la première, la plus sacrée et la plus imprescriptible de toutes.

« Nous regardons comme un des premiers devoirs de notre justice, et comme un des actes les plus dignes de notre bienfaisance, d'affranchir nos sujets de toutes les atteintes portées à ce droit inaliénable de l'humanité : nous voulons, en conséquence, abroger ces institutions arbitraires, qui ne permettent pas à l'indigent de vivre de son travail, qui repoussent un sexe à qui sa faiblesse a donné plus de besoins et moins de ressources, et semblent, en le condamnant à une misère inévitable, seconder la séduction et la débauche; qui éloignent l'émulation et l'industrie, et rendent inutiles les talents de ceux que les circonstances excluent de l'entrée d'une communauté; qui privent l'Etat et les arts de toutes les lumières que les étrangers y apporteraient; qui retardent le progrès des arts par les difficultés multipliées que rencontrent les inventeurs, auxquels les différentes communautés disputent le droit d'exécuter les découvertes. qu'elles n'ont point faites; qui, par les frais immenses que les artisans sont obligés de payer pour acquérir la faculté de travailler, par les exactions de toute espèce qu'ils essuient, par les saisies multipliées pour de prétendues contraventions, par les dépenses et les dissipations de tous genres, par les procès interminables qu'occasionnent entre toutes ces communautés leurs prétentions respectives sur l'étendue de leurs privilèges exclusifs, surchargent l'industrie d'un impôt énorme, onéreux aux sujets, sans aucun fruit pour l'Etat ; qui, enfin, par la facilité qu'elles donnent aux membres des communautés de se liguer entre eux, de forcer les membres les plus pauvres à subir la loi des riches, deviennent un instrument de monopole, et favorisent des manœuvres dont l'effet est de hausser, au-dessus de leur proportion naturelle, les denrées les plus nécessaires à la subsistance du peuple. »

On peut voir par cet exposé que si la forme a été changée, le fonds est resté à peu près le même. En tout cas les bonnes intentions de Turgot ne tardèrent pas à être attaquées par les spoliateurs, tripoteurs et exploiteurs sans âme de cette époque, tant le bien est difficile à faire. L'édit et le ministre succombèrent. Un autre édit de 1776 rapporta le premier, et les choses redevinrent ce qu'elles étaient. Les abus recommencèrent de plus belle et c'est ainsi que la Révolution fut préparée, comme elle l'est aujourd'hui, par des désordres sans frein.

Mais, comme on l'a dit, avec raison, « lorsque le droit d'un seul est méconnu, le droit de tous est menacé, » puisque ce n'est plus, en effet, qu'une question de situation personnelle et réciproque pouvant changer d'un instant à l'autre.

Si le travail était indignement exploité par les maîtrises, celles-ci ne l'étaient pas moins par la noblesse, les communautés, les droits royaux, etc.

Voici comment s'exprime, à ce sujet, Roland de la Plâtière, qui fut ministre pendant la Révolution, dans un Mémoire relatif aux inspecteurs généraux et intendants :

« ... On a voulu maîtriser l'industrie ; on a compromis la fortune et jusqu'à l'honneur des citoyens, d'une manière si odieuse, avec tant de légèreté et à la fois de dureté, que la postérité pourra opposer nos règlements aux mémoires des académies, pour prouver aussi solidement, par ceux-là, la barbarie des temps qui les ont produits, qu'on prouvera par ceux-ci l'acquit des connaissances.

« Il n'y a pas de détail de préparation dans lequel l'administration ne soit entrée ; il semble qu'elle ait mis bien plus d'importance à ces minuties qu'aux conséquences de leur résultat. Partout elle a pris l'ouvrier par la main ; elle lui a tracé la route qu'il doit suivre, et toujours avec défense de s'en écarter sous des peines rigoureuses. A Dieu ne plaise, cependant, qu'elle entende mieux à assortir des matières, à doubler des fils, à les retordre, etc., que celui qui en fait son métier, et dont l'existence dépend de la manière de le faire !...

« L'exécution des règlements entraîne nécessairement la violation du droit d'asile ; elle fournit le prétexte de fouiller dans les ateliers, d'y tout bouleverser ; de dévoiler, de s'approprier les procédés secrets qui font quelquefois la fortune de ceux qui les exercent ; de suspendre le travail, de connaître l'état des affaires, et d'exposer le crédit des particuliers...

« J'ai vu couper par morceaux, dans une seule matinée, 80, 90, 100 pièces d'étoffes ; j'ai vu renouveler cette scène, chaque semaine, pendant nombre d'années ; j'ai vu les mêmes jours en faire confisquer plus ou moins avec amendes plus ou moins fortes ; j'ai vu en brûler en place publique, les jours et les heures de marché ; j'en ai vu attacher au carcan le nom du fabricant, et menacer celui-ci de l'y attacher lui-même en cas de récidive : j'ai vu tout cela à Rouen, et tout cela était voulu par les règlements, ou ordonné ministériellement. Et pourquoi ? Uniquement pour une matière inégale, ou pour un tissage irrégulier, ou pour le défaut de quelque fil en chaîne, ou pour celui de l'application d'un nom, quoique cela provînt d'inattention, ou enfin pour une couleur de faux teint, quoique donnée pour telle...

« J'ai vu faire des descentes chez des fabricants avec une bande de satellites, bouleverser leurs ateliers, répandre l'effroi dans leur famille, couper des chaînes sur le métier, les enlever, les saisir, assigner, ajourner, faire subir des interrogatoires, confisquer, amender les sentences affichées et tout ce qui s'en suit, tourments, disgrâces, la honte, frais, discrédit. Et pourquoi ? pour avoir fait des pannes en laine qu'on faisait en Angleterre, et que les Anglais vendaient partout, même en France ; et cela parce que les règlements de France ne faisaient mention que de pannes en poil. J'en ai vu user ainsi pour avoir fait des camelots en largeurs très usitées en Angleterre, en Allemagne, d'une abondante consommation en Espagne, en Portugal et ailleurs, demandés en France, par nombre de lettres vues et connues : et cela parce que les règlements prescrivaient d'autres largeurs pour les camelots. J'ai vu tout cela à Amiens ; et je pourrais citer vingt sortes d'étoffes, toutes fabriquées à l'étranger, toutes circulant dans le monde, toutes demandées en France, toutes occasionnant les mêmes scènes à leurs imitateurs....

« J'ai vu tout cela, et bien pis ; puisque la maréchaussée a été mise en campagne, et qu'il en a résulté en outre des emprisonnements, uniquement parce que des fabricants compatissants, au lieu d'exiger que des ouvriers abandonnés des leurs et les abandonnant chaque jour ou chaque semaine vinssent de deux, trois à quatre lieues travailler en ville, ils leur donnaient à travailler chez eux, ouvriers pauvres, ne vivant que du travail de leurs mains, et ayant besoin de tout leur temps. J'ai vu, sentence en main, huissiers et cohorte poursuivre à outrance, dans leur fortune et dans leur personne, de malheureux fabricants, pour avoir acheté leurs matières ici plutôt que là, et pour n'avoir pas satisfait à un prétendu droit créé par l'avidité, vexatoirement autorisé, perçu avec barbarie... »

Telle était la situation. Quant aux inventeurs, leur sort a toujours été à peu près le même. Méconnus, spoliés, étouffés sous la calomnie, par la jalousie la plus basse et la plus vile, ils ont toujours été les martyrs du progrès.

Nos braves pères qui se sont fait tuer pour conquérir la liberté et les droits qu'ils nous ont laissés, seraient bien étonnés de revoir aujourd'hui les mêmes abus contre lesquels ils ont tant lutté.

Sous une forme déguisée, l'esprit mesquin, étroit, terre-à-terre du parvenu, exploité lui-même autrefois par la noblesse dont il a tous les défauts sans avoir aucune de ses qualités, a repris le dessus, et sous prétexte d'origine, d'école, à l'aide de coteries aussi basses qu'odieuses, on oppose lâchement, en ayant le soin de se dissimuler derrière des rapports collectifs et le plus souvent secrets, une sorte d'ostracisme révoltant, à tout ce qui est indépendant, soit par nature, soit par les circonstances de la vie que nul n'est maître de diriger à sa convenance.

Quel que soit le régime, les abus sont et seront les mêmes, tant que la liberté de faire le bien ne sera qu'un mot et que la liberté de faire le mal sera la seule en usage et la seule protégée par les gouvernements.

Actuellement, c'est sous la forme administrative, sans responsabilité, contrairement à ce grand principe de droit qui veut que tout homme soit responsable de ses actes, que les abus se commettent.

L'irresponsabilité est partout dans notre gouvernement. Que l'on s'adresse à la justice, à l'armée, aux administrations, c'est toujours à un anonyme, à un rond de cuir que l'on a affaire. La République telle qu'elle est pratiquée et organisée n'est pas un gouvernement, c'est l'absence de gouvernement, car chacun est libre de faire ce qu'il veut sans contrôle.

On conçoit tout le mal qui peut être fait aux citoyens et au pays avec un tel système. On procède par Commission, comme on l'a vu, on adresse une fin de non recevoir, et l'on ne connaît jamais le rapport qui a été fait sur un litige dont on est l'une des parties. Comment peut-on alors se défendre et comment peut-on rectifier les erreurs qui ont pu être commises et atteindre les membres qui ont pu se laisser corrompre?

Jamais, à aucune époque, l'obscurantisme n'a régné mieux qu'aujourd'hui à ce point de vue et sous une apparence de lumière et d'égalité.

Les mêmes causes produisent toujours les mêmes effets. Or, les causes n'ont pas changé. C'est la paresse, l'envie de jouir sans rien faire, le vice, l'esprit du mal s'exerçant lâchement contre les natures franches, ouvertes et productives, celles qui représentent la vie humaine dans ce qu'elle a de plus beau et telle qu'elle devrait être. Il y a toute une classe de gens, qui, trop lâches ou trop faibles pour affronter les luttes de la vie ordinaire, de la vie libre et indépendante, forme la pépinière des administrations. Elevés dans ces principes, chacun cherche à tirer son épingle du jeu, à se caser, et à avoir son petit morceau de pain assuré sans coup férir. Les uns c'est par l'armée qu'ils s'en tirent, les autres c'est par le clergé, par les administrations, par la diplomatie, etc.

Cette manière de se tirer facilement de la lutte a fait tant de progrès, que la politique elle-même est devenue un métier, un gagne-pain.

Avec une pareille organisation on n'a pas lieu d'être surpris le moins du monde qu'il ne sorte personne des rangs, et qu'aucune réforme ne soit apportée à l'état des choses. Chacun a sa petite affaire et ne demande qu'à rester dans son fromage et dit : je m'en f.....

On conçoit facilement alors, comment sont reçus dans pareils milieux ceux qui arrivent avec des idées nouvelles. Ce sont des gêneurs, des révolutionnaires, et tout le monde crie : « haro sur le baudet ». Si, une fois en place, les fonctionnaires se contentaient de leur situation et remplissaient leurs fonctions avec honneur et intégrité, sans prévarication, sans tripotages, sans faveurs, sans méchanceté, aucune critique ne pourrait, en réalité, être dirigée contre des hommes se contentant de peu pour vivre tranquilles. Mais ce qui est absolument révoltant, c'est qu'après s'être tiré d'affaires par une position officielle, beaucoup de fonctionnaires rêvent la fortune et se livrent, alors, à une véritable exploitation de leur bureau, comme s'il s'agissait d'un fonds de commerce.

On a vu jusqu'où cela peut aller, même dans l'armée, qui devrait être le dernier refuge de l'honneur.

Au point de vue scientifique, c'est la même chose, et l'on voit ce fait monstrueux, absolument grotesque, que ceux qui passent pour être les plus savants, ont besoin de lois et de monopoles pour protéger leur science.

C'est ainsi que le personnel des manufactures de l'État, qui, toutes, devraient être supprimées, ne peut être recruté que parmi les élèves de l'École polytechnique.

Pour eux, pas de concurrence possible. Singuliers savants, en vérité, que ceux qui ont besoin, pour exercer leur science, de fermer d'abord la porte et d'avoir une loi pour empêcher les autres d'y passer.

Ont-ils donc la science infuse? Pas le moins du monde, et si les principes qu'ils ont reçus au début, pendant les deux ans passés à l'école sont supérieurs, le relâchement dans lequel ils tombent après avoir obtenu leur sinécure ne tarde pas à les replacer à un rang très inférieur. Il suffit de rechercher ce qui est sorti du grand monde savant officiel pour en être convaincu. Rien ou presque rien !

Ceux qui sont sortis de Polytechnique et qui ont fait quelque chose, sont ceux qui, précisément, se sentant assez fortement trempés pour engager la lutte avec leur bagage supérieur, se sont jetés dans la mêlée. Ceux-là méritent toutes les considérations et mettent leur science à la disposition de tout le monde. Ce sont des hommes de cœur et j'en ai connu.

L'École polytechnique devrait donc être un puissant moyen d'arriver et non pas un but, ce qui est une honte.

Si ce que l'on y apprend est réellement supérieur, il n'est pas besoin de lois pour protéger ceux qui en sortent, ils doivent se protéger eux-mêmes par leur talent. Le contraire est une humiliation. Donc tout devrait être au concours, et toutes les portes devraient être ouvertes à tous. Si les Polytechniciens sont les plus forts, ils le prouveront, mais à n'importe quelle époque et à quel âge de la vie, lorsqu'un problème se pose, tous ceux qui travaillent doivent avoir le droit de concourir à le résoudre avec les mêmes moyens. C'est une question de droit commun. La valeur d'un homme n'est pas dans ce qu'il est ou paraît être, mais bien dans ce qu'il a fait et dans les services qu'il a rendus au pays ou à la société.

Or, il n'en est pas ainsi et tout le monde se rappelle la malheureuse affaire Mismault, cet inventeur d'un appareil télégraphique qui volé, ruiné, poussé au désespoir, après une lutte de dix ans passés en procès gagnés et perdus contre l'administration, a brûlé la cervelle à Raynaud, le chef de son service aux postes, qu'il rendait responsable de la spoliation dont il était la victime. A qui fera-t-on jamais accroire qu'un homme en arrive à de si cruelles extrémités sans motifs? Un homme pas plus qu'un peuple ne se révolte pour le plaisir de se révolter. Aujourd'hui ce malheureux, condamné à douze ans de travaux forcés, gémit sous les verrous.

Comme c'est humain, comme c'est beau, honorable et grand, pour l'École polytechnique et les corps constitués. C'est une tyrannie qui rappelle absolument les maîtrises que j'ai citées plus haut et tous les abus de cette époque.

Lorsque le général Ladvocat m'a menacé du bagne, est-ce à cette affaire qu'il faisait allusion?

Il est à remarquer que si on gracie pour délits de mœurs plus ou moins dissolues, on ne gracie jamais pour atteintes à un corps constitué. C'est sans doute une question de principe.

Ils sont jolis, ces principes-là, et nous conduiront loin. Il ne faut pas oublier que la science est la source du bien et la source du mal, et qu'avec de tels principes on finira par créer à la société, à la famille même, des ennemis dangereux.

On a craint, un certain temps, que les explosifs entrassent en scène dans les questions politiques, ce qui est possible, mais ce qui est certain, c'est qu'il y a des moyens d'actions à la portée des malfaiteurs ou de la vengeance, bien autrement redoutables que les explosifs. Si M. Pasteur a fait connaître les dangers des microbes, les moyens de propager et d'enrayer les maladies épidémiques ou endémiques, il a révélé du même coup le moyen de se débarrasser des gêneurs en faisant naître des maladies naturelles à la portée de tous. Apprendre comment on peut par une piqûre, une insufflation ou un contact, propager, transporter et inoculer la variole, la fièvre typhoïde, la syphilis, le charbon, etc., n'est-ce pas ce qu'il y a de plus épouvantable au monde?? Et à côté de cela, au lieu de moraliser les masses, ce qui serait plus que jamais nécessaire, tous les principes disparaissent et avec ces moyens de destruction cachés, qui font trembler, nous voilà ramenés à l'état de brute, à l'état sauvage. La religion, l'honneur, la vertu, la famille, la patrie, ne sont plus que des mots qui servent à faire tourner en ridicule ceux qui en font usage.

M. Pasteur devrait bien nous faire connaître combien tous les ans il y a de gens qui meurent victimes de crimes de ce genre et ce qu'il en sera dans dix ans de ce régime. Il est vrai que M. Berthelot a dit qu'il ne voyait dans la nature aucune force spirituelle supérieure à la volonté de l'homme. Nous sommes donc les maîtres de l'univers et par conséquent ce n'est pas la peine de nous gêner; mangeons-nous, empoisonnons-nous, tuons-nous les uns les autres sur cette terre si riche et si généreuse et qui pourrait être le paradis... terrestre.

Revenons à nos Polytechniciens et à leurs priviléges.

Pour remplir la plupart des fonctions qui leur sont réservées, il n'est pas besoin le moins du monde d'une instruction supérieure. Pour diriger la fabrication des allumettes, par exemple, qui est aujourd'hui monopole de l'État, il est dérisoire de dire qu'il faille avoir passé par l'École polytechnique. Les hommes d'un certain âge se souviennent d'avoir vu, au coin de la rue Saint-Martin et de la rue Rambuteau, un marchand d'allumettes « Au Secret du diable », qui fendait son bois avec un vieux sabre, et trempait ensuite ses allumettes dans une bassine contenant la pâte phosphorée. Le sabre était le seul côté, à ma connaissance, qui put le rattacher à l'École polytechnique.

Il en est de même du tabac, de la poudre, etc.

Tous les progrès qui se sont réalisés dans les manufactures de l'État, sont venus du dehors. On les a pris, ou quelquefois achetés. C'est ainsi que Rouvier, ministre des Finances, a payé 600,000 francs la petite machine à rouler le papier à cigarettes, sans encollage, par un double pli et un gauffrage, employée, ou à peu près, antérieurement pour la fabrication de tuyaux en zinc. Payer 600,000 francs une machine à cigarettes, et 250,000 francs la Mélinite sur un budget militaire d'un milliard par an et des crédits de toutes sortes ! Le lecteur comprendra que je n'ai pas su m'y prendre. Cela lui expliquera aussi pourquoi, lorsqu'un inventeur se présente à ces sinécuristes, sans avoir de relations, avec des idées de grande allure, il est toujours la bête noire. Non seulement cela dérange, enlève la tranquillité, force à travailler et à faire de nouvelles études ; mais cela nuit au prestige des services sous lesquels ces abus se commettent.

L'anathème est lancé, dit-on, contre ceux qui osent contredire les saintes Écritures. Eh bien ! c'est la même chose. Vouloir le progrès au profit du salut de la Patrie, c'est ébranler les institutions, compromettre les situations acquises, etc. Donc, il faudrait encore brûler en place de Grève le malotru qui se permet ces choses.

On a vu, plus haut, que Turgot, en 1776, était plus avancé. Or, non seulement au point de vue invention c'est un attentat contre l'esprit humain, mais c'est aussi une violation de la propriété industrielle, de la propriété intellectuelle, celle qui ne peut être respectée que par convention et par honneur, et qui devrait être la plus protégée de toutes.

Mais, en général, la lâcheté des hommes est si grande, que dès qu'ils peuvent se soustraire à l'accomplissement d'un devoir, même sacré, ou au respect du droit d'autrui, ils le font. Les esprits d'élite, seuls, savent se placer au-dessus de ces mesquines et plates questions, dont ils sont d'ailleurs toujours les victimes. Et comme les inventeurs sont ou pauvres, ou insouciants de leurs intérêts, ils sont la dupe de quelque tripon qui vient regarder par dessus leur épaule pour leur voler leur invention.

La justice semble, d'ailleurs, toujours se prêter à ces sortes de spoliations, comme si les magistrats eux-mêmes éprouvaient une gêne à se trouver en face d'un homme qui, comme le disait Richet dans la *Revue Rose*, est supérieur aux autres, ce qui le fait traiter de fou. Sans ces fous là, cependant, nous en serions encore à l'âge de pierre. Mais le plus drôle, c'est que je ne connais pas un seul homme qui n'ait déclaré ou cru avoir inventé quelque chose.

Quoi qu'il en soit, s'il y a périls et abus monstrueux de ce côté, il y a de plus grands périls et de plus grands abus encore d'un autre côté, et en tous cas plus de danger pour le pays.

Les officiers et les ingénieurs de l'État qui complètent leurs études, et font leurs épreuves aux frais du pays, le plus souvent dans des travaux stériles, devraient au moins se contenter de leur situation et se dévouer au profit de leur service. Il n'en est rien et ce qui se passe nous menace des plus grands désastres.

La cupidité de certains fonctionnaires, si on n'y met pas rapidement un frein puissant, peut avoir les conséquences les plus funestes.

Nous avons conté plus haut que M. Roux, ingénieur en chef des poudres et salpêtres, avait prêté son concours au lancement d'une société de dynamite. Ce fait est loin d'être isolé, et grâce à certains industriels, plus ou moins délicats et sachant faire miroiter habilement les billets de banque aux yeux de fonctionnaires plus ou moins avides ou besogneux, il tend à se généraliser même dans l'armée.

C'est là un danger de premier ordre sur lequel j'appelle l'attention des législateurs. Il est, en effet, inadmissible qu'un officier qui a eu, aux frais du Pays, tous les moyens de se perfectionner; qui a fait partie de toutes les commissions; qui a eu connaissance de tous les secrets de l'État, puisse ensuite aller exploiter ses connaissances, industriellement, au profit de l'armement étranger, alors qu'il touche une retraite.

En toute autre industrie, cela n'aurait pas la moindre gravité ni les moindres conséquences, mais en matière d'armement il en est autrement. C'est ainsi que beaucoup d'ingénieurs de l'État, prenant des congés illimités, pour conserver leurs droits à la retraite, s'en vont porter leurs connaissances et leur appui moral dans l'industrie privée, faisant ainsi une concurrence difficile à soutenir, en raison de leur situation officielle. C'est là un abus monstrueux. De deux choses l'une, ou l'on est fonctionnaire ou l'on est industriel, mais il est impossible d'être à cheval sur les deux.

Il est encore moins admissible que des officiers puissent prendre leur retraite prématurément pour aller s'intéresser dans une industrie analogue à leurs fonctions officielles. Ces mœurs, de provenance anglaise, et importées ici par des personnes faciles à deviner, sont tout à fait déplacées en France, à cause de notre situation géographique et politique. On se souvient du bruit que fit le départ du colonel de Bange pour aller exploiter industriellement son système de fermeture et d'obturateur de canons.

La Société des Forges et des Chantiers de la Méditerranée, entre autres, ne s'est-elle pas attaché des ingénieurs de la marine, et au bureau de M. Canet, des officiers d'artillerie: le commandant Roger et le général Sébert, qui prit sa retraite aussitôt qu'il fut nommé général, pour s'occuper industriellement d'artillerie pour l'étranger? Sans mettre en doute leur honneur, il n'en est pas moins vrai que toutes les connaissances qu'ils ont acquises, aux frais de l'État, sont utilisées dans des conditions singulièrement blâmables, étant données les circonstances.

On m'a reproché d'avoir voulu aller tirer parti de mon

invention à l'étranger, moi qui n'ai jamais eu d'attaches officielles; que ne pourrait-on pas reprocher à des officiers dans cet ordre d'idées ?

Le plus curieux, c'est que lorsque ces fonctionnaires sont en place, il n'y a pas plus durs qu'eux pour les ingénieurs civils, les inventeurs ou les industriels. Et, dès qu'ils le peuvent, ils deviennent industriels. C'est absolument topique.

Le général Sébert, qui ne trouvait pas de paroles assez décourageantes pour moi, ni assez blessantes pour ses collègues de l'artillerie de terre avec lesquels je faisais des expériences, alors qu'il était au Dépôt central, ne rêve-t-il pas aujourd'hui d'exploiter industriellement mon invention, « la Mélinite », au profit de l'étranger et en fraude de mes droits ? La Société des Forges et Chantiers expérimente la Mélinite au polygone du Hoc, près du Havre. L'histoire d'un certain mur déplacé de plusieurs mètres par l'explosion d'un projectile chargé de Mélinite est bien connue. De quel droit cette Société se permet-elle de charger, d'expérimenter et de fournir des obus à Mélinite ?

M. Canet, qui dirige l'artillerie des Forges et Chantiers ne m'avait-il pas fait des propositions au nom du gouvernement Japonais ? Et maintenant qu'il sait que l'on exploite chez Armstrong les plans officiels français, ne pourrait-il lui prendre fantaisie, à lui qui prétendait connaître il y a des années le détonateur de Bourges, d'exploiter la Mélinite au profit de l'étranger ? Triponé prétendait que la Société des Forges et Chantiers livrait du matériel construit sur les plans français. M. Canet m'a toujours affirmé le contraire, d'autres m'ont dit comme Triponé et certaines langues malicieuses affirment qu'il se bornait à livrer obus et détonateurs avec la méthode de chargement. Si des officiers peuvent quitter l'armée prématurément et devenir des industriels, libres d'exploiter ce qu'ils ont pu apprendre au service du pays, sans tomber sous le coup d'aucune loi, il devrait bien y avoir une loi qui pût les atteindre. C'est le monde retourné, les officiers se font industriels, et l'industriel, devant la gravité de la cause, fait ce que les officiers auraient dû faire.

Dans le cas spécial, il appartient à tout homme de cœur, à tout Français, de pouvoir critiquer la conduite d'un général qui, venant d'être promu, et au moment de prendre du service actif, après avoir passé presque toute sa vie dans ses pantoufles, ne trouve rien de mieux que de quitter le corps pour devenir un artilleur commerçant.

La chose est d'autant plus grave que le général Sébert a eu en sa possession, presque exclusive, les moyens d'action les plus vastes que l'on puisse imaginer, et qui lui ont permis, surtout avec la collaboration de M. Marcel Deprez, de faire des études très intéressantes au point de vue technique. Le champ de tir de la marine, organisé en grande partie pour lui, près de Paris, à la poudrerie de Sévran-Livry où l'on fabrique la poudre sans fumée, est bien connu, et a coûté des centaines de mille francs aux finances.

Certes, je crois le général Sébert incapable de tirer directement parti des secrets de l'État, mais n'est-ce pas déplorable de le voir s'employer dans une Société s'occupant d'artillerie?

Je le répète, loin de moi la pensée de soupçonner le général Sébert, mais enfin que va-t-il faire dans une fabrique de canons et d'obus pour l'étranger, si ce n'est utiliser ses connaissances spéciales? On n'arrive pas tout d'un coup administrateur de l'une des plus grandes Sociétés de construction (1) alors que l'on ne possède, en fait, aucune expérience commerciale.

S'il s'agissait d'un magasin de nouveauté ou de spiritueux, nul n'aurait le droit de s'en occuper, mais ce qui touche à la défense du pays intéresse tout le monde et doit faire l'objet des soins asssidus de ceux qui nous gouvernent. Il y a là un danger sur lequel il faut appeler

---

1. Voyez *l'Annuaire de la Société d'encouragement pour l'Industrie nationale*, de 1891.

l'attention des législateurs. C'est déjà trop que la fabrication de l'armement puisse se faire librement. Ce sont des armes que l'on forge, et ces armes peuvent servir à nous battre en brèche. Sous le prétexte de favoriser l'industrie et de permettre à quelques individus de s'enrichir, on risque de compromettre la puissance et la sécurité du pays tout entier. L'industrie des armes n'est pas une industrie ordinaire.

L'argent est certainement quelque chose et j'en connais l'utilité et la valeur aussi bien que n'importe qui. Moi aussi je voudrais être heureux, riche et pouvoir contenter toutes mes idées, et elles sont nombreuses, ainsi que toutes mes fantaisies, mais j'ai sacrifié au pays le seul moyen que j'avais de faire fortune. Cependant, combien j'aurais été heureux de pouvoir poursuivre mes recherches scientifiques, tout en m'en faisant une distraction, à l'aide d'appareils et de moyens coûteux! Non seulement on m'a tout pris, mais on m'a réduit à l'inaction, ce qui est le pire de tous les maux.

IV
LE VOL D'ÉTAT

Négation officielle de la propriété intellectuelle et industrielle

En principe rien ne doit être plus respecté que la propriété intellectuelle, car c'est la plus pure manifestation de la supériorité de l'homme ; mais, en fait, rien n'est plus mal protégé que la propriété de l'inventeur, c'est-à-dire l'invention.

Sans l'inventeur, sans le penseur, le rêveur, le jobard, qui s'oublie pour penser aux autres, et qui sacrifie les quelques années qu'il a à vivre afin de doter pour toujours la société de ses bienfaits, nous serions encore à peu près nus, et rien de ce qui rend la vie agréable et constitue la civilisation n'existerait.

De tout temps, cependant, les inventeurs ont été les parias de la société. Leur histoire est pleine de déboires, d'injustices et d'iniquités. La situation qui leur est faite, dans la société, est absolument décourageante. Personne ne prend leur défense, et lorsque l'on apprend que l'un d'eux a été dépouillé, spolié, c'est une espèce de joie qui se manifeste dans la masse, surtout dans la masse qui passe pour être éclairée et qui est jalouse, envieuse, du succès ou du résultat atteint par autrui, comme si le public n'était pas appelé à en profiter lui-même, et comme s'il n'y avait pas place pour tout le monde et du bonheur pour tous, si on ne se faisait pas tant de mal les uns les autres.

Malheureusement, il y a des gens, et ils sont nombreux, qui s'imaginent que ce que les autres acquièrent par leur travail, leur persévérance et leur conduite, leur appartient. Dès qu'ils entrevoient une affaire de quelque valeur dans les mains de quelqu'un, vite, comme une bande d'oiseaux de proie, de chacals, ils se jettent dessus, inventent mille pièges pour déposséder le propriétaire, et poussent la haine si loin, que le plus souvent ils préfèrent perdre l'affaire, pour que personne ne puisse en profiter, s'ils ne peuvent parvenir à s'en emparer.

L'État protège les arts, subventionne des théâtres, achète des sculptures et des tableaux à des prix fantastiques, pour les mettre quelquefois dans les greniers ou les caves, mais jamais le moindre secours n'est accordé à l'inventeur, duquel tout procède.

Combien, cependant, les charges, les nécessités et les difficultés sont différentes ! Pour faire un livre que faut-il ? Plus ou moins d'intelligence, de génie si l'on veut, un peu de papier et un peu d'encre. Il en est de même pour une peinture. Comme dépenses pécuniaires rien, ou presque rien. Pour assurer la propriété de l'écrivain ou de l'artiste que faut-il ? Rien ! L'œuvre d'art se protège d'elle-même contre toute copie ou reproduction, DANS TOUS LES PAYS. Pour le livre ? Un dépôt, et il suffit d'écrire sur sa couverture : tous droits réservés, pour atteindre le but. Rien n'est plus simple, plus commode, et plus juste. Enfin, il y a toujours des gens prêts à prendre la défense des œuvres littéraires ou artistiques.

Voyons maintenant la situation d'un inventeur, d'un travailleur intelligent, sans fortune, et cherchant à mettre à profit ses facultés naturelles pour se tirer de la misère, avec les siens, et acquérir une situation plus ou moins élevée. Tout d'abord il faut qu'il ait autant, sinon plus d'intelligence, de connaissances acquises et d'imagination qu'un peintre ou un poète. S'il veut établir une machine, par exemple, il lui faudra l'étudier, en dresser les plans, la faire construire, l'essayer, la modifier, etc.

Les gens qui ne savent pas, ne se doutent guère ce que coûte de peines et de déboires la plus petite invention dans un ordre d'idées quelconque. Beaucoup croient au hasard. C'est pure folie ou ce n'est qu'une argumentation mise en avant par les filous pour spolier l'inventeur.

Indépendamment des dangers réels et risques à courir dans des travaux de mécanique, de chimie ou d'électricité, il y a donc, dès le début, de grosses dépenses à faire. Pour assurer l'invention, il faut ensuite s'occuper de prendre des brevets dans chaque pays. Or, en dehors des formalités extrêmement longues, des années quelquefois (dans certains pays, il faut payer d'avance des sommes considérables. Pour prendre une série de brevets en France et à l'étranger, pour une seule invention, il faut compter plusieurs mille francs. En outre et tous les ans, il faut payer des annuités. Enfin, ce qui est absolument monstrueux, le défaut de payement d'une annuité, pour une cause quelconque : maladie, manque d'argent, oubli, absence, etc., entraîne la déchéance du brevet et la perte totale de l'œuvre de plusieurs années, de tous les sacrifices et de toutes les espérances de l'inventeur. Est-ce tout? Non pas. Il semblerait que les législateurs ont mis tout en œuvre, dans la confection de cette loi sur les brevets, pour en faire le plus odieux des traquenards. Il faut, en effet, que l'invention soit mise en exploitation dans un délai de un, deux ou trois ans, suivant les pays, faute de quoi, il y a encore déchéance des droits du breveté. Dans mon cas, par exemple, comment puis-je mettre mon invention en exploitation, puisqu'il s'agit du chargement des obus? Je ne peux cependant pas acheter des canons, charger des obus et bombarder une ville pour mettre en œuvre mes brevets. Comment fera l'inventeur d'une locomotive si les Compagnies tardent à l'adopter. Westinghouse, l'inventeur du frein à air comprimé, a mis dix ans à le faire adopter en France, et ce n'est que par un décret qu'il a été imposé. On pourrait citer mille exemples de ce genre, et plus l'invention sera grande, plus l'inventeur sera dans l'impossibilité d'en tirer parti lui-même. Alors arrivent les capitalistes, les spéculateurs, les lanceurs d'affaires, les Triponé, les Armstrong, etc.; et enfin, les gouvernements qui, voulant surpasser le reste, s'emparent d'une main de ce qu'ils ont fait payer de l'autre. Cette organisation sociale est-elle assez infâme, assez odieuse. Partout on retrouve le *sic vos non vobis*, de Virgile; partout la négation du travail et la spoliation.

Est-ce tout? Non!

Lorsque l'inventeur n'est pas docile, c'est-à-dire lorsqu'il ne veut pas se laisser exploiter sans rien dire, on conteste son invention, on recherche des antériorités, toujours faciles à créer, et on entame des procès. C'est le grand et le meilleur moyen de se débarrasser de l'inventeur. Sur ces procès, on en greffe d'autres, et l'affaire dure dix ans. Or, comme la durée d'un brevet n'est que de 15 ans, quand le procès est terminé le brevet est perdu ou à peu près, quelquefois l'inventeur est mort de la lutte inégale, ou il s'est suicidé. En tout cas, il est toujours ruiné.

Un autre moyen également très en usage, c'est celui employé par les puissants du jour; les grandes sociétés anonymes et les gouvernements. Il est bien simple: on fait usage de l'invention et on répond à l'inventeur: « Attaquez-nous, nous nous défendrons ». Or, que faire contre des gouvernements ou des Armstrong? Se suicider ou se venger par un moyen quelconque. Alors c'est la révolte.

Voilà l'état des choses.

Quoi de plus affreux et de plus honteux, pour la société, que ce spectacle provoqué par l'injustice ou l'indifférence envers celui qui se dévoue pour elle, qui fait abnégation de lui-même, et qui n'aspire qu'à la doter d'un bienfait et quels bienfaits n'apporte pas une invention un peu sérieuse.

Voyez: pour moi, j'ai donné à l'industrie par le seul fait de mon intelligence, pour plus de 50 millions de travaux en deux ou trois ans. Des industriels tels que Guinon et Picard, de Lyon, ont gagné plus de un million en fraude de mes droits (ils ne vendaient que quelques kilos d'acide picrique par mois, et tout d'un coup on leur en a commandé par millions de kilos); il en est de même de Billault, place de la Sorbonne, à Paris. De simples commerçants, même, ont gagné de petites fortunes à aller, comme intermédiaires, acheter à l'étranger l'acide picrique, le phénol, etc. Des Sociétés telles que les Forges et Chantiers, Saint-Chamond, Laveissière, etc. etc., ont réalisé des bénéfices énormes sur la construction des obus et des gaines de mon invention, et personne, pas un de ces industriels, ne m'a demandé si j'avais un morceau de pain, ni ne s'est préoccupé de mes brevets. Est-ce là ce que l'on entend par l'association du capital et du travail?

Est-ce tout? Pas le moins du monde!

Ces brevets que les États délivrent et qui coûtent si chers sont-ils au moins respectés par les gouvernements eux-mêmes. Pas du tout! L'Italie, l'Angleterre, l'Autriche, la Russie, l'Allemagne, etc., se sont emparées de mes inventions par les moyens que l'on connaît, et, dans le monde officiel, on fait gorge chaude de ce que j'ai été roulé. Les honnêtes gens!

C'est le cas de le dire: Bon appétit, Messieurs! car le repas est près de finir.

Le général Ladvocat, voulant aussi se mettre à la hauteur des temps, ne m'a-t-il pas dit plusieurs fois en riant, en se moquant de moi: « Et vos brevets, on en a fait grand cas, hein! Triponé vous a volé, il a été plus adroit que vous, etc. »

C'est là qu'est la question sociale. C'est par ces procédés infâmes, inavouables, LE VOL ÉLEVÉ OFFICIELLEMENT A L'ÉTAT DE PRINCIPE à la face du monde entier, que la société s'écroule, qu'elle périra, et que tout sera emporté. On s'aliène, par cette odieuse manière d'agir, des esprits de réelle valeur, et on donne l'exemple, chose plus grave, de la violation de la propriété d'autrui.

Voici cependant quelques passages du livre de Re-

Paris ce 20 Avril 87.
65, Avenue Marceau

Mon cher Monsieur Turpin,

Des circonstances imprévues et indépendantes de ma volonté, m'obligent à vous prier de vouloir bien remettre ma visite chez vous à Lundi 25 Avril à la même heure, c'est à dire entre 2 et 3 heures. Si toutefois ce jour et cette heure vous conviennent, ce doit : vous voudrez bien m'aviser.

Recevez, mon cher Monsieur Turpin, l'expression de mes sentiments très distingués,

J. Baron de Frédéricks

nouard sur les brevets et la propriété industrielle (1), qui feront comprendre comment ces questions devraient être considérées.

Je dédie ces lignes

A SA MAJESTÉ L'EMPEREUR DE TOUTES LES RUSSIES, DONT LE GOUVERNEMENT A, PARAIT-IL, PRIS, EN FRAUDE DE MES DROITS, POSSESSION DE LA MÉLINITE POUR LAQUELLE DES CROIX ONT ÉTÉ DONNÉES AU COLONEL D'ARTILLERIE ANDRÉ, A M. SARRAU, A M. VIEILLE, BIEN QUE LE GÉNÉRAL FÉDOROFF ET LE GÉNÉRAL BARON FRÉDÉRICKS ME CONNAISSENT PARFAITEMENT MOI ET MES TRAVAUX.

A SA MAJESTÉ LA REINE D'ANGLETERRE, DONT LE GOUVERNEMENT S'EST EMPARÉ DE MES INVENTIONS SANS ME LES PAYER, FAUTE D'ARGENT PROBABLEMENT.

A SA MAJESTÉ LE ROI D'ITALIE, DONT LE GOUVERNEMENT S'EST PROCURÉ, PAR DES MOYENS INAVOUABLES ET PAR LA SOCIÉTÉ ARMSTRONG, DES APPROVISIONNEMENTS IMMENSES D'OBUS A MÉLINITE, EN VUE DE DÉTRUIRE NOS VILLES ET NOS PORTS, BIEN QUE LE SANG FRANÇAIS AIT ÉTÉ MÊLÉ AU SANG ITALIEN DANS LA GUERRE STUPIDE FAITE JADIS A L'AUTRICHE.

A SA MAJESTÉ LE ROI DE PRUSSE, EMPEREUR DES ALLEMANDS, DONT LE GOUVERNEMENT S'EST EMPARÉ, EN FRAUDE DE MES DROITS, DE LA MÉLINITE, MALGRÉ LES VUES SOCIALISTES DE L'EMPEREUR.

A SA MAJESTÉ L'EMPEREUR D'AUTRICHE ET A TOUS LES ROIS, EMPEREURS ET PRÉSIDENTS DE RÉPUBLIQUES, CONTRE LESQUELS, POUR LES MÊMES FAITS, JE REVENDIQUE MES DROITS IMPRESCRIPTIBLES.

1. *Traité des brevets d'invention*, par Augustin-Charles Renouard, conseiller à la Cour de cassation, membre de l'Institut. Paris, Guillaumin et Cⁱᵉ, éditeurs, 1865.

Voici comment s'exprime Renouard dans son ouvrage au sujet des droits des inventeurs (1) :

Ils ont été ajoutés par la Chambre des députés, par suite d'amendements de MM. Arago et Houzeau-Muiron (2). Tout le monde était d'accord sur le principe ; la discussion, qui ne roulait à vrai dire que sur la rédaction, a présenté de l'intérêt.

« Dans le public, a dit Arago, on est généralement disposé à croire que tout procédé qui n'a pas exigé des combinaisons multiples, des organes mécaniques complexes, est une simple idée. Après avoir cité Watt, l'application de la vis d'Archimède à la purification des gaz en les faisant descendre sous une couche d'eau, la lampe de Davy, Arago continue ainsi : « Je vais montrer que, dans notre pays, on a breveté, justement breveté, une idée se rattachant à un produit industriel ancien. Vous avez entendu parler du zincage. Le zincage moderne a été dédaigné pendant quelque temps, parce que, dans l'opération, on rendait, disait-on, le fer cassant. Les difficultés ont été vaincues. On peut maintenant revêtir le fer de zinc sans altérer les propriétés primordiales du fer. Eh bien, l'idée de revêtir le fer de zinc pour le soustraire à la rouille, Malouin l'a publiée, il y a une centaine d'années. Mais les industriels disaient à Malouin : « Il y
« aura toujours quelques portions de fer dénudées, et la
« rouille les attaquera. Il y a plus : vous avez revêtu
« l'extérieur des tuyaux destinés à la conduite des eaux,
« mais l'intérieur se rouillera comme précédemment ». Le zincage était abandonné. Cent ans s'écoulent. Un ingénieur français, M. Sorel, se présente et dit : « Vous vous
« trompez quand vous croyez que le zinc ne garantit les
« tuyaux que dans la partie qu'il recouvre. J'affirme,
« moi, éclairé par la grande découverte de Volta, que le
« zinc place le fer dans des conditions électriques tout à
« fait différentes des conditions ordinaires ; j'affirme que
« le zinc rendra le fer négatif, que le fer ne s'oxydera pas
« même dans l'intérieur du tuyau, même là où pas une
« molécule de zinc n'existe », M. Sorel a donc trouvé dans un produit non employé, dont personne ne faisait usage, auquel nul industriel ne songeait, des propriétés qui l'ont rendu extrêmement précieux. Qu'y a-t-il là, si ce n'est une idée pure et simple ?

« Je demande que l'idée de Davy, qui a répandu la

2. Séance du 16 avril 1844.

lampe de sûreté, puisse être brevetée. Je demande la même faveur pour l'idée de M. Sorel ; vous arriverez à ce résultat en ajoutant quelques mots seulement à votre article.

« Je ne sollicite pas la suppression de l'article. Je conviens qu'une idée dont on n'aura pas indiqué d'application industrielle ne doit pas être brevetée. Si quelqu'un venait à découvrir aujourd'hui le carré de l'hypoténuse, je ne désirerais pas qu'il fût breveté, qu'il eût le droit de demander un salaire aux astronomes qui se serviraient de cette proposition pour mesurer la hauteur des montagnes de la lune. Je demande qu'il y ait des applications industrielles indiquées par le créateur de l'idée. »

Il fut répondu que les énonciations de l'article 2 comprenaient tous les cas. Arago insista : « La galvanisation du fer de M. Sorel, c'est ce que la loi autrichienne appelle une résurrection ; car cette loi permet de revenir sur les choses anciennes dans les cas où, comme ici, il y a résurrection d'un procédé dont on ne connaissait pas toutes les propriétés... »

C'est en vertu des mêmes principes que l'arrêt suivant (1) a reconnu à un produit industriel le caractère de nouveauté et a validé le brevet : « Attendu que l'arrêt attaqué déclare que les travaux antérieurs des savants et des chimistes relatifs au rouge d'aniline, et que l'on opposait pour combattre la nouveauté de la découverte des frères Renard, n'ont eu pour effet que de noter un phénomène scientifique, sans égard à ses conséquences et à la possibilité des applications industrielles ; qu'il est déclaré en outre, et au contraire, que l'invention a consisté à isoler et fabriquer tout exprès le rouge d'aniline, en vue des précieuses propriétés que les frères Renard avaient été les premiers à y trouver, comme matière tinctoriale ; et qu'ils ont ainsi doté la société d'un produit inconnu avant eux et dont ils ont fait la première application...

La nouveauté d'industrie, ou invention industrielle, peut porter sur : 1° des produits ; 2° des résultats ; 3° des moyens ; 4° des applications.

L'expression produit industriel s'entend surtout d'un corps certain et déterminé, susceptible d'entrer dans le commerce, soit que la main des hommes l'ait fabriqué et façonné, soit que leur travail et leur intelligence l'aient conquis sur la nature matérielle. Quand l'objet direct d'un brevet est un produit, la reproduction, même par

1. Req, 3 août 1862.

des procédés autres, connus ou inconnus, est contrefaçon (1).

Le mot résultat a été inséré dans l'article 2 par la Commission de la Chambre des pairs. Il s'entend de tout ce qui concerne la qualité, la quantité, les frais de la production.

M. le marquis de Barthélemy (2) a rendu sensible par un exemple la différence entre le produit et le résultat : « Lorsqu'on mettait de l'eau dans une chaudière destinée à produire de la vapeur, il s'incrustait à ses parois des matières blanchâtres qui détruisaient cette chaudière : on a trouvé le moyen, en y introduisant des pommes de terre, d'éviter l'incrustation. Il n'y a pas là un produit, mais il y a un résultat industriel ; en ce sens que les chaudières ne sont plus minées par ces espèces de petites croûtes qui se formaient sur leurs parois. »

S'il y a invention à créer des produits ou résultats nouveaux, l'invention de moyens nouveaux, par lesquels on obtient des produits ou des résultats déjà connus, est aussi une véritable richesse versée dans le domaine industriel.

Ainsi la Cour de Paris, par arrêt du 17 février 1844 (3), a considéré, avec toute raison, comme brevetable un procédé tendant à fabriquer avec les terres ordinaires, à l'aide de mélanges de plusieurs substances, une faïence ingerçable pour poêles et cheminées, bien que déjà le domaine public fût en possession de pareils produits, donnant même résultat, mais obtenus par l'emploi d'une certaine nature particulière de terres.

L'application nouvelle de moyens connus à l'obtention de produits ou résultats connus est aussi une invention. Si ce n'est pas là qu'éclate le plus, dans sa grandeur, la puissance du génie, c'est là, du moins, qu'est la source la plus abondante de découvertes, dont plusieurs servent efficacement les développements de l'humanité. L'économie de fabrication et la meilleure confection des produits trouvent beaucoup à y gagner. La grande majorité des brevets appartient à cette classe où s'abrite, sans nul doute, la foule des découvertes faciles, futiles, purement apparentes et nominales, mais qui, en même temps, est riche en pratiques usuelles réellement profitables au public.

La jurisprudence avait déjà proclamé nettement que

---

1. Ch. crim., 15 mars 1856.
2. Séance du 24 mars 1843.
3. Dalloz, 44, 2, 170.

ces combinaisons des forces et facultés industrielles étaient marquées du caractère de nouveauté qui les rend brevetables.

Un arrêt de la Chambre des requêtes, du 11 janvier 1825, juge : « que l'application d'un procédé déjà connu peut constituer une nouvelle découverte s'il est adapté à un nouvel usage. (1) » Il résulte du même arrêt que, malgré le brevet, chacun reste libre d'adapter le procédé à tous objets, instruments ou machines non désignés au brevet. Cette décision est juste : ce n'est pas le procédé qui est breveté, c'est son application nouvelle et spéciale à un objet déterminé; rien n'empêche d'employer à tout autre usage le procédé qui appartient au public; rien ne fait obstacle même à ce qu'une autre personne obtienne postérieurement un brevet valable pour d'autres usages auxquels elle appliquera le procédé, si ces usages sont nouveaux.

Un arrêt de la Chambre civile, du 27 décembre 1837, s'exprime ainsi qu'il suit : « Attendu qu'une invention demeurerait inerte et stérile, tant pour son auteur que pour la société, si elle demeurait dans les termes d'une simple théorie, sans passer à l'état d'application; que si cette application ne peut se faire qu'à l'aide de procédés déjà connus, et qui par conséquent appartiendraient, en thèse générale, au domaine commun de l'industrie, l'emploi de ces procédés, en tant qu'appliqués à l'objet de la découverte, peut être justement frappé du même droit privatif que la découverte elle-même, et peut devenir comme celle-ci, et en considération de l'utilité qui s'y rattache, la matière d'un brevet d'invention. »

La même doctrine a été consacrée par arrêt de la Chambre civile rendu, à mon rapport, le 13 août 1845 : « Attendu qu'il a été déclaré, en fait, par la Cour royale de Paris que, si le bain d'or alcalin, tel qu'il est composé par Elkington, était depuis longtemps connu et décrit, la découverte en était restée purement scientifique, et qu'Elkington, le premier, en a fait l'application spéciale et positive à l'industrie de la dorure; attendu que, dans le Mémoire descriptif annexé à son brevet, Elkington signale particulièrement comme objet de son invention l'emploi, dans l'industrie de la dorure, du carbonate de potasse ou de soude combiné avec une dissolution d'or, et que cet emploi est précisément ce qui a été déclaré nouveau par l'arrêt attaqué; attendu, en droit, que toute nouvelle application industrielle, même d'un procédé

---

1. Même décision, Req., 15 février 1859.

déjà connu ou d'une idée déjà publiée, dote la société d'une industrie qu'elle ne possédait pas auparavant, et est, par conséquent, un objet valable de brevet; qu'en effet celui qui parvient à tirer d'une découverte antérieure certains produits et résultats pratiques non obtenus avant lui, et susceptibles d'être livrés au public qui n'en jouissait pas encore, est véritablement inventeur quant à ces produits et résultats, et a droit aux avantages conférés, en vertu de la législation sur les brevets, à ceux qui étendent, par des créations de leur intelligence, l'action et le domaine de l'industrie. »

La Chambre criminelle a jugé, le 1ᵉʳ mai 1851 : « que des procédés constituant un moyen nouveau pour obtenir un résultat industriel déjà connu sont brevetables ; qu'apprécier séparément les différents instruments dont la combinaison constitue le procédé inventé, et les scinder pour en calculer l'importance et la nouveauté, c'est dénier à ce procédé, considéré dans son ensemble, le caractère et les effets qui lui sont garantis par la loi. » Telle est aussi la doctrine d'autres arrêts de la même Chambre des 17 janvier 1852, 19 février 1853, 6 avril 1861. On lit dans l'arrêt de 1853, relatif à un brevet pour la fabrication du sucre : « que la loi n'a fait aucune restriction relativement aux inventions qui consistent dans une combinaison purement chimique d'agents déjà connus, lors même qu'elles ne se manifestent par aucun organe extérieur, pourvu qu'il soit constaté qu'elles ont obtenu un résultat industriel; que ces inventions créent donc à leurs auteurs un droit privatif, alors même qu'en s'appropriant des agents qui avaient déjà reçu une application analogue elles n'ont fait qu'en modifier la mesure ou les proportions, toutes les fois qu'elles résultent, non pas seulement de l'emploi dans une autre proportion des mêmes agents avec la même destination, mais d'une combinaison nouvelle qui, en modifiant leur application, obtient un résultat nouveau. » La même Chambre a jugé, le 24 avril 1857, qu'un arrêt doit être cassé pour défaut de motifs lorsqu'il ne s'est point expliqué sur la combinaison d'ensemble expressément revendiquée.

Page 279, on lit :

63. Le plus ou le moins d'importance de l'industrie brevetée ne doit exercer aucune influence sur l'appréciation de la validité du brevet. Que les tribunaux, dans l'évaluation des dommages-intérêts à prononcer contre les contrefacteurs, prennent en considération l'importance de l'invention, ses difficultés et ses frais, les avantages qu'elle apporte, rien de plus naturel, rien de plus néces-

saire. Mais ces considérations doivent disparaître lorsqu'il s'agit de savoir si le brevet est valable, c'est-à-dire s'il y a invention. Toute invention industrielle a droit à être brevetée quelque faible que puisse être ou paraître son utilité réelle. Chétive aux yeux des uns, une industrie peut, pour d'autres, être précieuse, soit par l'étendue de ses applications actuelles ou futures; les soins que l'on y apportera, les capitaux que l'on y voudra employer, soit à raison des besoins ou de la position de celui qui l'exercera. Ou l'invention doit demeurer stérile, et alors sa libre fabrication n'offrant nul intérêt pour les producteurs ni pour le public, aucun préjudice n'est porté à personne par la limitation, dans une jouissance privilégiée, d'une invention que personne ne sera tenté de reproduire; ou l'exercice de l'invention aura un certain prix, et la question de l'existence du privilège un intérêt; mais alors, si l'invention offre par elle-même assez de valeur pour mériter d'être acquise au domaine public, elle vaut donc aussi d'être conservée et garantie à son auteur. Les propriétés les plus modiques importent à ceux qui n'en possèdent point d'autres, autant que les plus grandes aux grands propriétaires.

Ces principes ont été consacrés par deux arrêts de la Chambre civile, rendus, à mon rapport, le 30 décembre 1845, par application des lois de 1791. La même doctrine a été appliquée sous la loi de 1844, notamment par la Chambre criminelle les 1er mai 1851, 17 janvier 1852, 24 avril 1856; par la Chambre civile le 9 février 1853.

CONCLUSIONS

Mes conclusions seront courtes et porteront sur quatre points parfaitement tranchés :

L'origine de l'invention;
Le traité que j'ai passé avec l'Etat;
La violation de mes droits;
La trahison et le préjudice qui m'a été causé moralement et pécuniairement.

I

En ce qui concerne le premier point, il résulte de toutes les preuves accumulées dans ce livre, que nul au monde ne peut me contester la découverte et l'invention du chargement des projectiles creux par des substances explosives brisantes, capables de satisfaire pratiquement à toutes les conditions du problème posé et dont la solution avait été cherchée pendant vingt ans.

En conséquence, je revendique hautement le mérite de cette invention.

II

En ce qui concerne le traité que j'ai passé avec l'Etat,
Attendu qu'aux termes de la loi du 5 juillet 1844, arti-

cle 20 (1), la cession de mon brevet ne pouvait être faite que par acte notarié, etc;

Qu'aucune des formalités prescrites par la loi n'a été observée, bien que l'Etat m'ait engagé à lui apporter tous les perfectionnements et certificats d'addition se rattachant à l'emploi de l'acide picrique (Mélinite); ce qui confirme la cession du brevet;

Que, d'autre part, il n'y avait aucun crédit inscrit au budget pour l'achat de brevets ou de procédés secrets, et que c'était aux Chambres qu'appartenait seul le droit de disposer des fonds par un vote spécial;

Que, dans ces conditions, il n'est pas douteux que le traité qui, d'ailleurs, m'a été imposé, avait un caractère essentiellement illégal, et n'avait pour but que de s'emparer clandestinement de mon invention, au mépris de mes droits et de mes intérêts;

Que le contrat que l'on m'a soumis est donc illicite et léonin, mon invention n'ayant pas été payée à sa valeur, même pour l'usage de la France seulement, ni légalement achetée.

En conséquence, je demande que ce contrat soit revisé par les Chambres en se basant sur le résultat atteint, les dangers encourus, le service rendu, et la privation des bénéfices moraux et pécuniaires que j'étais en droit d'en attendre et d'en retirer légalement et légitimement.

---

1. Art. 20. — Tout breveté pourra céder la totalité ou partie de la propriété de son brevet.

La cession totale ou partie d'un brevet, soit à titre gratuit, soit à titre onéreux, ne pourra être faite que par acte notarié, et après le payement de la totalité de la taxe déterminée par l'article 4.

Aucune cession ne sera valable, à l'égard des tiers, qu'après avoir été enregistrée au secrétariat de la préfecture du département dans lequel l'acte aura été passé.

L'enregistrement des cessions et de tous autres actes emportant mutation sera fait sur la production et le dépôt d'un extrait authentique de l'acte de cession ou de mutation.

Une expédition de chaque procès-verbal d'enregistrement, accompagnée de l'extrait de l'acte ci-dessus mentionné, sera transmise, par les préfets, au ministre de l'agriculture et du commerce dans les cinq jours de la date du procès-verbal.

III

La violation de mes droits consiste en ce que je n'avais pas abandonné au gouvernement le droit de s'approvisionner à d'autres qu'à moi de ce dont il aurait besoin pour la mise en œuvre de mon invention, mais seulement le droit de faire usage de mes procédés.

Or, toutes les fournitures ont été commandées à des tiers, même à de simples commissionnaires, qui ont réalisé ainsi, à mon détriment, des bénéfices considérables.

En outre, je rappellerai que j'ai fait réaliser à l'Etat plus de DOUZE MILLIONS d'économie par suite de l'adoption de mes procédés.

Enfin, on se rappellera également que c'est sous les promesses formelles qui me furent faites de conclure un traité définitif, rémunérateur et en rapport avec mon invention, tout en faisant appel à mon patriotisme, que j'ai laissé faire lesdits approvisionnements sans intenter une action.

N'ayant obtenu aucune satisfaction, ma bonne foi a donc été complètement surprise. Ce sont là, et tout le monde le reconnaîtra, des procédés inavouables, inqualifiables, et qu'un gouvernement qui se respecte ne peut employer sans choquer la morale publique et porter le désordre dans la société en élevant officiellement, à la face du monde entier, l'abus de confiance à l'état de principe.

Si un tel état de choses pouvait être toléré, ce serait la consécration de la prédominance de la force sur le droit, du fort sur le faible et du mal sur le bien, même dans la cause la plus digne d'intérêt et de considération.

De ce chef, je revendique tous mes droits, et je proteste contre de tels abus, autant qu'un homme seul et sans moyens d'action peut le faire contre un État.

IV

En ce qui concerne la trahison,

Attendu que j'ai fourni aux autorités civiles et militaires, à maintes reprises, les preuves matérielles que des plans officiels relatifs à la Mélinite sont sortis du ministère de la Guerre et qu'ils ont été livrés à la Société Armstrong en vue de les exploiter ;

Que cette livraison a eu pour effet de me mettre dans l'impossibilité de tirer parti de mon invention à l'étranger, alors que le ministère de la Guerre, à Paris, avait refusé mes offres et manqué à ses promesses ;

Que de ce chef, et par les manœuvres que le lecteur connaît, j'ai été attiré dans un piège et que mon honneur a été violemment attaqué et compromis.

En conséquence, je demande que réparation me soit rendue, publiquement, et que le préjudice qui m'a été causé soit réparé.

Le tout conformément à mes droits, à l'honneur et à la vérité.

J'ai tout sacrifié pour le pays, il doit acquitter sa dette et réparer, si de tels faits sont réparables, le mal que l'on m'a causé.

INDEX DES NOMS CITÉS

A

Abel, chimiste, 20, 60, 192, 218, 222.
Alderson, général, 152, 217.
Arago, 382, 383.
Archimède, 382.
Armstrong (Lord William), 143, 152, 157, 197, 199.
Armstrong (Société), 5, 7, 10, 80, 81, 129, 142, 143, 144, 149, 150, 151, 152, 153, 154, 155, 160, 171, 177, 186, 187, 188, 189, 191, 192, 194, 198, 199, 206, 207, 210, 212, 213, 214, 223, 224, 226, 227, 230, 234, 237, 238, 239, 240, 241, 242, 243, 250, 251, 254, 255, 256, 257, 270, 287, 288, 289, 292, 293, 294, 302, 305, 349, 378, 381, 392.
Aube, 171, 173, 338, 340.
Audebert, 195.
Audouin, 104, 105, 106, 107, 108, 109, 110, 159.

B

B..., 93.
Banaston, procureur de la République, 12, 255, 256, 258, 297.
Bange, colonel (de), 150, 161, 371.
Barbe, 16, 97, 134, 210, 306, 311, 343.
Barrière, 62.
Barthélemy (marquis de), 334.
Bazin, huissier, 185.
Beilstein, 112.
Belanger, 118.
Berthelot, 20, 21, 37, 42, 53, 60, 61, 62, 97, 98, 99, 113, 115, 119, 120, 125, 156, 183, 210, 293, 310, 311, 313, 363.
Berzélius, 126.
Biju-Duval, 333.
Billault, 75.
Billot, général, 27.
Bismarck, 155.
Blondeau, traître, 235.
Blondel, général, 122, 123, 134, 135, 148.
Boisbrunet (de), contrôleur général, 261, 287, 288.
Bonnet, traître, 246, 304.
Bonnefin, 172.
Boulanger, général, 8, 76, 77, 80, 87, 88, 123, 128, 129, 141, 148, 155, 166, 167, 190, 197, 256, 293, 334.
Bourde (Paul), 100, 101.
Bouvard, 195.
Brogden, 341.
Brugère, général, 32, 149, 333.

C

Cacheux, 177.
Caffarel, général, 180.
Camescasse, 323.
Campenon, général, 35, 53, 54, 58, 66, 72, 73, 116, 148, 158, 315, 316, 321.
Canet, 176, 177, 208, 209, 210, 240, 371, 372.
Carnot, 135, 138, 149.
Castan, colonel, 332.
Chantaume, capitaine, 254.

Charles X, 306.
Chatelain, traître, 150, 154, 155.
Chaulat, 254.
Condé (de), colonel, 124.
Contin (Pietro), espion, 258.
Cornu, 382.
Costaz, 338.

D

Dalloz, 383.
Dard, général, 59, 60.
Dautresme, ministre, 137.
Davy, 382.
Dax (Armand de), ingénieur, 254.
Defresne, 116.
Delahaye (Ph.), ingénieur, 115.
Deloye, colonel, 6, 11, 14, 66, 71, 122, 130, 131, 133, 140, 168, 176, 275, 289.
Demay, 123, 124.
Denécheau, 100.
Deprez (Marcel), 373.
Desortiaux, 53, 314, 315, 333.
Donn, ingénieur, 223.
Doumerc, avocat, 276, 284, 304.
Duclos, 112.
Dupré, 306.
Duttonhoffer, 215.
Dyer, colonel, 199, 254, 255, 256, 257.

E

Edwards (Alfred), directeur du *Matin*, 260, 276, 280, 284, 304, 305, 306.
Eiffel, 79, 254.
Elkington, 385.
Empereur d'Allemagne, 381.
Empereur d'Autriche, 381.
Empereur de Russie, 381.
Eyraud, 16.

F

Fairlie, 112.
Farre, général, 24, 145.
Faucher, 34, 315, 318.
Favier, 114, 115.

Faye, 137.
Fedoroff, général, 351, 381.
Ferron, général, 90, 129, 182, 185.
Feuvrier, père, 10, 175, 177, 256.
Feuvrier, fils, 175.
Figuier (Louis), 103, 141.
Fisher, capitaine, 217.
Floquet, 133, 149.
Fontaine, 75.
Fossoya, 243.
Foy, général, 306.
Frédéric III, 315, 352.
Fredericks (baron), 381.
Fremy, 103, 112.
Freycinet (de), ministre, 6, 11, 178, 199, 212, 213, 215, 223, 224, 240, 248, 260, 273, 274, 278, 280, 304, 306.

G

Gaiffe, 317.
Gaudin, capitaine, 133, 148, 384.
Gaupillat, 63.
Gauthier-Villars, 60.
Gerhardt, 103, 126.
Gerville-Réache, 81.
Giffard (Pierre), 89.
Girard (Aimé), 126.
Girard (Charles), 100, 308, 323.
Girardin (Émile de), 79.
Guillemain, 381.
Golfier, 73.
Grandet (Paul), 96.
Gras, général, 82.
Greenwood et Bailey, 176.
Greenwood, 206.
Grüzon, 95, 107.

H

Haffen, 333.
Hamelin (Constant), 334, 336, 337.
Harel (Maurice), 93.
Haussmann, 103.
Hellhoff, 107.
Henderson, 381.
Hennebert, colonel, 40.
Hird, 206, 207.

INDEX DES NOMS CITÉS

Hirondart, capitaine, 87, 89, 90, 113, 114, 164, 167.
Hoffmann, 126.
Hohenlohe (prince de), 146.
Houzeau-Muiron, 382.

J

James, 341.
Jourdain, 63.
Jungfleisch, 62.

K

Kaulla (M. de), 180.
Kellner, 112.
Kentson (sir James), 254.

L

L., 93.
Ladvocat, général, 6, 11, 12, 56, 66, 67, 130, 146, 167, 168, 177, 182, 185, 196, 202, 203, 231, 235, 240, 241, 242, 243, 244, 247, 248, 260, 261, 262, 263, 266, 267, 268, 269, 270, 271, 273, 274, 276, 277, 278, 279, 280, 281, 283, 284, 285, 286, 287, 288, 289, 290, 291, 331, 367.
Lagrange de Langre, 260, 280, 284.
Lalou, 159.
Lambert, ingénieur, 45, 332.
Lamm (Carl), 95.
Laurent, 103.
Laveissière, 379.
Lecomte, 113.
Lebleu (Xavier), 123.
Leblond, 173.
Leydet, 138, 149.
Liebermann, 112.
Liouville, 333.
Locard, capitaine, 87, 89, 90, 113, 114, 164, 167.
Logerot, général, 137, 148, 190.
Loubet, 137.
Louis XIV, 312, 356.
Louis, capitaine, 29, 333.
Lowe et Cᵉ, 111.
Lutier, 310.

M

Maffei, général, 226.
Magendie, colonel, 298, 299.
Mahy (de), 137.
Maitland, général, 213.
Majewski, 303.
Malouin, 382.
Marais, 333.
Marc, 101.
Marie (Octave), 175.
Marjoribanks, 7, 195, 196, 225, 235 256.
Mascart, 119, 120.
Massing, colonel, 231, 305, 306.
Mathieson et Bailey, 143, 206, 207.
Mathieson, 207.
Mathieu, général, 10, 140, 182, 213, 214, 215, 224, 248, 275, 289, 300.
Maurouard, 33, 36, 41, 45, 50, 51, 58, 101, 107, 146, 166, 173, 311, 312, 313, 314, 315, 316, 318, 324, 325, 329, 336, 337, 338, 340, 343.
Mayet, 144.
Meline, 159.
Menars-Dorian, 16.
Mercadier, 304.
Meunier (Victor), 110, 111.
Michaut (capitaine), 214, 215, 216.
Millet, 79.
Mirabello (de), capitaine, 226.
Mismault, 367.
Mounier, commandant, 28.
Muntz, 332.

N

Naquet, 16, 311.
Nismes, général, 131, 166, 167, 261, 287, 288.
Nobel, 16, 310.
Noble, capitaine, 137, 189, 191, 195, 197, 199, 203, 205, 213, 214, 218, 238, 240, 251, 254, 256, 257.

O

Orcel, 333.

22.

P

Pailbès, 172.
Parmentier, 333.
Pasteur, 113, 363.
Peral, 70.
Piat, 62.
Picard et Guinon, 75, 94, 96, 109, 111, 210, 379.
Picard, 141.
Pierron, capitaine, 123.
Poncelet, 117, 118, 119.
Poniatowski (prince), 305, 306.
Pontchartrain, 356.
Prado, 16.
Pranzini, 16.
Price (Georges), 160.

R

Rampont, 182.
Raveret, 45.
Raynaud, 307.
Renard, notaire, 73, 148, 334, 335, 337, 340.
Renard frères, 383.
Rendel, 235.
Renouard, 357, 381, 382.
Résal, 118, 120.
Reuter, 143.
Reymond, 254.
Richard, 24.
Ricq, 29.
Robert-Dale, 111.
Robert-Mitchell, 156.
Roger, 371.
Roi d'Italie, 381.
Reine d'Angleterre, 331.
Roland, 361.
Rostain, 28, 59.
Roussel (F.), 173.
Roustan, capitaine, 202.
Rouvier, 309.
Roux, 53, 61, 310, 370.
Rowland-Hill, 79.
Rubin, 351.
Ruggieri, 309.

S

Sarrau, 34, 53, 61, 314, 317, 318, 321, 324, 325, 326, 332, 381.
Schnæbelé, 83, 90.
Sebert, général, 177, 314, 317, 321, 322, 371, 373.
Sorel, 382, 383.
Sprengel, 61, 114.
Stanhope, 152.

T

Tanéra, 309.
Thibaudin, général, 180.
Thiollier, 254.
Tirard, 135.
Tissandier (Gaston), 117.
Tizza, 83.
Tolla, 340.
Triponé, 5, 7, 8, 9, 10, 14, 84, 129, 139, 141, 151, 152, 153, 154, 175, 176, 177, 178, 179, 181, 182, 183, 185, 186, 187, 188, 189, 190, 193, 195, 196, 197, 199, 202, 203, 206, 207, 208, 213, 216, 217, 218, 220, 221, 222, 223, 224, 225, 231, 234, 235, 236, 237, 238, 239, 241, 242, 243, 244, 247, 248, 249, 254, 255, 256, 259, 263, 270, 271, 275, 276, 277, 279, 280, 286, 287, 288, 289, 290, 291, 292, 293, 294, 295, 296, 297, 298, 299, 303, 305, 331, 354, 372, 378.
Triponé (M⁰), 220.
Turgot, 359, 360, 369.
Turpin, *passim*.

V

Vanderbyl, 183, 335, 336, 337, 340, 341.
Vanneau de Malberg, 253.
Vavasseur, 176, 177, 183, 184, 185, 186, 187, 188, 189, 191, 192, 194, 197, 199, 202, 203, 216, 217, 218, 220, 221, 223, 230, 231, 234, 235, 237, 240, 250, 251, 256, 257, 294, 349.

Vavasseur, (M⁰), 217.
Verneuil (de), 333.
Viart, 16.
Vieille, 108.
Vieille (Paul), 113, 114, 115, 325, 327, 328, 329, 332, 333, 342, 381.
Viette, 137.
Villegente, 172.
Virgile, 378.
Vogt, 306.
Voltaire, 396.

W

Wallt (Paul), 322.
Warren-Mercer, 341.

Watt, 382.
Weyl, 199.
Whitehead, 217.
Wilson, 180.
Wolf, général, 123.
Wolseley (lord), 152.
Wurtz, 103, 108, 111, 126.

X

X., 226, 227, 230.
X., capitaine, 261.

Y

Yeoman, 331.

TABLE ANALYTIQUE DES MATIÈRES

INTRODUCTION

But de ce livre. — Un cas de légitime défense. — La *Revue d'artillerie française* et la Lyddite.— La Mélinite en Allemagne. — Pièces et documents livrés à la Société Armstrong.— Mes révélations. — La responsabilité du général Mathieu et du colonel Deloye. — L'inertie du ministre de la Guerre. — Demande d'enquête au Parlement et aux Conseils municipaux. — Dénonciation au procureur de la République. — Appel à l'opinion publique et au patriotisme de la Presse..Page 5

PREMIÈRE PARTIE
L'INVENTION

I
EXPOSÉ THÉORIQUE

Le chargement des obus par des explosifs brisants. — Explosifs divers : fulmicoton, panclastite, etc. — Lettres officielles du ministère de la Guerre.— Le problème à résoudre.— La loi qui régit les explosifs.— La Mélinite. — Appareils de chargement. — Lettres officielles du ministère de la Guerre............Page 19

II
LES NÉGOCIATIONS

L'adoption de la Mélinite par le gouvernement français. — Lettres officielles. — Les erreurs sur l'acide picrique.— Traité avec l'Etat.— La question des fournitures..Page 52

III
IMPORTANCE DE LA MÉLINITE

La valeur pratique de mon invention. — L'*Officiel*.— Les expériences de la Malmaison. — Valeur industrielle de la Mélinite. — Protection qui m'était due par l'Etat.— Les gaspillages et les tripotages.— Importance nationale de mon invention. — La situation de l'Europe en 1886-1887. — L'affaire Schnæbelé. — L'affaire Tisza. — Comment on a pu faire l'Exposition...Page 76

IV
VIOLATION DE MES DROITS ET DE LA VÉRITÉ

Les capitaines Locard et Hirondart ont-ils inventé la Mélinite. — Le communiqué officieux du *Matin*. — Mélinite et Roburite. — Indiscrétions coupables. — Un article du *Cri du peuple*. — La conférence du député Barbe.— Les révélations de M. Berthelot. — Lettres de MM. Bourde et Denécheau.........Page 86

V
PLUS FORT QUE LA MÉLINITE

La crésylite.— Les brevets Audouin et Grüson.— L'émilite. — La crésylite et les journaux.— L'explosion de Bourges.— M. Paul Vieille, *inventeur de la Mélinite*. — Favier, *inventeur de la Mélinite*. — M. Berthelot, inventeur de la poudre sans fumée.............Page 102

VI
A L'INSTITUT

Société d'admiration mutuelle. — Le Poncelet et le quintal-mètre. — Le respect des communications. — Le Bas-Empire...................................Page 116

VII
LA CATASTROPHE DE BELFORT

Le 17 mars 1887. — Causes de la catastrophe. — Morts et blessés.— L'enquête. — Les responsabilités.— Le général Demay, le colonel de Condé, le colonel Deloye. — Les explications de M. Berthelot. — On me tient à l'écart. — Je fais la connaissance du sieur Triponé ....Page 125

VIII
PROTESTATIONS — MISE EN DEMEURE

1885 à 1887. — Négociations et rendez-vous. — Le général Blondel. — L'exploit de M° Bazin. — La Commission d'enquête.................... Page 139

DEUXIÈME PARTIE
LA TRAHISON

I
TRAHISON, VOL ET ESCROQUERIE

Les manœuvres de Triponé. — Trucs administratifs. — Les attaques des journaux le *Paris* et le *Matin*. — Mon interwiew par M. Mayet, du *Temps*. — Polémique de presse. — Le but de ces manœuvres..Page 139

II
MANŒUVRES FRAUDULEUSES

L'article du *Parti national*. — Comment on trompe l'opinion publique. — La *Lanterne* et le *Gil-Blas*. — Le but de ces calomnies. — L'amiral Aube et la Mélinite. — Influences occultes..................... Page 160

III
LE SIEUR ÉMILE TRIPONÉ

Présentation. — Les services que rend Triponé. — Feuvrier père. — Une agence d'espionnage internationale.. Page 175

IV
NÉGOCIATIONS ANGLAISES

Lettres de Triponé. — Armstrong me demande une section d'obus. — Mes communications au général Ladvocat. — Autres lettres de Triponé. — Pourparlers et projets d'expériences. — Triponé connaissait les rapports officiels de la Commission de Calais. — Ma visite au général Logerot. — Une copie infidèle. — Projets d'expériences. — Les serments de M. Marjoribanks. — Expériences de Lydd. — Conventions avec Armstrong. — Triponé me dissuade d'aller au ministère de la Guerre, à Paris. — Le détonateur Armstrong. — J'apprends la trahison de Triponé. — La proposition de Mathieson. — Les lettres de M. Hird.................................... Page 182

V
INCIDENT CANET

Correspondance avec M. G. Canet. — Télégrammes. — Nouvelles lettres de M. Canet. — La pêche en eau trouble .... Page 208

VI
AVERTISSEMENT A M. DE FREYCINET

Ma dépêche de Londres. — La visite de M. Roustan attaché à l'ambassade de France. — Voyage à Paris. — Entretien avec M. de Freycinet et le général Mathieu. — Je déclare au capitaine Noble mon intention de ne pas aller plus loin. — Mélinite ou Lyddite. — Lettre à M. de Freycinet. — J'attends la décision promise .... Page 213

VII
REPRISE DES NÉGOCIATIONS ANGLAISES PAR TRIPONÉ

Triponé chasse chez M. Vavasseur. — Propositions que l'on ne veut pas formuler par écrit. — Les paroles volent et les écrits restent. — Voyage à Londres. — La Société Armstrong veut m'acheter le détonateur de Bourges. — Je refuse tout traité. — Modifications aux premières conventions — L'exploitation des plans volés à Paris. — Triponé me presse de traiter. — Voyage à Newcastle. — On n'a pas voulu conserver la Mélinite à la France. — Conversation avec M. Vavasseur. — Conversation avec M. Marjoribanks. — Un chargé d'affaires italien. — La Société Armstrong accepte mes conditions. — Rupture avec Triponé. — L'insinuation infâme. — Aveux implicites, aveux explicites. — Le petit bleu de Triponé. — Le dévouement de Triponé à la Société Armstrong. — Je refuse de traiter avec la Société Armstrong et remets un dossier au général Ladvocat. — Ma lettre à M. Vavasseur. — La rude responsabilité de Triponé comme officier d'artillerie. — Mes trois lettres à la Société Armstrong. — Un article du journal le *Paris*. — Triponé devient le représentant de la Société Armstrong .... Page 2

VIII
COMPLICITÉ OFFICIELLE

Dénonciations à l'autorité militaire. — M. de Freycinet

VIII
PROTESTATIONS — MISE EN DEMEURE

1885 à 1887.— Négociations et rendez-vous.— Le général Blondel.— L'exploit de M⁺ Bazin.— La Commission d'enquête............................Page 130

DEUXIÈME PARTIE
LA TRAHISON

I
TRAHISON, VOL ET ESCROQUERIE

Les manœuvres de Triponé. — Trucs administratifs. — Les attaques des journaux le *Paris* et le *Matin*. — Mon interwiew par M. Mayet, du *Temps*. — Polémique de presse. — Le but de ces manœuvres..Page 139

II
MANŒUVRES FRAUDULEUSES

L'article du *Parti national*. — Comment on trompe l'opinion publique. — La *Lanterne* et le *Gil-Blas*. — Le but de ces calomnies.— L'amiral Aube et la Mélinite.— Influences occultes......................Page 160

III
LE SIEUR ÉMILE TRIPONÉ

Présentation.— Les services que rend Triponé.— Feuvrier père. — Une agence d'espionnage internationale...Page 175

IV
NÉGOCIATIONS ANGLAISES

Lettres de Triponé.— Armstrong me demande une section d'obus.— Mes communications au général Ladvocat.— Autres lettres de Triponé. — Pourparlers et projets d'expériences.— Triponé connaissait les rapports officiels de la Commission de Calais. — Ma visite au général Logerot. — Une copie infidèle. — Projets d'expériences.— Les serments de M. Marjoribanks. — Expériences de Lydd. — Conventions avec Armstrong. — Triponé me dissuade d'aller au ministère de la Guerre, à Paris. — Le détonateur Armstrong. — J'apprends la trahison de Triponé. — La proposition de Mathieson. — Les lettres de M. Hird...Page 183

V
INCIDENT CANET

Correspondance avec M. G. Canet. — Télégrammes. — Nouvelles lettres de M. Canet. — La pêche en eau trouble .... Page 208

VI
AVERTISSEMENT A M. DE FREYCINET

Ma dépêche de Londres. — La visite de M. Roustan attaché à l'ambassade de France. — Voyage à Paris. — Entretien avec M. de Freycinet et le général Mathieu. — Je déclare au capitaine Noble mon intention de ne pas aller plus loin. — Mélinite ou Lyddite. — Lettre à M. de Freycinet. — J'attends la décision promise .... Page 212

VII
REPRISE DES NÉGOCIATIONS ANGLAISES PAR TRIPONÉ

Triponé chasse chez M. Vavasseur. — Propositions que l'on ne veut pas formuler par écrit. — Les paroles volent et les écrits restent. — Voyage à Londres. — La Société Armstrong veut m'acheter le détonateur de Bourges. — Je refuse tout traité. — Modifications aux premières conventions — L'exploitation des plans volés à Paris. — Triponé me presse de traiter. — Voyage à Newcastle. — On n'a pas voulu conserver la Mélinite à la France. — Conversation avec M. Vavasseur. — Conversation avec M. Marjoribanks. — Un chargé d'affaires italien. — La Société Armstrong accepte mes conditions. — Rupture avec Triponé. — L'insinuation infâme. — Aveux implicites, aveux explicites. — Le petit bleu de Triponé. — Le dévouement de Triponé à la Société Armstrong. — Je refuse de traiter avec la Société Armstrong et remets un dossier au général Ladvocat. — Ma lettre à M. Vavasseur. — La rude responsabilité de Triponé comme officier d'artillerie. — Mes trois lettres à la Société Armstrong. — Un article du journal le *Paris*. — Triponé devient le représentant de la Société Armstrong .... Page 216

VIII
COMPLICITÉ OFFICIELLE

Dénonciations à l'autorité militaire. — M. de Freycinet

EN VENTE A LA MÊME LIBRAIRIE

Envoi franco au reçu de 3 fr. 50 (timbres ou mandats).

FRANÇOIS LOYAL

L'ESPIONNAGE ALLEMAND
EN FRANCE

TROISIÈME MILLE

Ce livre nous montre la tache d'huile de l'espionnage s'étendant sur notre pays et le souillant. Ce sont-là des documents qu'il convient de prendre au sérieux.
Réveil-Matin, 20 juillet 1887.

La lecture de l'*Espionnage allemand* est vraiment décourageante.
Spectateur militaire, 1ᵉʳ juillet 1890.

Je ne puis que blâmer la publication d'un livre tel que celui de M. François Loyal. Ce qui me déplaît dans ce volume, ce sont des attaques très personnelles contre certains individus qu'il nomme en toutes lettres, attaques dépourvues de l'ombre d'une preuve. Je ne dis pas que ces accusations soient des calomnies; il en est au contraire que, moi aussi, je crois vraies ou du moins vraisemblables.
République française, 18 juillet 1887.

L'auteur explique le fonctionnement de cette administration qui n'existe qu'en Allemagne. Il en discute et en démontre les rouages. Des révélations présentées discrètement se mêlent à cette démonstration.
Rappel, 28 juillet 1887.

Ce livre est à lire.
France, 1ᵉʳ juillet 1887.

Œuvre consciencieuse.
Matin, 18 juillet 1887.